Peter Baumanns
Einführung
in die praktische Philosophie

problemata
frommann – holzboog   64

Herausgeber der Reihe „problemata": Günther Holzboog

CIP-Kurztitelaufnahme der Deutschen Bibliothek

Baumanns, Peter
Einführung in die praktische Philosophie —
1. Aufl. — Stuttgart-Bad Cannstatt:
frommann-holzboog, 1977.
(problemata; 64)

ISBN 3-7728-0660-0 (Br)
ISBN 3-7728-0659-7 (Ln)

© Friedrich Frommann Verlag · Günther Holzboog GmbH & Co
Stuttgart-Bad Cannstatt 1977

Peter Baumanns, geb. 1935, Dr. phil. und apl. Professor an der Universität Bonn. Buchveröffentlichungen: Das Problem der organischen Zweckmäßigkeit, Bonn 1965; Fichtes ursprüngliches System. Sein Standort zwischen Kant und Hegel, Stuttgart-Bad Cannstatt 1972; Fichtes Wissenschaftslehre. Probleme ihres Anfangs, Bonn 1974. Edition: Fichte, Versuch einer neuen Darstellung der Wissenschaftslehre, Hamburg 1975.
- Diese Einführung möchte über die Problemsituation der praktischen Philosophie informieren, sie soll zugleich aber auch zu ihrer Verdeutlichung und Weiterentwicklung beitragen. Seit Kant nämlich stehen sich innerhalb der praktischen Philosophie mit der Lehre von der reinen praktischen Vernunft und dem Empirismus zwei Lager gegenüber, die es bisher nicht einmal vermocht haben, in eine Diskussion einzutreten. Beiderseits fehlt es am Bewußtsein der Möglichkeiten und Grenzen sowohl der eigenen wie der anderen Position: Kant und seine Anhänger erklären, die vor- und außerkantische praktische Philosophie der empirisch-affizierten Vernunft sei unfähig, Autonomie zu denken; der Empirismus erhebt den Anspruch, im Besitze des einzigen Bodens zu sein, auf dem überhaupt praktische Vernunft Anerkennung finden könne. Eine Besinnung auf den Systemort der praktischen Philosophie im Ganzen der Philosophie sowie eine Analyse klassischer und neuerer Beispiele (Hobbes, Locke, Rousseau, Kant, Kelsen, Hare u. a.) zeigt jedoch, daß eine argumentative Auseinandersetzung zwischen den beiden Positionen möglich ist. Dem Empirismus kann bestätigt werden, daß auch er so etwas wie Autonomie zu denken vermag, und die Philosophie der reinen praktischen Vernunft kann sowohl auf gewisse Verlegenheiten, in die der Empirismus bei konsequenter Durchführung gerät (die „empiristische Sequenz"), wie auch auf ihr eigenes Potential hinweisen, das es ihr gestattet, sich mit der Philosophie der reinen theoretischen Vernunft und mit dem menschlichen Glücksstreben zu einer Einheit zu vermitteln.

Dr. Peter Baumanns, born 1935, Professor at the University of Bonn. Publications: „Das Problem der organischen Zweckmäßigkeit", Bonn 1965; „Fichtes ursprüngliches System. Sein Standort zwischen Kant und Hegel", Bad Cannstatt 1972; „Fichtes Wissenschaftslehre. Probleme ihres Anfangs", Bonn 1974. Editor: „Fichte, Versuch einer neuen Darstellung der Wissenschaftslehre", Hamburg 1975.
- This introduction will give informations about the situation of the problems of practical philosophy and, at the same time, contribute to its explanation and development. For, since Kant practical philosophy has been split into two camps, the empiricists and the proponents of the doctrine of pure practical reason. Neither side has as yet even been able to participate in a dialogue with the other. They lack the awareness

of the possibilities and limitations both of their own position and that of the other side: Kant and his school maintain that the pre-Kantian and non-Kantian practical philosophy of empirically affected reason is incapable of conceiving autonomy; empiricism claims to be in possession of the only foundation for which practical reason could find recognition. Contemplation of the place of practical philosophy within the totality of philosophy and an analysis of classical and modern examples (Hobbes, Locke, Rousseau, Kant, Kelsen, Hare etc.) shows, however, that a dialogue between the two positions is possible. Empiricism can be confirmed as being capable of conceiving autonomy, and the philosophy of pure practical reason can point both to certain difficulties empiricism is confronted with when consistently applied (the „empiricist sequence"), and to its own potential, which permits it to combine the philosophy of pure theoretical reason with the human pursuit of happiness.

Inhalt

Vorwort

Wer praktische Philosophie von Alltagsweisheit, Lebensklugheit, weltläufiger Erfahrung und Polyhistor-Bildung zu unterscheiden weiß, wer zu ihren Hauptaufgaben die Erforschung des Prinzipienzusammenhanges von Vernunft, Freiheit und Norm zählt, der muß durch den Zustand beunruhigt sein, in dem sich dieser Teil der Philosophie seit etwa zweihundert Jahren befindet. Seit Kant nämlich gilt es vielen Philosophierenden geradezu als eine logische oder analytische Wahrheit, daß die Anerkennung von so etwas wie Freiheit die Voraussetzung einer „reinen" sittlich-praktischen Vernunft erfordere, daß empirische oder instrumentelle Vernunft mit Unfreiheit zusammenfalle, daß sie also, wenn überhaupt, allenfalls als Quelle außersittlicher Normen zu fungieren vermöge. Eine noch größere Zahl von Philosophierenden andererseits hält den Begriff der reinen praktischen Vernunft, den Kant auf dem einzigartigen „Faktum" des „Sittengesetzes" stützte und auf dem er seine Rechtslehre, politische Philosophie und Ethik begründete, für eine unzweifelhafte Mystifikation und weist zugleich die Unterstellung zurück, es sei aus der Sicht der empirisch-affizierten Vernunft unmöglich, Freiheit und sittliche Normativität zu rechtfertigen. Man sieht vielmehr sogar die Möglichkeit gegeben, innerhalb der im Kantischen Wortsinne „naturalistischen" Denkweise einem Unbedingtheitsdenken Platz zu gewähren, kategorische sittliche Forderungen anzuerkennen, Phänomenen und Problemen also Rechnung zu tragen, denen Kant allein mit einer Philosophie der reinen praktischen Vernunft glaubte genügen zu können. Ja, man beansprucht für die eigene Position, die man zuweilen selbst mit dem Prädikat „transzendental" versieht, eine zugleich systematische wie sittlich-humanistische Überlegenheit angesichts der augenfälligen Unfähigkeit der reinen praktischen Philosophie, sich mit der reinen theoretischen Philosophie, der empirischen praktischen Philosophie und dem elementaren menschlichen Glücksstreben zu einer Einheit zu vermitteln. Der „gute Sinn" der Kantischen Philosopheme, der unter den Mystifikationen der Reinheit und dem übrigen metaphysischen Beiwerk seiner Entdeckung harre, erschließe sich allererst dem Empirismus und seinem den Wissenschaften wie dem Alltagsdenken gleicherweise affinen Rationalitätstyp. Bestürzend aber muß es auf den Beobachter dieser Auseinandersetzung wirken — und zwar auch dort, wo sie sich als tatsächliches Gespräch abspielt —, daß die Vertreter der reinen praktischen Philosophie, gemessen an den Standards und Kriterien erfolgreichen Diskutierens, die eindeutig Unterlegenen zu sein pflegen. Es scheint, daß in dieser versteinerten Situation ein Mehrfaches für die Sache der praktischen Philosophie zu tun ist. Das

Problem, das sich im Aufeinandertreffen und mehr noch im Sich-Abstoßen der beiden Hauptpositionen nur im Hintergrund anzeigt, muß als solches thematisiert werden, d. h. es muß gefragt werden, welche Paradigmen praktischer Philosophie überhaupt als (prima facie) philosophisch legitim gelten dürfen. Es muß sodann, da reine praktische Vernunft ihre Gültigkeit und Notwendigkeit ungeachtet aller gegenteiligen Versicherungen an sich selbst nicht beweisen zu können scheint, nach Möglichkeiten ihrer indirekten Vergewisserung gefragt werden.[1] Johann Gottlieb Fichte, der es als erster nach Kant mit dem Problem der Beweisbarkeit der reinen praktischen Vernunft aufnahm, wollte ihre objektive Realität dadurch dartun, daß er zu zeigen versuchte, die Vernunft könne auch nicht theoretisch sein, wäre sie nicht aus und für sich allein praktisch. Es fragt sich, ob dieser systemtheoretische Weg der Demonstration der reinen praktischen Vernunft, ihre Bewahrheitung aus der Rekonstruierung der „Welt" als dem „Material der Pflichterfüllung", der schon immer den Vorwurf der Einseitigkeit des Praktizismus bzw. Moralismus hervorgerufen hat, der einzig gangbare Weg ist. Ist nicht z. B. auch ein Vorgehen denkbar, das zwar genausowenig wie der reine Faktizitätsglaube Kants und das systemtheoretische „credo, ut intelligam" Fichtes zu einem strengen Beweis führt, so viel aber immerhin zu argumentativer Gewißheit erhebt, daß der empirischen praktischen Vernunft eine nur begrenzte Kompetenz im Prinzipienzusammenhange von Freiheit und Norm zugesprochen werden kann und daß sie selbst auch ihre Grenzen dadurch zu erkennen gibt, daß sie noch innerhalb ihres angestammten Gebietes im Hinblick auf Freiheit und Norm aporetisch wird? Im philosophiehistorischen Aspekt würde dieses — Empiristen wie Rationalisten anstößige — Vorgehen bedeuten, daß repräsentative vor- und nachkantische Entwürfe praktischer Philosophie der Frage zu unterwerfen wären, ob und inwieweit sie es vermocht haben, Einsichten zum Problemkomplex von Freiheit und Norm aus dem Standpunkt der empirisch-affizierten Vernunft zu gewinnen. Das Problem der Einheit von Freiheit und Norm aber bewegt insbesondere die neuzeitliche, durch Hobbes initiierte Naturrechtstheorie des Staates, nach ihrer Ergiebigkeit wäre also speziell zu fragen.

Die Kapitel 1–3 gehen diesen Fragen nach. Das letzte Kapitel aber zielt dahin, die Aktualität der praktisch-philosophischen Zentralproblematik von Vernunft, Freiheit und Norm an einem Philosophieren darzutun, das sich von seinen Ursprüngen her den Ruf erworben hat, die „Nebelwolken" der traditionellen Philosophie zu „ein paar Tröpfchen Sprachlehre" zu verdichten.

1. Wie ist praktische Philosophie möglich?

Die Frage, wie praktische Philosophie möglich sei, scheint eine sachlich vorrangige Frage zu überspringen, die Frage nämlich, ob überhaupt so etwas wie praktische Philosophie möglich sei. Denn: Wie immer man über die Philosophie auch denken mag, darin wird man gewiß übereinstimmen, daß Philosophie Theorie sein muß. Eine „praktische" Philosophie, so scheint es, wäre also ein Gedanke, der eine contradictio in adiecto von der Art des „hölzernen Eisens" enthielte, in Wahrheit also vielmehr ein Ungedanke. Praktische Philosophie, so scheint es, ist so wenig möglich, daß sie nicht einmal gedacht werden kann.

Ernsthaft wird auf eine so schlichte Weise gegen die Sache der praktischen Philosophie natürlich nicht argumentiert. Soviel Wohlwollen wird der praktischen Philosophie immerhin entgegengebracht, daß man die Wortfolge in diesem Titel nicht für sinnlos hält. Und es sind sogar zwei Bedeutungen, die man, wie wir annehmen, mit diesem Ausdruck zunächst zu verbinden geneigt ist: die Bedeutung „angewandte Philosophie" und die Bedeutung „Philosophie des Handelns, der Praxis, Philosophie des handelnden, praktischen Menschen".

Nach der ersten Bedeutung genommen, wäre praktische Philosophie so etwas wie der praktische Teil der Philosophie, und zwar dürfte dabei die Vorstellung zugrundeliegen, die „eigentliche" Philosophie, die fundamentale Philosophie, sei die Philosophie als reine Theorie: eine Erkenntnis des Allgemeinen, ja des Allerallgemeinsten und für alles Konkrete Grundlegenden, wie immer man auch dieses Letztfundierende, Prinzipierende deuten möge, ganz gleich, ob man es etwa auf die Seite des Objekts oder des Subjekts oder in eine dialektische Einheit von Subjekt und Objekt verlege. Die reine Theorie — man würde sie wohl Metaphysik nennen — wäre also auch erste Philosophie, Grundwissenschaft. Sie würde jene Erkenntnisse hergeben, die aller weiteren Erkenntnis als Rahmen und Stütze dienen. Die weiteren Erkenntnisse kämen durch „Anwendung" des Grundwissens auf besondere Gegenstandsbereiche zustande, so z. B. die Naturphilosophie durch die Anwendung metaphysisch ausgewiesener Grundbegriffe wie Substanz, Kausalität und Gesetz auf die äußere und materielle Erscheinungswelt, oder die Rechtsphilosophie durch die Anwendung metaphysisch ausgewiesener Begriffe wie Freiheit und Ordnung auf die Sphäre des menschlichen Zusammenlebens. Um bei diesen beiden Beispielen zu bleiben: die Naturphilosophie wäre also angewandte Ontologie, und die Rechtsphilosophie wäre angewandte . . . , hier aber bereits gerät man in Verlegenheit. Denn die Rechtsphilosophie etwa als angewandte Ethik aufzufassen, hieße ja, von sonstigen Bedenken abgesehen, die Rechtsphilosophie zu einer Anwendung von praktischer Philosophie zu machen. Es hieße also, da praktische Philosophie angewandte Philosophie sein soll, die Abstrusität einer angewandten angewandten Philosophie zu konstruieren, eine Abstrusität, die sich sogar noch steigern ließe, wenn etwa über die Ethik eine allgemeinere praktische Philosophie denkbar sein sollte und auch nicht entbehrt werden könnte; denn in diesem Falle hätte man, immer noch in bezug auf die Rechtsphilosophie, von einer Anwendung der bereits angewandten angewandten Philosophie zu sprechen. Und wäre die allgemeinste praktische Philosophie als „praktische Philosophie" selbst auch bereits angewandte Philosophie: wovon wäre eine solche Anwendung überhaupt denkbar? Doch wohl auch wieder nur von „der" Grundwissenschaft, der Ontologie als schon vorher fertiger Disziplin. An diesem Punkte zeigt sich in vollendeter Deutlichkeit, daß dem Verständnis der praktischen Philosophie als angewandter Philosophie eine standpunktliche und methodologische Vorentscheidung zugrundeliegt: ein Ontologismus, die Tendenz, das Handeln aufs Sein, den Entwurf und das Sich-Entwerfen des Menschen auf von ihm Entworfenes, Normen auf Seinsverhältnisse und vielleicht sogar auf Tatsachen zurückzuführen. Ein solcher „Reduktionismus", als deduktiver Abstieg vom Sein zum Menschen und als Abstieg von einer ausgebildeten Seinswissenschaft zur Lehre vom Menschen, sollte bei der Begriffsbestimmung der praktischen Philosophie nicht leitend sein.

Die nächstliegende und von uns auch in Geltung vermutete Bedeutung von „praktischer Philosophie" hält also einer Überprüfung nicht stand, wenigstens dann nicht, wenn „Anwendung" soviel bedeuten soll wie Ableitung a parte ante aus einer höheren Wissenschaft. Nun ist allerdings zuzugeben, daß man unter „Anwendung" auch etwas anderes verstehen kann: so etwas nämlich wie Praktizierung, Nutzbarmachung, Handhabung, Gebrauch. Praktische Philosophie im Sinne von angewandter Philosophie wäre dann so etwas wie eine Gebrauchs-Philosophie, eine praktische Gesamtanschauung vom Menschen und der menschlichen Lebenswelt auf der Grundlage von Erfahrung, Tradition und Reflexion, eine praktische Weisheitslehre, eine Anweisung zum vernünftigen und richtigen und in diesem Sinne „guten" Leben. Uns scheint eine so verstandene praktische Philosophie, als Anweisung zum guten Leben oder Anthropologie in praktischer Absicht, im Gegensatz zum Ontologismus der Handlungsphilosophie möglich, d. h. denkbar und philosophisch legitim zu sein. Ja, wir möchten sogar ausdrücklich erklären, daß wir eine solche Art des Philosophierens für wünschenswert halten. Eine — mehr oder weniger populäre — Anweisung zum vernünftigen und richtigen und in diesem Sinne guten Leben zu geben, dies halten wir für eine rechtmäßige Forderung der Praxis an die Philosophie, vermag doch auch nur die Philosophie allein einem solchen Bedürfnis der Praxis zu entsprechen. Daß sich der Auftrag der praktischen Philosophie in einer Anweisung zum guten Leben erschöpfte, sind wir allerdings weit entfernt zu behaupten. Wir fragen also: Ist nicht von der zweiten Bedeutung her, die wir im Vorverständnis praktischer Philosophie enthalten fanden, noch ein anderer Ansatz möglich? Wir erinnern uns: Praktische Philosophie sollte dieser zweiten Art ihres Verständnisses nach „Philosophie des Handelns, der Praxis, des handelnden, praktischen Menschen" sein. Daß diese Begriffsbestimmung etwas anderes als die vorige „Anweisung zum guten Leben" meint, ist leicht einzusehen. Eine Anweisung zum guten Leben nämlich wäre notwendigerweise eine Anthropologie, eine Lehre vom Menschen überhaupt. Sie wäre gewiß nicht die einzigmögliche und anspruchsvollste Lehre vom Menschen; an eine fundamentale Anthropologie wären weit höhere Rationalitätsansprüche zu stellen, vielleicht sogar so hohe Ansprüche, daß die fundamentale Anthropologie sich als anthropologische Fundamentalwissenschaft herausstellen könnte; dies alles also wäre praktische Philosophie, als Anweisung zum guten Leben verstanden, gewiß nicht; sie wäre weder einzigmögliche Anthropologie, noch fundamentale Anthropologie und schon gar nicht anthropologische Fundamentalwissenschaft. Anthropologie aber wäre sie: eine systematische und normative Beschreibung des Menschen auf der Grundlage aller gerade verfügbaren Kenntnisse über den Menschen in der Ganzheit seines sich äußernden Wesens. Eine solche Lehre vom Menschen überhaupt aber ist genau dasjenige, das man von der praktischen Philosophie — als spezielle Philosophie des Handelns verstanden — nicht erwarten kann. Nicht Kenntnisse, ein Inventarisieren und Systematisieren von Kenntnissen, kann Sache der so verstandenen praktischen Philosophie sein, sondern allein Prinzipienforschung auf einem begrenzten Gebiet mit einem hochentwickelten Instrumentarium (Sprachanalyse, Phänomenologie, Dialektik).

Versuchen wir diese Idee praktischer Philosophie zu konkretisieren, indem wir ihrem Gegenstandsgebiet, ihren Methoden und Grenzen nachfragen, so zeigt sich allerdings etwas Merkwürdiges. Es erweist sich nämlich als sinnvoll, und sogar als notwendig, noch vor diesen Fragen eine andere Frage zu stellen, nämlich die folgende: Von welchem Gebiet und aus welchem Standpunkt, mit welchen Methoden und in welchen Grenzen, stellen wir überhaupt diese Fragen (nach Gegenstand, Methoden und Grenzen der praktischen Philosophie)? Sind wir *schon*, sind wir *noch* in der praktischen Philosophie, wenn wir so fragen? Oder richten wir diese Fragen nicht vielmehr

„von außen" auf die praktische Philosophie? Ist das Philosophieren über praktische Philosophie selbst auch praktische Philosophie? Und wenn es dies nicht ist, was ist es dann? Gehört etwa die Reflexion auf die praktische Philosophie zur theoretischen Philosophie? Dann würde sich wieder der Verdacht des „Reduktionismus" erheben, einer Aufhebung der offenkundigen Wesensdifferenz von Sein und Handeln, Erkennen und Handeln, Tatsache und Norm, Natur und Freiheit. Wollen wir diesen Reduktionismus vermeiden, so müssen wir also, wie es scheint, einen Standpunkt oberhalb aller Disziplinen der Philosophie einschließlich der praktischen Philosophie einnehmen. Um über praktische Philosophie philosophieren zu können, um ihren Begriff bestimmen zu können, müßten wir so etwas wie die Philosophie überhaupt zu unserem Standpunkt nehmen. Wir müßten also fragen: Was verstehen wir überhaupt unter Philosophie, und inwiefern gehört zu der so verstandenen Philosophie neben Ontologie, Naturphilosophie, Erkenntnistheorie usw. — wenn diese Disziplinen überhaupt alle dazugehören — auch so etwas wie praktische Philosophie als philosophische Theorie des Handelns?

Dieser Weg, die Disziplinen der Philosophie zu gewinnen, ist in der Geschichte der Philosophie, was nicht überrascht, längst versucht worden. Es ist insbesondere der Hegelsche Weg: Die Philosophie soll sich aus sich selbst heraus in Disziplinen differenzieren, denn die Philosophie soll den Prozeß vollenden, den das Absolute (die absolute Vernunft, die Idee) im Für-sich Werden mit dem Ziel absoluten Sich-Wissens durchläuft. Die Philosophie hätte den Weg des Absoluten zum vollendeten, absoluten Wissen zum Thema; und es vollendete sich auch allererst in solcher Thematisierung das Thematisierte. Darstellung und Dargestelltes wären Einunddasselbe. Die Darstellung wäre Sich-Darstellung des Absoluten, vollendetes Sich-Wissen des Absoluten und insofern „absolutes Wissen". Philosophieren wäre „Teilnahme an der Selbstvermittlung des Absoluten". — Die Disziplinen der Philosophie aber gewinnt Hegel von diesem Philosophieverständnis her so, daß er den Gedanken des „Sich-Vermittelns" analysiert. Das Sich-Vermitteln habe als Sich-mit-sich-Zusammenschließen die Form eines Schlusses. Folgende Grundmomente seien also an ihm zu unterscheiden: das Allgemeine, das Besondere und Getrennte, das Einzelne. Die Philosophie als absolutes Wissen (Vollendung des Sich-mit-sich-Zusammenschließens des Absoluten) müsse folglich die Gliederung annehmen: Ontologie (in Gestalt einer spekulativen Logik), Naturphilosophie, Geistphilosophie (zunächst als Lehre vom subjektiven Geist). „Die Wissenschaft" (die Philosophie), so heißt es am Ende der „Einleitung" zur „Enzyklopädie der philosophischen Wissenschaften", „erweist sich als das schlechthin mit sich identische Denken und dies zugleich als die Tätigkeit,

sich selbst, um für sich zu sein, sich gegenüberzustellen und in diesem Andern nur bei sich selbst zu sein. So zerfällt die Wissenschaft in die drei Teile:
I Die Logik, die Wissenschaft der Idee an und für sich,
II Die Naturphilosophie als die Wissenschaft der Idee in ihrem Anderssein,
III Die Philosophie des Geistes, als der Idee, die aus ihrem Anderssein in sich zurückkehrt."[1]
Wo die Themen der praktischen Philosophie in diesem Systementwurf ihren Ort haben, ist unzweifelhaft. Diese Themen werden in der Geistesphilosophie zu behandeln sein: in der Lehre vom subjektiven Geist wie in der Lehre vom objektiven Geist mit den großen Problemkreisen Recht, Moralität und Sittlichkeit.

Dieser Hegelsche Weg zur praktischen Philosophie ist für uns nicht gangbar. Nicht auszuräumen nämlich sind insbesondere zwei Bedenken, die sich gegen Hegels universalsystematischen Philosophie-Ansatz erheben: 1. das Bedenken gegen die Rede von einem Zu-sich-Kommen des Absoluten als einem Prozeß des Sich-Vermittelns, die nur uneigentliche Rede und ein nur uneigentlicher Prozeß sein sollen, weil ein buchstäbliches Sich-Entwickeln des Absoluten in der Zeit dem Wesen des Absoluten widerspräche; 2. das Bedenken gegen die angebliche äußere Anfangs- und Voraussetzungslosigkeit der Philosophie: die Philosophie als zu sich kommendes Denken soll auf dem Standpunkt stehen, auf dem das Denken für sich selber ist und sich seinen Gegenstand selbst erzeugt, selbst gibt. Die Philosophie soll daher ein in sich zurückgehender Kreis sein, „der keinen Anfang im Sinne anderer Wissenschaften hat, so daß der Anfang nur eine Beziehung auf das Subjekt, als welches sich entschließen will zu philosophieren, nicht aber auf die Wissenschaft als solche hat" (Enzyklopädie, § 17). Wie sich uns das erste Bedenken in immanenter Kritik ergeben hat, so richten wir gegen diese angebliche äußere Anfangs- und Voraussetzungslosigkeit eine Kritik, die dem Hegelschen Philosophieverständnis im Ganzen gilt. Uns scheint nämlich, daß die Philosophie und das Philosophieren Tat und Handeln des Menschen, des endlichen Vernunftwesens, und nicht Tat und Handeln des Absoluten sind. Und uns scheint auch, daß die Philosophie und das Philosophieren darin bestehen, daß das endliche Vernunftwesen auf diesem Wege eine umfassende Reflexion auf sich selbst vollzieht, auf seine Vernünftigkeit, auf seine Endlichkeit, auf das Verhältnis seiner Vernünftigkeit zu seiner Endlichkeit, auf sein Verhältnis zur Welt und zu seinesgleichen, kurz: auf seine wesensmäßige Bestimmung. Eine umfassende rationale Selbstverständigung des Menschen über seine wesensmäßige Bestimmung, dies scheint uns Philosophie sein zu müssen. Warum aber „sein zu müssen"? Warum ist dieses Philosophie-Verständnis nicht voraussetzungslos wie das Hegelsche? Wir würden antworten: weil der

Antrieb zu einer solchen umfassenden Selbstverständigung des Menschen aus dem *vorphilosophischen* Dasein hervorgeht; weil das so verstandene Philosophieren eine Notwendigkeit, ein grundwesentliches Bedürfnis für den Menschen als Menschen ist. Wenn der Mensch das Wesen ist, das als einziges unter allen uns bekannten endlichen Wesen für sich ist, sich selbst besitzt; und wenn es richtig ist, was bereits die elementaren Wissenschaften vom Menschen als partielle Selbstverständigungen wissen: daß der Mensch von seiner Lebensausrüstung her als „Mängelwesen" bezeichnet werden muß; daß er nur dadurch lebensfähig ist, daß er sich — im unentrinnbaren Milieu des Mangels — die Chancen seiner Lebensfähigkeit selbsttätig schafft (durch Erziehung, Sprache, Wissenschaft als Weltorientierung in abstrakten Weltübersichten und überhaupt alle Kulturleistungen); wenn dies alles zutrifft, dann kann kein Zweifel daran sein, daß die Philosophie als umfassende Selbstverständigung des Menschen im System seines Sich-selbst-*Zustandebringens* eine nachgerade naturnotwendige Funktion erfüllt: die Funktion einer umfassenden theoretischen Daseins-Orientierung als Ermöglichung einer umfassenden praktischen Daseins-Gestaltung. Die Selbst-Rekonstruktion des Menschen in der Philosophie wäre keine müßige Beschäftigung und auch keine Beschäftigung einer bloß kontemplativen Muße, denn solche Selbst-Rekonstruktion gehörte zu der dem Menschen wesenseigenen Selbst-Konstruktion, die Selbst-Rekonstruktion wäre ein Modus der Selbst-Konstruktion — ähnlich wie in der Metaphysik der absoluten Idee die Philosophie den Weg der Idee zum absoluten Wissen nachzeichnet und zugleich an diesem Weg ihn vollendend teilhat. Ganz unähnlich der Metaphysik der absoluten Idee aber würde die Philosophie nicht Abschluß und Vollendung der Selbstkonstitution des Menschen sein, sondern Magd des Daseins und der Praxis, so wie sie auch, ihrem eigenen Selbstverständnis nach, aus der Praxis als eine Notwendigkeit der Praxis hervorginge. Die Philosophie käme aus der Praxis, hätte Praxis zu ihrem Gegenstand und führte auch wieder zur Praxis zurück; in immer neuen Zyklen. Die Praxis wäre in Permanenz Ursprung, Gegenstand und Ziel der Philosophie; und so enthielte der Begriff der „praktischen Philosophie" keine contradictio in adiecto, sondern wäre geradezu eine Tautologie. Die Philosophie wäre — als solche — Philosophie der Praxis, und zwar so, daß der Genitiv in dieser Wortfolge „Philosophie der Praxis" sowohl als genitivus obiectivus wie durchaus auch als genitivus subiectivus auszulegen wäre. Die Philosophie wäre Verständigung über Praxis als Selbstverständigung der Praxis. Die Philosophie wäre die Stätte einer umfassenden Selbstvermittlung der Praxis — ähnlich wie in der Metaphysik der absoluten Idee, unserem Gegenmodell, die Philosophie als Stätte des Sich-mit-sich-Vermittelns der absoluten Idee aufgefaßt wird. Dies heißt aber auch, daß alle Disziplinen der Philosophie Zweige der einen Praxis-Philosophie wären, die wir „Praxeologie" nennen möchten. Alle traditionellen Disziplinen der Philosophie würden vielleicht erhalten bleiben, alle Disziplinen der Philosophie aber hätten die Grundkategorien der Praxeologie zur Voraussetzung, die ihnen als Rahmen und Stütze dienten. Für die traditionellen Sub-Disziplinen der praktischen Philosophie aber würde diese Praxeologie-Abhängigkeit a fortiori gelten. Es versteht sich ja auch, daß z. B. die politische Philosophie einen ganz anderen Charakter annimmt, je nachdem sie praxeologische und fundamental-anthropologische Kategorien wie Freiheit, Gleichheit, Interesse, Verantwortung und Solidarität oder ontologisch-metaphysische Kategorien wie Substanz, Sittlichkeit, Aufhebung und konkrete Allgemeinheit zugrundelegt.

Wir möchten den zuletzt beschriebenen Philosophie-Typ, den wir bereits als „Praxeologie" bezeichnet haben, in noch näherer Bestimmung als „naturalistische Praxeologie" benennen und die entsprechende praktische Philosophie als praktische Philosophie auf der Grundlage einer naturalistischen Praxeologie, oder auch: naturalistisch-praxeologische praktische Philosphie. Denn um einen Naturalismus handelt es sich bei diesem Philosophie-Verständnis und Verständnis praktischer Philosophie in der Tat. Die Grundfragestellung dieses Philosophierens nämlich lautet: Wie muß der Mensch handeln, um überhaupt leben zu können? Und dementsprechend wird in der praktischen Philosophie dann auch z. B. gefragt: Wie muß die Zwecktätigkeit des Menschen in das Ganze seiner Lebensvollzüge, in die motorischen und psychischen Lebensäußerungen eingebunden sein, um ihre spezifische Lebens*funktion* erfüllen zu können? Oder, in realgeschichtlicher Blickstellung: Welche Formen der gesellschaftlichen Produktion und Reproduktion des materiellen Lebens entsprechen dem erreichten Stand der Produktivkräfte?

Auch diesen Ansatz praktischer Philosophie halten wir für möglich, denn auch die Aufgabe einer solchen Praxeologie geht aus der Praxis selbst hervor und kann allein von der Philosophie übernommen werden. Abzulehnen wäre dieser Ansatz praktischer Philosophie nur für den Fall, daß er sich absolut setzte. Denn neben der Grundlegung der praktischen Philosophie durch eine naturalistische Praxeologie halten wir noch einen weiteren Ansatz praktischer Philosophie für geboten und folglich auch für möglich: eine praktische Philosophie auf der Grundlage einer nicht-naturalistischen Praxeologie. Auch für diese Position entspringt der Sinn und die Notwendigkeit von Philosophie aus der vorphilosophischen Praxis: Philosophieren bedeutet auch dieser Position eine rationale und umfassende Selbstverständigung über die vorphilosophisch gewisse Bestimmung des Menschen; insofern versteht sich auch diese Philosophie als Praxeologie. Im Gegensatz zur naturalistisch-praxeologischen Grundlegung der Philosophie aber geht diese weitere Position von einer noch anders verstandenen Vorphilosophie (Praxis) aus, von einem noch anders verstandenen Selbstverständnis des natürlichen Daseins. Während nämlich die naturalistische Praxeologie sich von der Kategorie der Notwendigkeit beherrschen läßt — der Mensch gilt ihr primär als Lebewesen, als Reproduzent und Produzent seiner Lebensbedingungen —, setzt diese andere Praxeologie das Wesen des Menschen in eine noch andere Dimension der Praxis: in den natürlichen vorphilosophischen Glauben an menschliches Freiseinkönnen. Hier werden daher auch Kategorien wie Freiheit, Entfremdung als Verlust der Freiheit, Wiedergewinnung und Gewinn von Freiheit oder Selbsttätigkeit der Weltveränderung nicht naiv in Gebrauch genommen; hier wird vor dem Gebrauch solcher Begriffe zunächst gefragt: Wie muß ein Wesen im Ganzen beschaffen sein, wenn es sich Freiheit und die Möglichkeit von Verlust und Gewinn der Freiheit zuschreibt? Wie muß dieses Wesen, das im Progreß der Freiheit seine Bestimmung erblickt, zur Welt, zu seinesgleichen und zu sich selbst im Verhältnis stehen? Wie muß z. B. die Welt beschaffen sein, damit der Mensch sich überhaupt freitätig in ihr bewegen, sie verändern, seine Freiheit durch sie verlieren und an ihr wiedergewinnen und gewinnen kann? Wie muß die Mitwelt gedacht werden, damit ich meine Freiheit an sie verlieren und durch sie wiedergewinnen und gewinnen kann? Es kann kein Zweifel sein, daß auch eine solche Fundamentalphilosophie der Praxis, eine solche vom vorphilosophischen Freiheitsglauben ausgehende praxeologische Fundamentalphilosophie auf die einzelnen philosophischen Disziplinen durchgreifenden Einfluß nehmen wird. Denn es versteht sich, daß sich die Erkenntnis z. B. unter anderen Prinzipien darbietet, je nachdem sie als Weise der Sicherstellung der Lebensfähigkeit oder als Freiheitsbetätigung des Menschen gedeutet wird. Es versteht sich auch, daß sich die politische Sphäre unter anderen Prinzipien darbietet, je nachdem man sie als Notveranstaltung eines Mängelwesens oder als Manifestation menschlicher Freiheit versteht.

Auf die Frage, wie die Grundlegung praktischer Philosophie erfolgen kann, haben sich mehrere Antworten als möglich erwiesen, ja selbst die praxeologische Grundlegung der praktischen Philosophie, so hat sich gezeigt, läßt zwei Hauptvarianten zu. Unmöglich erschien uns allein der Typ praktischer Philosophie, den wir als „Ontologismus der Handlungsphilosophie" bezeichnet haben. Denn dieser Ansatz ignoriert die Urtatsache des menschlichen Selbstentwurfes der Freiheit. Er kennt nicht oder er entstellt den Konstitutionsgedanken (und er eignet sich daher übrigens auch nicht als Grundlage einer philosophischen Demokratie-Theorie). Möglich erscheinen uns die folgenden drei Typen und Ansätze: praktische Philosophie als Anweisung zum guten

Leben, praktische Philosophie als naturalistisch-praxeologische Handlungsphilosophie, und schließlich praktische Philosophie als nichtnaturalistisch-praxeologische Handlungsphilosophie. Wir behaupten nicht die Vollständigkeit dieser Typologie praktischer Philosophie. Wir behaupten noch weniger, diese abstrakte Typologie vermöge irgendeine geschichtlich vorliegende praktische Philosophie vollständig zu erfassen und abzudecken. Es dürfte zwar möglich sein, eine Reihe praktischer Philosophien jeweils einem dieser Typen näher zuzuordnen, ein Klassifikationsinstrument der Geschichte der praktischen Philosophie zu erarbeiten, war aber nicht unsere Absicht. Es ging uns um die Idee praktischer Philosophie und um grundlegende Möglichkeiten, diese Idee auf den Weg der Realisierung zu bringen.[2]

Wie die Zuordnung praktischer Philosophien zu unseren Typen erfolgen könnte, möchten wir an einigen Beispielen nur andeuten. Zu unserem ersten Typ praktischer Philosophie (Ontologismus der Handlungsphilosophie) würden wir etwa rechnen: die entsprechenden Lehren von Platon, Aristoteles, Hobbes, Spinoza, Hegel. Schon im Falle Platons aber wären Einschränkungen anzubringen. Man braucht nur daran zu erinnern, daß in der praktischen Philosophie Platons die Sinndeutung und Zieldefinition des Staates von der Ideen-Metaphysik her (Verwirklichung der Gerechtigkeits-Idee durch Philosophen-Herrscher, Dialektiker, Diener am Ganzen) durchaus mit einer ökonomisch-naturalistischen Staatsdeutung verbunden ist. Als der wahre Staat (aletine polis) wird zunächst ein Gemeinwesen gezeichnet, das zur Lebenserhaltung dient und durch Arbeitsteilung notwendig wurde. Der Staat der „Politeia", des „Politikos" und der „Nomoi" ist über die jeweils vorgenommenen Modifikationen hinweg (Philosophen-Herrscher, Arzt-Diktator, Gesetzes-Herrschaft und Gleichheit der Unterwerfung unter die Gesetze) von Anfang an als zweitbester Staat, als „üppiger" Staat im Gegensatz zum einfachen Staat verstanden. Diese Spannung aber von Naturstaat und Kulturstaat bedeutet auch, wie es scheint, eine Spannung von anthropologischem Naturalismus und Ontologismus.

Aristoteles' praktische Philosophie rechnen wir zu unserem ersten Typ der Abhängigkeit wegen, in der bei ihm die praktische Philosophie von der Ersten Philosophie steht. „Praxis" ist für Aristoteles Lebensweise und Lebensvollzug der Lebewesen als lebendige Verwirklichung der ihnen je eigenen Anlage und Möglichkeit. Der Mensch insbesondere soll physei politikon zoon sein, aber „physei" ist hier im Sinne der Aristotelischen Metaphysik, also im Sinne der Hinordnung auf eidos, morphe und telos zu verstehen. Und zwar gelten Autarkie, Eudaimonie, eu zen nach der mesotes-Regel als telos. Daher auch die Unterscheidung der Tugenden und die Überordnung der Denktugend (dianoetischen Tugend) über die Charaktertugend (ethische Tugend). —

Spinozas „Ethik" ordnen wir dem Typ „Ontologismus der Handlungsphilosophie" zu, weil sie den Menschen als Modus der Gottheit auffaßt und das richtige Handeln als Entsprechung der Lebensweise des Menschen zu seiner Natur, einer Idee des göttlichen Verstandes, die sich in den Verhaltensweisen des menschlichen Körpers manifestiere (aber auch in der scientia intuitiva einsehbar sei). — Die Einordnung von Hobbes würden wir begründen mit einem Hinweis auf den körperphilosophischen Ansatz mit „matter in motion", die geometrische Methode (ratiocinatio und computatio), die mechanistische Psychologie, die Instrumentalität der recta ratio, die Auslegung der natürlichen Gesetze (dictates of reason) als theorems, conclusions, hypothetische Imperative.

Als Beispiel für unseren zweiten Typ praktischer Philosophie (Anweisung zum guten Leben oder Anthropologie in praktischer Absicht) würden wir wieder Aristoteles nennen, wäre nicht seine praktische Philosophie durch eine so weitgehende Abhängigkeit von seiner teleologischen Metaphysik bestimmt.

Beispiele für eine mögliche Zuordnung zu unserem 3. Typ praktischer Philosophie (naturalistisch-praxeologische praktische Philosophie) könnten sein: wieder Hobbes (sofern seine praktische Philosophie nach ihm selbst nicht notwendigerweise eine Kenntnis seiner Metaphysik und Naturphilosophie voraussetzen soll), Locke als Ideologe der zeitgenössischen Wirtschaftsweise und Gesellschaft, die er als naturrechtskonform, als vereinbar mit den naturrechtlichen und traditionellen Normen der Eigentumsbildung erweisen will; aber auch Rousseau, sofern auch er den Staat zunächst als Notstaat deduziert (besonders im Discours sur l'inégalité) und sofern er die volonté générale in einem intérêt commun an Leben, Überleben und Wohlleben verwurzelt sein läßt. Dem 3. Typ praktischer Philosophie würden wir aber auch die verschiedenen Ansätze des Marxismus sowie aus der unmittelbaren Gegenwart die „Universalpragmatik" von Habermas, die „transzendentale Sprachpragmatik" von Apel und die konflikt- und bedürfnisorientierten Argumentationslehren des Erlanger Konstruktivismus zurechnen.

Beispiele für unseren 4. Typ praktischer Philosophie (praktische Philosophie auf der Grundlage einer nichtnaturalistischen Praxeologie) könnten schließlich sein: Kant, Fichte und gewisse Fragerichtungen der Existenzphilosophie (unter den hier überall notwendigen Einschränkungen).

Abschließend sei versucht, einige Grundfragen zu formulieren, auf die jede praktische Philosophie, wenn sie möglich sein soll, eine Antwort oder doch wenigstens Beantwortungsstrategien erarbeiten muß. Diese Grundfragen sind die folgenden: 1. „Was ist zu tun?" (Was soll ich tun? Was sollen wir tun?)

und 2. „Wie kann das, was zu tun ist, getan werden?" Die erste Frage betrifft das Problem der Annahme, der Begründung und Rechtfertigung von Normen. Denn Normen (Maßstäbe richtigen Handelns) treten unter verschiedener Gestalt und auch mit konkurrierenden Ansprüchen an uns heran: als Vorschriften der Sitte („gute Sitten" kennt selbst das Bürgerliche Gesetzbuch als Handlungsnorm), moralische Gebote, Rechtspflichten, pragmatische Handlungsanweisungen („Wenn du jenes durchsetzen willst, hast du dieses zu tun"). Wie können solche Normen jeweils begründet, als vernünftig erwiesen werden? Woran erkenne ich eine Norm im Gegensatz zur Pseudo-Norm? Die erste Grundfrage „Was ist zu tun?" schließt also offenbar eine Reihe von Einzelfragen ein. Dazu gehören insbesondere die folgenden: 1. Was bedeutet überhaupt der Satz „Es ist etwas zu tun"? Man könnte diese Frage als „Frage nach den sprachlichen Eigenschaften von Normbegriffen und normativen Sätzen" bezeichnen. 2. Welcher Art sind die Normen, die auftreten? Diese Frage wäre dann die „Frage nach dem Inhalt des Normenfeldes". 3. In welchem Verhältnis stehen die verschiedenen Klassen des Normativen zueinander (z. B. die moralischen Normen und die positiv-rechtlichen Normen). Diese Frage könnte die „Frage nach der Struktur des Normenfeldes" heißen. 4. Welche Kriterien erlauben eine Unterscheidung von gültigen und ungültigen Normen (Normen und Pseudo-Normen), z. B. auf dem Gebiete des Rechtes die Unterscheidung von gerechten und radikal-ungerechten Gesetzen? Diese Frage ließe sich als „Frage nach möglichen Begründungs- und Rechtfertigungsweisen des Normativen" kennzeichnen. 5. Ist überhaupt etwas zu tun?, also die „Frage nach der Begründbarkeit des Normativen als solchen", eine Frage, die durch die Verdächtigung heraufgeführt wird, Normen seien im Grunde nur Bewußtseins-Verfälschungen des Faktischen; das Normative lasse sich auf Faktisch-Seiendes reduzieren (etwa auf soziale Klassen- und Herrschaftsverhältnisse oder auf das Über-Ich als Internalisierung natürlicher äußerer Autorität zur Abwehr der Ödipus-Versuchung); das Sollen sei nur eine hinterhältig-selbstgefällige Beschönigung des Müssens, des Gezwungen-Seins: hinterhältig, selbstgefällig und beschönigend insofern nämlich, als die appellative Natur des Sollens oder der Norm dem Normadressaten Freiheit (freie Zustimmungsfähigkeit, Selbstbestimmungsfähigkeit) vorgaukle; die praktische Philosophie als Normen-Theorie sei Herrschaftsideologie.

Es ist klar, daß diese 5. Teilfrage der ersten Grundfrage praktischer Philosophie „Was ist zu tun?" bereits in den Bereich der zweiten Grundfrage „Wie kann das, was zu tun ist, getan werden?" hinüberverweist. Denn zum Bereich dieser zweiten Grundfrage gehört gewiß an erster Stelle die Frage nach dem Vermögen des Normadressaten zur Normrealisation. Die Frage nach der

Freiheit des Wollens und Handelns kann also aus diesem Fragegebiet nicht ausgeschlossen werden, genausowenig wie die andere Frage nach der Erkenntnisweise des Normativen („Wie kann das, was zu tun ist, erkannt werden?"). In den Bereich dieser zweiten Grundfrage praktischer Philosophie fällt aber auch die Frage nach den faktischen und realgeschichtlichen Bedingungen der Normenrealisation, die eine Orientierung der praktischen Philosophie an Wissenschaften wie Psychologie, Soziologie, Politologie und nicht zuletzt Geschichte und Hermeneutik verlangt und demnach einen reinen Apriorismus der praktischen Philosophie von vorneherein verhindert. Dafür trägt sie allerdings in die praktische Philosophie die nicht weniger prekäre Problemdimension der Zukunft, der Antizipation von Handlungsmöglichkeiten hinein. Man könnte diesen Teilbereich der zweiten Grundfrage „Wie kann das, was zu tun ist, getan werden?" daher die „prognostische und projektive Dimension" der praktischen Philosophie nennen (den Begriff des „Utopischen" vermeidend). Unter die zweite Grundfrage der praktischen Philosophie fielen also die folgenden Teilfragen: 1. die Frage nach der Freiheit des Normadressaten, 2. die Frage nach der Erkenntnisweise des Normativen, 3. die Frage nach den faktisch-gegebenen Realisationsbedingungen des Normativen, 4. die Frage schließlich nach den künftigen und herstellbaren Realisationsbedingungen des Normativen. Auch auf diese Fragen muß die praktische Philosophie eine Antwort geben oder wenigstens schrittweise entwickeln können, wenn sie möglich sein soll. Welche Antworten aber die praktische Philosophie auf diese und die übrigen Fragen gibt bzw. welche Beantwortungsstrategien sie entwickelt, dies hängt vom Verständnis praktischer Philosophie ab, so wie das Verständnis praktischer Philosophie vom Grundverständnis des Philosophierens überhaupt abhängt — ein Zusammenhang, den man sich, wenn man sich auf das Gebiet der praktischen Philosophie begibt, auch wenn er im Prinzip klar daliegt, in seinen Konsequenzen wenigstens einmal im Leben vor Augen geführt haben sollte.

2. Hobbes und die praktische Philosophie der Neuzeit

I

Die nachfolgenden Analysen und Überlegungen gehen von der Annahme aus, daß eine neue Würdigung der praktischen Philosophie von Thomas Hobbes zu einer Revision des Gesamtbildes der neuzeitlichen praktischen Philosophie vor Kant führen dürfte. Denn mehrere neuzeitliche Philosophen benutzen ein Modell praktischen Philosophierens, das Hobbes geschaffen hat, und bei mehreren Philosophen der Neuzeit verfolgt die praktische Philosophie auch ein Interesse, das zuerst bei Hobbes bestimmend geworden ist. Das Modell ist der Kontraktualismus (die naturrechtliche Vertragskonstruktion des Staates), und das Interesse geht auf: Aufklärung über Autonomie. Und auch dabei waltet wieder ein inneres Verhältnis der Ermöglichung des einen durch das andere: das Interesse erklärt das Modell, die Idee der Aufklärung über Autonomie erklärt Ansatz und Aufbau des praktischen Philosophierens.[1] Wenn dies aber zutrifft, dann ergibt sich ein noch weiterer Ausblick. Denn das Hobbes'sche Modell wird auch noch von Kant benutzt, und wer anders als Kant hätte mit der größten Entschiedenheit die praktische Philosophie unter die Idee einer Aufklärung über Freiheit und Autonomie gestellt? Ist also zwischen Kant und der vorkantischen praktischen Philosophie der Neuzeit nicht in aller Selbstverständlichkeit die schroffe Zäsur aufrechtzuerhalten, die Kant selbst und der Kantianismus behaupten, indem sie das Autonomie-Denken allererst bei Kant beginnen lassen und der gesamten Philosophie vor Kant Befangenheit in der Denkform der Heteronomie, der Fremdbestimmtheit und Unfreiheit, vorwerfen; ist diese Geschichtsschematik der praktischen Philosophie der Neuzeit fragwürdig, dann fällt neues Licht auch auf die Philosophie Kants, wird eine angemessenere Einschätzung der Revolution möglich, die Kant in der praktischen Philosophie nicht weniger als in der theoretischen Philosophie bewirkt hat. Und schließlich deutet es sich sogar an, daß auf diese Weise eine Revision des Bildes der neuzeitlichen Philosophie auch über Kant hinaus möglich sein könnte. Die Zäsur nämlich, die Kant und der Kantianismus zwischen sich und der vorkantischen Philosophie behaupten, diese Zäsur kommt beim Hineinrücken Kants in den Traditionszusammenhang der neuzeitlichen praktischen Philosophie, angesichts der Zugehörigkeit Kants zu einer Geschichte der Aufklärung über Autonomie, an einer anderen Stelle zu stehen, findet dort ihre Berechtigung, nämlich zwischen Hegel und der vorhegelschen Philosophie. Die Kantische Revolution der praktischen Philosophie wäre zwar in der Tat eine Revolution im Verhältnis zur neuzeitlichen praktischen Philosophie vor Kant, aber sie geschähe gleichwohl noch auf dem Boden eines gemeinsamen Interesses und mit den Mitteln desselben Modells: auf dem Boden des Interesses an Aufklärung über Autonomie und mit den Mitteln des naturrechtlichen Kontraktualismus. Diesen Boden eines gemeinsamen Interesses und eines gemeinschaftlichen Modells zu verlassen, wäre erst die Sache Hegels gewesen.[2] Dies aber bedeutet, daß die Revision des Bildes der neuzeitlichen praktischen Philosophie im Ausgang von einer Revision des Hobbes-Bildes sich auch gegen die Hegelsche Geschichtsschreibung der Philosophie der Neuzeit auswirkt. Denn legen Kant und der Kantianismus auf die Zäsur Wert, die zwischen der Lehre von der reinen praktischen Vernunft und der vorkantischen praktischen Philosophie bestehen soll, so betonen Hegel und seine Anhänger wie die Einheit der Philosophie so auch die Einheit der Geschichte der Philosophie: Jede Zeit bringe aus dem Prinzipien-Ganzen der Vernunft ein Prinzip zur Geltung und auf den Begriff, in Gestalt des jeweils zeitgerechten Systems und seines Ansatzes, und so gebe es in der Geschichte der Philosophie weder Vor- noch Nachgänger, sondern nur gleichwertige Teilnehmer an dem einen dialektischen Entfaltungsprozeß der Vernunft. Der Kantianismus gibt zu Unrecht eine Zäsur, einen Bruch mit der Tradition, vor; Hegel sieht seine Philosophie in einer dialektischen Kontinuität des Philosophierens und befindet sich in Wahrheit außerhalb der Tradition, jedenfalls außerhalb jener Tradition einer Aufklärung über Autonomie, die Hobbes begründet hat. Die Revision des Hobbes-Bildes führt zum Abbau zweier Schemata. Ihr Ergebnis ist eine Kritik sowohl an der kantianisierenden wie an der hegelianisierenden Betrachtungsweise der praktischen Philosophie der Neuzeit.

Soweit die These, die nunmehr zu belegen ist. Nennen wir sie die „Kontinuitätsthese der neuzeitlichen praktischen Philosophie von Hobbes bis Kant". Man kann diese These als Pendant, und wenn man es recht durchdenkt, auch als Ergänzung der „Diskontinuitätsthese des deutschen Idealismus" betrachten, die als Gegenschlag zur hegelianisierenden Betrachtungsweise „Von Kant bis Hegel" schon in Ansehen gekommen ist. Wir versuchen, die Kontinuitätsthese „Von Hobbes bis Kant" auf folgende Weise zu begründen: Wir beginnen mit einer skizzenhaften Rekonstruktion der praktischen Philosophie von Hobbes unter dem Gesichtspunkt ihres Bemühens um Aufklärung über Autonomie und unter dem Modellgesichtspunkt. Aus der Feststellung, daß Hobbes' Bemühen am Ende gescheitert ist, ergibt sich dann von selbst die Frage, welche weiteren Anwendungen das Modell gefunden und welchen Erfolg die Aufklärung über Autonomie bei jenen Klassikern der neuzeitlichen praktischen Philosophie gehabt hat, die Hobbes' Bemühen fortsetzten: Locke, Rousseau und Kant.[3]

Innerhalb der Hobbes'schen praktischen Philosophie, die ihrer Tendenz nach praktisch-politische Philosophie ist (dies insbesondere verbindet sie über alle Gegensätze hinweg mit der antiken Polis-Philosophie), lassen sich drei Konstruktionsstücke unterscheiden: die Lehre vom Naturzustand, die Lehre vom staatsbegründenden Vertrag und die Souveränitätslehre mit der Teillehre vom Recht auf Widerstand gegen die Staatsgewalt.

In der Lehre vom Naturzustand fingiert Hobbes eine Zeit, in der die Menschen noch ohne Staat, ohne dauerhafte Organisation ihres Zusammenlebens waren, also unter den Bedingungen lebten, die ihnen ihre elementare Natur vor aller vernünftig-künstlichen Einrichtung der Lebensverhältnisse vorschrieb. Der Naturzustand wird von Hobbes ahistorisch aufgefaßt, nicht als historische Realität, er ist reine Konstruktion.[4] Mit dieser ahistorischen, fiktiven Auffassung verbindet sich allerdings, was kein Widerspruch ist, eine genetische Darstellungsart. Der Naturzustand wird mehr noch als Prozeß geschildert, er kennt eine Entwicklung, an der sich zwei Phasen unterscheiden lassen. Wir möchten diese Phasen des Hobbes'schen Naturzustandes die „Phase der Vernunftlosigkeit" und die „Phase der ohnmächtigen Vernunft" nennen. In der Darstellung der ersten Phase differieren die verschiedenen Fassungen der Hobbes'schen praktisch-politischen Philosophie. Wir legen hier die Schilderung zugrunde, die Hobbes in seinem Hauptwerk, dem „Leviathan", gibt. Danach sind es die folgenden Faktoren, die das vorstaatliche Zusammenleben der Menschen bestimmen: an erster Stelle natürliche Freiheit und Gleichheit, d. h. die Geichheit aller in der Befähigung zur Macht und das bei allen gleiche unendliche Machtstreben. Auch Hobbes kennt Unterschiede unter den Menschen in bezug auf Konstitution und Begabung; diese Unterschiede aber erscheinen ihm unbedeutend im Vergleich mit jener Gleichheit der Machtbefähigung (der „Freiheit"), wie sie sich in dem Faktum beweist, daß jeder jeden töten kann. Dies ist die Begründung der anthropologischen Gleichheits-These bei Hobbes, die, mag man sie nun zugleich abgründig oder, gemessen an der Idee der Identität der Menschenwürde, roh und allzu handgreiflich finden, immerhin zu den in der Geschichte der Philosophie seltenen Versuchen gehört, das Axiom der Gleichheit der Menschen zu rechtfertigen (es gibt wohl nur noch einen Versuch dieser Art; er findet sich in der Sophistik bei Antiphon und ist noch gröber gewirkt, indem er darauf hinweist, daß wir alle durch Mund und Nase atmen und mit den Händen essen). — Der zweite für den Naturzustand bestimmende Faktor (der aber erst im „Leviathan" diesen der Körperphilosophie adäquateren Stellenwert erreicht, indem er mit der Ehrsucht den Platz tauscht) ist die ungünstige Beschaffenheit des natürlichen Güterpotentials: die Ressourcen entsprechen weder in quantitativer noch in qualitativer Hinsicht der Nachfrage. Und so kommt es auf Grund von Knappheit und Verteilungsschwierigkeiten zum Krieg aller gegen alle (bellum omnium contra omnes). Wie Hobbes sagt: des Gewinns wegen. – Der dritte Faktor, Mißtrauen und Furcht vor gegenseitigem gewaltsamem Tode, resultiert aus den vorangehenden Faktoren und gibt dem Krieg aller gegen alle einen zusätzlichen Aspekt: der Krieg aller gegen alle ist Krieg auch der Sicherheit wegen. Und zwar ist er ein allgemeiner Angriffskrieg. Viele würden sich vielleicht mit der Verteidigung ihres Besitzes zufrieden geben; diese Maßvollen („modesti") aber werden gezwungen, in einen erbarmungslosen Präventivkrieg einzutreten, wenn sie auch nur überleben wollen. Einige Machtlüsterne („feroces") zwingen die Mehrheit, den Krieg aller gegen alle in dieser Weise zu verschärfen. – Der vierte Faktor des Naturzustandes ist Ruhmsucht, sie führt zu Krieg des Ansehens wegen, damit also zu einer noch weiteren Verschärfung des Krieges aller gegen alle, genauso wie dies dann auch der fünfte Faktor bewirkt, das ius omnium ad omnia, das gleiche Recht aller auf alles.

Dieser allgemeine Krieg aber, das bellum omnium contra omnes oder, wie Hobbes noch genauer sagt, bellum uniuscuiusque contra unumquemque, widerspricht der Natur des Menschen, seinem Streben nach Leben und Wohlleben. Und so besinnen sich die Menschen, um diese ihre Bestimmung zu realisieren, auf eine andere, nicht-elementare Seite ihres Wesens. Sie aktivieren ihre Vernunft, die Hobbes — und daran ist im Hinblick auf unsere These viel gelegen — als gleichursprünglich mit der Triebnatur ansieht. Beim Menschen tritt, im Gegensatz zum Tier, das Begehren unter die Direktive der Vernunft mit ihren charakteristischen Ausprägungen der Sprache und der Methode. Im 12. Kap. von „De Homine" spricht Hobbes von einem „Bund zwischen Körper und Geist", der so zustandekomme, daß der Anfang des Handelns vom Begehren, die besonnene Leitung dagegen von der Vernunft ausgehe. Dies bedeutet: der Mensch, und nur er allein, handelt dank seiner Vernunft, dank Sprache und Methode, in Kenntnis von Kausalgesetzen, er überblickt gesetzmäßige Ursache-Wirkungs-Zusammenhänge und vermag auf diese Weise, auf Grund dieses Entlastetseins von den unmittelbaren und fließenden Impressionen, auf Grund dieser seiner Beheimatung im Reiche des Allgemeinen, über die borniert Vor-Sicht der Tiere (ein bloßes Vor-sich-Sehen) hinaus weitsichtige Klugheit (ein Sich-Vor-Sehen) zu entwickeln, wirkliche und scheinbare Güter zu unterscheiden, kurz: sein Leben unter allen Umständen zu führen und nicht nur zu leben.

Hobbes identifiziert also nicht einfach Trieb (insbesondere den Selbsterhaltungstrieb) und Vernunft, was selbst Hobbes-Forscher wie Ferdinand Tönnies und Leo Strauss annehmen, wenn er auch die Vernunft als instrumentale Vernunft, als Vernunft im Dienste des Triebes, auffaßt.[5] Für ihn ist die Vernunft, das Vermögen der Universalität in Sprache und Methode, zugleich triebüberlegen und triebabhängig. Im Hinblick auf Hobbes' praktisch-politisches Denken aber bedeutet dies, daß nicht der Trieb allein, etwa die Furcht vor gegenseitigem gewaltsamem Tode und letztlich der Selbsterhaltungstrieb, zum Staate führt bzw. (in nichtmetaphorischer Sprache) Prinzip des Staates ist, sondern Trieb und Vernunft (recta ratio) als gleichursprüngliche Vermögen. Verfehlt ist daher auch die Kritik, die in der Hobbes'schen Prinzipienlehre des Staates den „naturalistischen Fehlschluß" entdecken will, d. h. die Ableitung des Normativen (hier: der positiven Rechtsordnung) aus dem Faktischen (hier: aus dem Trieb; ein Beispiel für diese verfehlte Hobbes-Kritik wäre noch W. Röd, Geometrischer Geist und Naturrecht, 1970, S. 27). Wenn „Naturalismus" dies bedeutet, Reduktion des Normativen auf Faktisches, dann ist Thomas Hobbes kein Naturalist. (Wir selbst möchten allerdings unter „Naturalismus" etwas anderes verstehen, nämlich den Standpunkt der ausschließlichen Gewinnung der normativen Inhalte aus dem Elementar-Natürlichen, und im Sinne dieser Begrifflichkeit ist Hobbes Naturalist).

Das unendliche Elend des Naturzustandes mobilisiert die Vernunft, so sagten wir (und wir bemerken beiläufig, daß die prozeßhafte Darstellung des Naturzustandes, der Ansatz mit der bloß elementaren Natur des Menschen, auch den Grund haben dürfte, diesen instrumentellen Charakter der Vernunft zu verdeutlichen). Mit der Mobilisierung der Vernunft beginnt die zweite Phase des Naturzustandes, die im Zeichen des „natürlichen Gesetzes" steht. Das natürliche Gesetz, mit dessen Begrifflichkeit Hobbes die bis dahin schon zweitausendjährige Tradition der Naturrechtslehre fortsetzt, artikuliert (als soziales Gesetz) die vernünftige Einsicht in die Notwendigkeit des Friedens und benennt die zum Frieden, zum Sich-Vertragen, führenden Mittel, an erster Stelle den Vertrag, die Übertragung von Rechten (die aber infolge der Gleichheit eines natürlichen ius ad omnia nur gemeinsamen Rechtsverzicht gegenüber einem Dritten bedeuten kann, nicht etwa gegenseitige Rechts-Übertragung). — Inhaltlich gesehen ist das natürliche Gesetz also Friedenspostulat. Formal gesehen ist es hypothetischer Imperativ: es spricht ein Sollen aus (suche den Frieden! schließe Verträge!), und dieses Sollen bzw. seine Gültigkeit ist an die empirische Bedingung des Leben- und Überleben-Wollens der Individuen gebunden. Diese Bedingung freilich kann mit Sicherheit als erfüllt gelten, und zwar bei allen Individuen, und so ist das natürliche Gesetz in noch näherer formaler Bestimmung assertorisch-hypothetischer Imperativ.[6] Qualitativ gesehen, ist das natürliche Gesetz schließlich auch moralisches und göttliches Gebot. Sehen wir indessen von der letzteren

Qualität ab, die zum metaphysisch-theologischen Überbau der Hobbes'schen praktisch-politischen Philosophie gehört, betrachten wir das natürliche Gesetz nur unter seiner Qualität der moralischen Norm, so stellen sich zwei Fragen, nämlich die folgenden: Wie kann eine vernünftige Einsicht (Hobbes spricht „Leviathan", Kap. 15 Ende, von conclusion und theorem; vgl. De Cive, Kap. 3 Ende) Imperativ (Handlungsanweisung) sein? Und wie kann ein hypothetischer Imperativ — wider alle Denkgewohnheit — moralischer Imperativ sein? Die Beantwortung dieser Problem-Fragen, dies dürfte auf der Hand liegen, entscheidet über die Rechtmäßigkeit der von uns versuchten Revision des Hobbes-Bildes. Denn kann gezeigt werden, daß die Hobbes'sche Vernunft (die recta ratio) als mit dem Trieb gleichursprüngliches Vermögen zur moralischen Selbstgesetzgebung in der Form hypothetischer Imperative fähig ist, dann ist Hobbes' praktisch-politische Philosophie Aufklärung über Autonomie und nicht in der Denkform der Heteronomie, der Fremdbestimmtheit und Unfreiheit befangen, wie es die Kantische Gleichsetzung von „Naturalismus" und „Heteronomie" bzw. von „Autonomie" und „reiner" praktischer Vernunft behauptet.

Wir glauben die erste Frage (Wie kann ein Theorem in einen Imperativ übergehen?) so beantworten zu können: die Konklusion „Kein Überleben und menschenwürdiges Leben ohne Verzicht auf das natürliche ius ad omnia" ist zunächst ein Satz nach dem Muster „Wer den Zweck will, will auch die Mittel". Ein Sollen kommt in diesem Satz zunächst nicht vor, wird darin noch gar nicht gedacht. Der Satz stellt nur fest: Das Überleben- und Menschenwürdig-Leben-Wollen ist logisch-zwingend gebunden an den Willen, auf das natürliche ius ad omnia zu verzichten. Damit aus dem Mittel-Wollen, von dem der Satz spricht (Verzicht auf die natürliche Rechtsfülle), ein Gesolltsein der Mittel bzw. des Mittel-Wollens werde, ist eine zusätzliche Bedingung erfordert. Es darf aus dem Zweck-Wollen in der Praxis, und um praktisches Denken und Sprechen handelt es sich hier, *nicht* wie in der Theorie zwangsläufig das Mittel-Wollen folgen. Das zweckrationale Mittel-Wollen muß in der Praxis gefährdet sein und entgegen der Gefährdung, entgegen einem Gegenwollen, gleichsam noch einmal gewollt werden. Der Wille muß seinem eigenen Gegenwollen sein zweckrationales Wollen als Norm entgegenhalten; er muß sich, durch eine solche doppelte Negation (Wollen entgegen einem Gegenwollen), auf sein zweckrationales Wollen gleichsam „verpflichten", oder in nichtmoralischer Sprache (denn dies hier ist noch nicht die zweite Problemfrage): der Wille muß sich sein zweckrationales Wollen vorschreiben. Die entscheidende Bedingung für diese Transformation eines deskriptiven in einen präskriptiven Satz aber ist in unserem Falle gegeben: in Gestalt der elementaren menschlichen Natur, jenes blinden unendlichen

Machtstrebens, als das Hobbes die natürliche Freiheit des Menschen auffaßt. Der Vernunfteinsicht in den Weg der Befreiung vom Krieg aller gegen alle, der Selbstbefreiung des Menschen durch Vernunft, steht sein elementarnatürliches Selbst entgegen. Die Selbstbefreiung muß also nicht nur selbsttätige Befreiung, sie muß auch partielle Befreiung vom eigenen Selbst sein. Freiheit muß durch Betätigung von Freiheit gegen Freiheit erworben werden. Freiheit muß sich selbst zum Gesetz für sich selbst gegen sich selbst erheben, und genau die letztere Notwendigkeit ist also der Grund, daß sie als Imperativ auftritt.

Die zweite Frage („Wie kann ein hypothetischer Imperativ mit einem moralischen Imperativ zusammenfallen?") dürfte von Hobbes her so zu beantworten sein: Handlungen, die zum Frieden führen, verdienen das Prädikat „moralisch" (sind als „Tugenden" anzusehen) aus dem doppelten Grunde, daß sie auf ein Objekt von ausgezeichnetem Wert gehen und weil sie außerdem auf der Seite des Subjekts, des Individuums, eine innere und äußere Disziplinierung voraussetzen, wie sie strenger nicht gedacht werden kann (Vgl. „De Cive", Kap. 3, „Leviathan", Kap. 16). Geradezu sinnenfällig wird diese letztere Begründung in der Hobbes'schen Schilderung der zweiten Phase des Naturzustandes. Denn diese Phase steht auch im Zeichen des Gegenwollens, des Widerstrebens gegen das natürliche Gesetz, das ja als bloße Norm gar kein wirkliches Naturgesetz ist (wie etwa die Newton'schen oder Keppler'-schen Gesetze), das nicht nezessitiert, sondern nur an den guten Willen der Menschen appelliert. So kann es zu einer Inkongruenz zwischen seiner gesinnungsmäßigen und seiner äußeren Verwirklichung kommen, ja es besteht angesichts des Gegensatzes der Maßvollen und Machtlüsternen und infolge der Macht des Elementaren über den Menschen sogar die größte Wahrscheinlichkeit einer solchen Ohn-Macht des natürlichen Gesetzes.[7]

Auch die zweite Phase des Naturzustandes, heißt dies, bleibt vom bellum omnium contra omnes geprägt, nur mit dem Unterschied, daß der allgemeine Krieg in der ersten Phase als schlichtes Naturereignis resultierte, während er in der zweiten Phase die Züge des Vernunft- und Moralwidrigen und beinahe auch des Institutionellen angenommen hat. Das Dilemma des Krieges aller gegen alle scheint unüberwindlich. Hobbes indessen hält die Möglichkeit seiner Überwindung (also in nichtmetaphorischer Sprache: die Möglichkeit des Vernunftstaates entgegen der elementaren Natur des Menschen) für gegeben. Erreicht die Furcht vor gegenseitigem gewaltsamem Tode ihr größtmögliches Ausmaß, so scheint er zu raisonieren, so werden die Individuen sich entschließen, das natürliche Gesetz zu verwirklichen. Nicht zuletzt die Furcht ist also neben der Vernunft Grundlage der Vergesellschaftung bei Hobbes, und sie hat diese sozial-konstruktive Funktion, die wir nicht verleugnen, sogar in dreifacher Hinsicht: die Furcht aktiviert Vernunft (so ergibt sich das natürliche Gesetz), sie erzwingt Vernunft-Realisation (so kommt es zur Staatsgründung, zur Einsetzung bzw. Anerkennung eines allmächtigen und allberechtigten Souveräns), und sie stabilisiert das Vernunft-Verhältnis, indem sie die Menschen im Staate festhält (durch Androhung von Sanktionen). Aus Furcht voreinander ziehen die Individuen die Schlußfolgerungen aus dem Krieg aller gegen alle, die Hobbes natürliche Gesetze nennt. Aus Furcht voreinander setzen sie diese dictates of reason ins Werk: dadurch nämlich, daß sie eine Ursache gemeinsamen Fürchtens erzeugen. Und aus Furcht vor der künstlich erzeugten Ursache von Furcht halten sie das Werk der recta ratio instand, und zwar im „natürlichen" Staat oder government by acquisition nicht weniger als im „künstlichen" Staat oder government by institution. Auch im Fall der Einsetzung eines aufgrund seiner natürlichen Übermacht personell schon feststehenden Souveräns — an sich eine naturhafte Erleichterung des Übergangs aus dem status naturae in den status civilis — schafft nicht die Unterwerfung oder Herrschaft das Herrschaftsrecht und die Herrschaftsvollmacht, sondern angesichts der natürlichen Gleichheit und des natürlichen Machtstrebens der Hobbes'schen Individuen ist es allein die Unterwürfigkeit oder Herrschaftszustimmung, eine radikal demokratisierte Abart der Platonischen sophrosyne, die dies bewirkt. Denn so tritt ein psychologischer Mechanismus der Herrschaftsstabilisierung in Funktion: das Zurückschrecken vor jeder Auflehnung gegen den Souverän aufgrund des unkalkulierbaren (bzw. wohlkalkulierbaren) Risikos, ihm isoliert gegenüberzustehen. Die wechselseitige Unsicherheit bezüglich der Vertrags- bzw. Staatstreue der anderen Egoisten hält jeden Egoisten im Staate fest. Dies alles aber geschieht zugleich in der Hoffnung, auf solche Weise Überleben und Wohlleben zu sichern.[8]

Wir haben an der Hobbes'schen Lehre vom Naturzustand zu zeigen versucht, daß Hobbes' praktisch-politische Philosophie von einem Autonomie-Denken geprägt ist, Aufklärung über Autonomie sein will.[9] Bei Hobbes ist der Staat, die Wirklichkeit der naturrechtlich-moralischen Idee, Geschöpf der individuellen Vernunft, die gleichursprünglich mit dem Trieb den Trieb voraussetzt und als Führungsvermögen ihm doch auch wiederum überlegen ist. Hobbes' Staatslehre ist eine Quasi-Transzendentaltheorie des Staates (von Hobbes' „transzendentaler Theorie der Gesellschaft" spricht B. Willms, Die Antwort des Leviathan, 1970, S. 116 ff.).[10]

Der Hobbes'sche Staat hat in individueller Freiheit seinen Ursprung und seinen Zweck, oder umgekehrt: die Bestimmung von Ursprung und Zweck des Staates erfolgt bei Hobbes im Geiste des Individualismus, Liberalismus und Demokratismus — entgegen dem traditionellen Hobbes-Bild, das ihn als

Ideologen der absolutistischen Monarchie verzeichnet (und auch entgegen dem Eindruck, den Hobbes' Selbstdarstellung seiner praktisch-politischen Philosophie unter dem Symbol des „Leviathan" zu vermitteln geeignet ist). Zielt aber Hobbes' praktisch-politische Philosophie in dieser Weise auf eine Vermittlung von individueller Freiheit und politischer Herrschaft, so müssen in den Hobbes'schen Staatsentwurf Absicherungen der individuellen Freiheit eingebaut sein. Staatszweck und Staatsmacht müssen eine Synthese bilden, die aus individueller Freiheit entsprungen individuelle Freiheit garantiert. Diese Vermittlung von Staatszweck und Staatsmacht ist Hobbes nicht gelungen. Auf zwei Wegen will er für Liberalität im Leviathan-Staat sorgen, durch eine Verpflichtung des Souveräns auf den Staatszweck und durch das Zugeständnis eines natürlichen Rechtes auf Widerstand gegen die Staatsgewalt bei Bedrohung von Leib und Leben (für diesen Fall wird aktiver Widerstand erlaubt) sowie bei Bedrohung fundamentaler emotionaler und religiöser Lebensgüter (in diesen Fällen darf nur passiver Widerstand geleistet werden). Beide Absicherungen der individuellen Freiheit (der Pflichten-Kodex des Souveräns und das Widerstandsrecht) aber erweisen sich als unzulänglich. Die Verpflichtung des allmächtigen und allberechtigten Souveräns auf den Staatszweck ist als rein naturrechtlich-moralische Verpflichtung konzipiert; der Souverän ist also keiner anderen Instanz verantwortlich als seinem Gewissen, d. h. der rechten Vernunft und Gott als dem Urheber aller Vernunft. Der Souverän kann unbillig entscheiden, aber er kann kein Unrecht begehen; er kann zum Sünder, aber nicht zum Verbrecher werden. Wie der Souverän sich auch verhalte, ob als Wohltäter oder als Unterdrücker der Individuen, solange er nicht seine Disqualifikation zur Herrschaft beweist (durch mangelndes oder durch totalitäres Regieren), so lange haben die Bürger seine Anordnungen, die Gesetze, als Interpretationen des natürlichen Gesetzes und des göttlichen Willens anzusehen. Hobbes würde einem solchen Bedenken zwar entgegenhalten, daß es sicherlich im Interesse des Souveräns liege, durch liberales Regieren Unzufriedenheit unter den Bürgern zu verhindern. Diese Argumentation aber übersieht, welche Möglichkeiten illiberalen Herrschens zwischen optimaler Liberalität und Beinahe-Totalitarismus dem Leviathan-Souverän offenstehen. Vertrauen aber, nämlich dasjenige auf Einsicht und Moralität des Souveräns, sollte in einer praktisch-politischen Philosophie, die wesentlich auf dem Prinzip des Mißtrauens aufgebaut ist, keinen Platz haben. Der Satz, das eigene Interesse werde den Souverän zu liberalem Herrschen veranlassen, ist, wie Rousseau („Du Contrat Social", III, 6) bemerkt: une phrase très belle, et même très vraie à certains égards: malheureusement on s'en moquera toujours dans les cours".

Das Hobbes'sche Widerstandsrecht aber erfüllt noch weniger die ihm zugedachte Funktion einer Absicherung individueller Freiheit. Es versagt zwar nicht etwa aus dem Grunde, daß es den mächtigen Leviathan-Staat zu unterhöhlen oder zu sprengen drohte; es ist keineswegs das „trojanische Pferd", das der Hobbes-Interpret Mayer-Tasch darin sieht. Es scheitert aber aus dem genau entgegengesetzten Grunde, daß es sich als ein völlig illusorisches Recht herausstellt. Wer dieses Recht gegen den Souverän wahrnehmen will, wird sich sogleich isoliert und hoffnungslos verloren finden. Derselbe Hobbes'- sche Individualismus, der das Widerstandsrecht als Absicherung individueller Freiheit in die praktisch-politische Philosophie aufzunehmen verlangt, bringt es auch um seinen Sinn.[11] So ergibt sich in der Tat die Feststellung, daß Hobbes' praktisch-politische Philosophie als Aufklärung über Autonomie fehlgeschlagen ist. Wir würden zwar nicht mit Welzel von einer „Antinomie zwischen Staatsmacht und Staatszweck" sprechen und auch nicht mit Habermas von einer „Antinomie" der „Aufopferung der liberalen Inhalte an die absolutistische Form ihrer Sanktionierung",[12] denn staatszweckkonforme Herrschaft ist ja in Hobbes' Theorie nicht geradezu ausgeschlossen. Sie wird allerdings auch nicht garantiert, sie bleibt prekär, und dies scheint uns angesichts des Hobbes'schen Rationalitätsanspruches und gemessen am Autonomie-Denken seines praktisch-politischen Ansatzes Grund genug zu sein, ein Scheitern festzustellen.

Die Konsistenz der Hobbes'schen Staatskontruktion läßt sich auch von seiner *politischen Theologie* her nicht retten: sie wird weder durch das „natürliche Gottesreich" noch durch den Glauben an das christlich-prophetische Reich verbürgt. Weder die Gemeinschaft derer, die Gott mit der natürlichen Vernunft erkennen und als obersten Herrscher anerkennen, noch die Gemeinschaft derer, die im eschatologischen Glauben an die kommende Herrschaft Christi miteinander verbunden sind und bis dahin den weltlichen Souverän als Statthalter der göttlichen Herrschaft anerkennen; weder die eine noch die andere Idee vermag ein Regulativ des positiven Gesetzes abzugeben, die Verwirklichung des naturrechtlich-moralischen Staatsideals sicherzustellen, die innere Disproportioniertheit des Leviathan-Staates zu überwinden. Die theologische Hobbes-Interpretation ist allerdings dieser Ansicht. So schreibt Bernard Willms (im Anschluß an Hood): „Indem Hobbes seinem Souverän gegenüber die normative Substanz der Herkunftswelt geltend machte, d. h. ihn als christlich bestimmte, band er ihn ebenso wie den Untertan an diese zurück. Die Religion, in der der Souverän dem Untertan substanziell gleich war, und in der beider Freiheiten — als die wahre Freiheit der Untertanen Gottes — beide einte, wurde so zu dem Ort der Vermittlung von Gestern und Morgen wie von Oben und Unten" (1970, S. 20). — Der Hobbes'sche Staat aber ist kein Staat ausschließlich für Gottesgläubige oder gar ausschließlich für Christen, er ist ein Staat auch für Atheisten. Die Verbindlichkeit des natürlichen Gesetzes ist autonome Vernunftverbindlichkeit, nicht eine solche, die eine rationaltheologische (Taylor, Warrender) oder gar offenbarungstheologische Fundierung (Hood) voraussetzt. Hobbes verlangt von den Bürgern des Leviathan-Staates ein Minimum, nicht ein Maximum an praktischer Rationalität. Die Vermittlung von liberalem Staatszweck und absoluter Staatsmacht war innerhalb der politischen Philosophie noch diesseits aller Theologie zu leisten; hier aber ist sie nicht gelungen.[14]

Aus der Verlegenheit, in der Hobbes' Staatskonstruktion endet, so scheint es, hätte nur eine zusätzliche Einhegung führen können: eine noch weitergehende Denaturalisierung, Deprivatisierung, Politisierung des Souveräns durch seine Unterwerfung unter noch mehr Organisation, Struktur, Institution. Es hätte die Souveränität (mit ihren Merkmalen der künstlichen Personalität und Personalisation, Autorität und Repräsentation) gegenüber dem Souverän noch stärker zur Geltung gebracht, der Souverän noch konsequenter verkünstlicht werden müssen. Etwa in der Art der zeitgenössischen englischen Verfassungswirklichkeit, die im Zeichen des Gewaltenteilungsprinzips sowohl nach statute law wie common law dem Parlament ein Recht zur Absetzung des Königs zuerkannte. Es scheint sogar, als hätte dieses Prinzip, sofern es das natürliche Machtstreben und die natürliche Machtkonkurrenz der Menschen ausnutzt und dem Gehege-Modell mit dessen Verlängerung ins Politische selbst hinein treu bleibt, eine besondere Anziehungskraft auf Hobbes ausüben müssen. Ebenso begreiflich ist allerdings die Abneigung, die Hobbes gegenüber der Gewaltenteilung und einem gegenseitigen Sich-Kontrollieren der Gewalten empfinden mußte (vgl. Leviathan, Kap. 29 „Von Dingen, die einen Staat schwächen, oder zu einer Auflösung führen"). Nicht nur die zeitgeschichtliche Erfahrung, daß ein soziales System genau an den Überzeugungs- und Interessengegensätzen zu zerbrechen drohte, die es gemäß dem radikal angewandten Konkurrenzprinzip hätten zusammenhalten sollen, mußte ihm die Gewaltenteilungstheorie verleiden; vor allem mußte es ihm fraglich erscheinen, ob der Gewaltenteilungsgedanke überhaupt unter das Gehege-Modell subsumiert werden könne. Nicht ein Plus, sondern ganz im Gegenteil zu wenig Künstlichkeit mußte der Gewaltenteilungsmechanismus in seinen Augen besitzen, um wie eine unwiderstehliche Maschine funktionieren zu können. Der Vergleich der Gewaltenteilungs-Institution mit der Idee des Staates, der Versuch einer abbildlichen Projektion der Selbst-Einhegung des Natürlichen ins Politische aufs Politische selbst, mußte für ihn eine allzu schwache Stelle im Fehlen einer vergleichbaren übergeordneten Zwangsinstanz aufweisen. Und von seiner Anthropologie her gesehen hatte Hobbes auch Recht. Setzt man nämlich bei den Menschen die Gleichheit eines verhaltensdominanten unendlichen Machtstrebens und eine gleiche Machtbefähigung voraus, so wird man im Problemzusammenhang der Staatszweck-Realisierung und Staatsmacht-Stabilisierung wohl kaum zu so etwas wie der Gewaltenteilung gelangen. Unter solchen Voraussetzungen wird es vielmehr angeraten erscheinen, das Natürliche in das Politische nur so weit aufzunehmen, wie es der zwischen beiden unumgängliche Kompromiß erfordert. An Gewaltenteilung und gegenseitige Kontrolle der Gewalten als Abbildung von gesellschaftlicher Mißtrauens- und Konkurrenzstruktur aufs Politische ist nur zu denken, wenn neben der Prämisse des Konkurrenzprinzips auch die weitere Voraussetzung einer inner*gesellschaftlichen,* der Gewaltenverteilung symmetrischen Gruppierung für möglich gehalten wird. Von dieser letzteren Voraussetzung aber glaubte Hobbes (im Gegensatz zu Locke) nicht ausgehen zu können.

II

Die Vermittlung von individueller Freiheit und politischer Herrschaft unter dem Primat der Freiheit als Staatszweck und Staatsursprung ist Grundproblem der praktisch-politischen Philosophie auch bei Locke, Rousseau und Kant, und diese Denker praktisch-politischer Autonomie übernehmen auch **das Hobbes'sche Modell** des naturrechtlich-vernunftrechtlichen Kontraktualismus.

Bei *Locke* schließt der Begriff der Freiheit nicht zuletzt das Recht auf unbegrenzte Kapitalbildung ein; insbesondere über diese Freiheit will die praktisch-politische Philosophie bei ihm aufklären.[15] Und zwar möchte Locke zweierlei zeigen: 1. die Vereinbarkeit der Kapital-Akkumulation samt allen ihren Folgen sozialer Ungleichheit mit der traditionellen Moral, 2. die Angewiesenheit der Freiheit der Kapital-Akkumulation auf politische Herrschaft als Verhinderung eines anarchischen Kapitalismus sowie die diesem Zweck von Herrschaft angemessene Organisation der Herrschaftsausübung. Dem ersten Nachweis, welcher als moralische Rechtfertigung des Kapitalismus der Gewissensberuhigung der frühen Besitzbürger dienen soll, ist Lockes Lehre von Eigentum und Geld gewidmet; den zweiten Nachweis, der dem äußeren Sicherheitsverlangen des Bürgertums entgegenkommt, soll die Gesamttheorie, insbesondere aber die Gewaltenteilungslehre erbringen. — Nach der Locke'schen Lehre vom Eigentum, die als Naturrechtstheorie und Ontologie der Eigentumsbildung konzipiert ist, steht der Erwerb von Eigentum (und das heißt für Locke die Aneignung von Dingen durch ihre Bearbeitung) unter zwei normativen Schranken: es darf nur so viel erworben werden, daß nichts verdirbt und also Gottes Schöpfung erhalten bleibt; und es darf auch nur so viel erworben werden, daß Freiheit und Gleichheit der Mitmenschen erhalten bleiben. Mit diesen Erhaltungsnormen aber lassen sich nach Locke die neue Wirtschaftsweise und die für die neue Gesellschaft charakteristische extreme materielle Ungleichheit vereinbaren: durch Kapital-Akkumulation wird in der Natur nichts verändert und folglich auch nichts verdorben (Zusammenhänge zwischen kapitalistischer Industrie und Umweltzerstörung sind für Locke noch kein Thema), und durch ungleichen Besitz wird auch die natürliche Freiheit und Gleichheit der Menschen keineswegs angegriffen. Denn Gleichheit bedeutet für Locke gleiche Freiheit, Freiheit aber ist für ihn bereits dann gegeben, wenn man der Willkür anderer Menschen durch die gemeinsame Zugehörigkeit zu einer Rechtsordnung entzogen ist. Diese Freiheit besitzt nach Locke auch jener überwiegende Teil der Bevölkerung, der aus Untüchtigkeit kein Kapital bildet und nicht akkumuliert. Der Kapitalismus ist daher für Locke naturrechtlich-moralisch, unter dem Gesichtspunkt der überpositiven Eigentumsnormen, unangreifbar, „in Ordnung".

Lockes Lehre von der Gewaltenteilung antwortet im Aufbau seiner praktisch-politischen Philosophie auf die Frage, wie die Idee ursprünglicher Volkssouveränität, die Locke als Autonomie-Denker voraussetzt, und das repräsentative System, das er als Verfassungstheoretiker für wünschenswert hält, zu vereinbaren sind. Wie ist es zu gewährleisten, daß Herrschaftsausübung durch eine Minderheit, den abgeleiteten oder sekundären „Souverän", im Sinne und zum Nutzen des ursprünglichen und permanenten Souveräns erfolgt? Wenn nach Locke die Verteilung der souveränen Funktionen auf mehrere Träger und deren gegenseitige Kontrolle mit dem Bürger als „lachendem Dritten" diesen Effekt erzielt, Mißbrauch der Staatsmacht verhindert und der individuellen Autonomie zur Wirklichkeit verhilft, so darf allerdings nicht übersehen werden, daß dieser Erfolg an spezifische historische Bedingungen geknüpft ist: an eine Denkweise in den Kategorien der Konkurrenz und des Mißtrauens und an eine Symmetrie der staatlichen Funktionen- und der gesellschaftlichen Machtverteilung. Ohne eine zumindest annähernde Kongruenz von Gesellschafts- und Verfassungsstruktur hätte die Gewaltenverteilung und -kontrolle kein fundamentum in rebus, könnte sie nicht politisch wirksam werden. Zu Lockes Zeiten waren diese Bedingungen erfüllt. Der Differenzierung der Staatsgewalt in Legislative, Exekutive, Foederative und Prärogative entsprach die innergesellschaftliche Gruppendifferenz von Bürgertum, Adel und König. Und Locke und das aufsteigende Bürgertum, für das er schrieb, dachten auch in der antagonistischen Denkform. Und so mag es denn richtig sein, das Gewaltenverteilungsprinzip als die bedeutendste Errungenschaft der Aufklärung über Autonomie seit Hobbes und vor Kant zu werten. An die historisch-gesellschaftliche Relativität dieses Prinzips hätte man sich allerdings zu erinnern, wenn der Versuch anzutreffen sein sollte, es in eine „reine", überzeitlich-gültige Vernunft-rechtslehre einzubauen.[16]

Bei *Rousseau* ist das Vermittlungsprinzip von individueller Freiheit und politischer Herrschaft die „volonté générale". Der Staat als mit Macht aus-gestatteter allgemeiner Wille — die Machtausstattung wird im staatsgrün-denden Vertrag am „Ende" des Naturzustandes mit den Phasen: absolute Gesellschaftslosigkeit, vorstaatliche Vergesellschaftung und Vorformen des Staates symbolisiert — dieser Staat kann gar kein anderes Interesse als das Wohl der Individuen verfolgen. Die einzig denkbare Handlungsart dieses Staates nämlich ist ein allgemeines Handeln, und zwar ein in dem Sinne all-gemeines Handeln, daß sich bei ihm sowohl Subjekt wie Objekt durch Allge-meinheit auszeichnen. Unter beiden Gesichtspunkten aber erscheint allein die Legislative in Gestalt einer mit Mehrheit beschließenden Volksversammlung qualifiziert, die Rolle staatlichen Handeln zu übernehmen, vermögen doch Exekutive wie Jurisdiktion sowohl unter dem Objekts- wie Subjektsgesichts-punkt nur als besonderes Handeln zu fungieren. Niemand wird von der staatlichen Gesetzgebung ausgeschlossen, heißt dies politisch-konkret, und die staatlichen Gesetze gelten in gleicher Weise für alle (niemand wird be-vorrechtet oder in seinen Rechten zurückgesetzt). In drei Hinsichten aber realisiert sich auf dieser Grundlage des allgemeinen Willens, der direkten De-mokratie und des Gewaltenmonismus individuelle Autonomie: als positive Freiheit der Partizipation an der staatlichen Gesetzgebung in der Volksver-sammlung, als gegenseitige Freiheit (Unabhängigkeit) unter dem Schutz des Staates und schließlich als juridische (und wohl auch annähernde possessive) Gleichheit im Staate. — Wie aber schon bei Hobbes, so ist auch bei Rousseau der Grundmangel der Aufklärung über Autonomie ein absoluter Primat des Naturrechts und der Naturrechtsmoral über die institutionalisierte Freiheits-sicherung. Wie nämlich bei Hobbes der Souverän einer bloß naturrechtlichen Normierung unterworfen ist, so wird auch bei Rousseau der Staat letztlich auf die Grundlage bloßer Moralität gestellt, bei ihm auf die Grundlage der Moralität der „citoyens". Die vernünftige Synthese von Freiheit und Herr-schaft scheint im Rousseau'schen Idealstaat konstruktiv-gedanklich gelungen, auf der anderen Seite aber um den Preis einer so außerordentlichen Wirk-lichkeitsferne erkauft, daß einem durch sie immer neue Achtung vor der im Vergleich mit Hobbes, Rousseau und Kant so wenig „philosophisch" anmu-tenden Theorie eines Locke abgenötigt wird.[17]

Abschluß und Höhepunkt der von Hobbes eingeleiteten Geschichte einer Aufklärung über Autonomie ist die praktische Philosophie *Kants*. Denn die Behauptung liegt keineswegs in unserer Kontinuitätsthese, Kants praktische Philosophie stehe auf einer Ebene mit den Theorien von Hobbes, Locke und Rousseau. Wir übersehen keineswegs die revolutionäre Bedeutung der Kantischen Grundlegung der praktischen Philosophie, das Neu- und Einzigartige der Idee einer nicht-instrumentalen, „reinen" praktischen Vernunft. Wir übersehen insbesondere nicht die revolutionäre Bedeutung der Kantischen Idee der reinen rechtlich-praktischen Vernunft als Manifestation der reinen sittlichen Vernunft neben der moralisch-praktischen Vernunft und als Grundlage der praktisch-politischen Philosophie. Wir übersehen also durchaus nicht das Fundiertsein der praktischen Philosophie Kants insgesamt im „Kategorischen Imperativ" als der empirisch-unbedingten Forderung inneren und äußeren Vernünftigseins und als des absoluten Bodens speziell auch des Rechts als der zwangsbefugten institutionellen Beförderung von Vernunft und Freiheit durch Verhinderung äußerer Unvernunft und Unfreiheit. Wenn Kant z. B. das Naturzustandskonstrukt aus dem Hobbes'schen Modell übernimmt, so bedeutet bei ihm der „Naturzustand" durchaus nicht nur einen Zustand fehlender Sicherheit des Lebens. Diese Bedeutung hat er zwar auch, die entscheidende Bedeutung aber ist die eines Zustandes der Nicht-Realisation der Rechtsidee zufolge einer Herrschaft der Privatvernünftigkeit (des je eigenen Gutdünkens), die kollektiv-allgemeine Vernunftherrschaft verhindert. Es soll im Bilde des Naturzustandes, des Krieges aller gegen alle, die reine Rechtspflicht symbolisiert werden, die jeder als praktisches Vernunftwesen hat, in den Staat einzutreten bzw. darin zu sein.[18] Und so ist auch der staatsgründende *Vertrag* bei Kant in erster Linie ein dynamisches Bild für das vernunftnotwendige Vereinigtsein der praktisch-vernünftigen Subjekte unter der reinen Rechtsidee und nicht so sehr Symbol der aus den verschiedensten Gründen (Furcht vor gegenseitiger Bösartigkeit, Furcht vor gegenseitiger ökonomisch-materieller Verdrängung) *auch* zum Staate führenden empirischen Sicherheitsbestrebungen der Menschen. Es besteht, wie Kant in der „Metaphysik der Sitten" schreibt, „ein gemeinsames Interesse", im Staate zu sein, und er erinnert damit an Rousseaus „intérêt commun" als Basis der „volonté générale". Während aber nach Rousseau (und Hobbes und Locke) das gemeinsame Interesse der Menschen auf Leben, Überleben und Wohlleben geht, spricht Kant (in § 43 der „Metaphysik der Sitten") vom gemeinsamen Interesse aller, „im rechtlichen Zustande" zu sein. So symbolisiert der Vertrag bei ihm den Willen aller, die Rechtsidee der reinen praktischen Vernunft zu verwirklichen, die Idee einer gleichen äußeren Freiheit unter allgemeinen Gesetzen entsprechend dem ursprünglich-allgemeinen Postulat der Freiheit, dem Kategorischen Imperativ.

Die praktisch-politischen Konsequenzen allerdings, die Kant aus dieser Selbstaufklärung der reinen rechtlich-praktischen Vernunft zieht, sind zum größeren Teil enttäuschend. Denn eine realpolitisch positive Bedeutung, so zeigt sich, besitzt der Kantische Vertrag nur für die Machthabenden, und zwar im Sinne einer Rechtfertigung ihrer Macht und ihres beliebigen Machtgebrauchs. Gewiß, sie sollen der Idee des Vertrages entsprechend regieren und demgemäß nur solche Anordnungen treffen, wie sie das Volk über sich beschließen könnte; der Bürger andererseits aber soll genauso all ihre Akte und Aktionen — mit der alleinigen und recht unbestimmten Ausnahme solcher Befehle, die dem Sittengesetz unmittelbar zuwider sind und insofern dem „inneren Moralischen" widerstreiten — als von ihm autorisiert über sich ergehen lassen und selbst einer Vertrag, Recht und Gesetz verhöhnenden Herrschaftsausübung gegenüber stillhalten, „es mag ihm auch so sauer ankommen, wie es wolle".[19] Nach Kant nämlich ist der ideelle Ursprung des Staates von seinem reellen Ursprung, seiner Stiftung, zu unterscheiden, und zwar so, daß dem reellen Ursprung in politisch-pragmatischer Hinsicht Vorrang gebührt. Für die Realbetrachtung des Staates und des Politischen überhaupt ist der Vertrag daher nichts als regulative „Idee": Kein Staat ist jemals aus einem Vertrag entstanden, kein Staat wird durch einen Vertrag gegründet werden. Wirkliche Rechtsverhältnisse sind nur unter einer äußeren Gesetzgebung denkbar, äußere Gesetzgebung aber kommt ohne Bemächtigung (gewaltsame Machtaneignung) als Ermöglichung der äußeren Vorbedingungen überhaupt von Verträglichkeit und Vertragsschlüssen nicht zustande: „Wenn einmal eine Staatsverfassung seyn muß d. i. eine Obere constituirte Gewalt die jedermann sein Recht bestimt u. sichert (iustitia distributiva) so ist vor der Hand nur erst auf die Person zu sehen welche diese Gewalt haben könne denn diese geht nach dem Laufe der Natur vor dem Rechtsvertrage vorher weil dieser Frieden voraussetzt ohne den die Stimgebenden nicht einmal vereinigt zusammen zu halten wären um ihren gemeinschaftlichen Willen zu äußern wenn sie nicht unter dem Zwange ständen".[20] Machthabende unter Berufung auf die Vertragsidee oder auch unter Berufung auf ihre anfängliche gewaltsame und als solche außer- und widerrechtliche Okkupation „werktätig" zu kritisieren, heißt daher nach Kant, die Gesetzgebungsinstitution überhaupt anzugreifen, im Namen einer bloßen Idee des Rechts bzw. wegen eines unvermeidlichen Anfangsübels der Rechtsrealisation die Realitiät des Rechts (die der Idee allererst Anwendungsfähigkeit verschafft) zu opfern. Es heißt geradezu, sich in seinem Rechtswillen zu widersprechen und damit entgegen dem Kategorischen Imperativ zu handeln, noch ganz abgesehen von der praktischen Schwierigkeit, daß ein Rechtsstreit zwischen den Machthabenden und ihren Opponenten, sollte er als solcher auch geführt werden, nur durch diejenigen entschieden werden könnte, die sich „im Besitz der obersten öffentlichen Rechtspflege" befinden; dies aber wären die jeweiligen Machthaber.[21] Man fühlt sich an Hobbes erinnert, an die Ohnmacht des Naturrechts und des ideellen Staatszwecks im Verhältnis zur Staatsmacht. Es ist Kant nicht gelungen, seine reine Rechtstheorie und seine reine Staatslehre in konsequenter Reinheit durchzuführen. Der „Staat in der Idee", von dem er selbst in § 45 der „Metaphysik der Sitten" spricht, steht bei ihm in einer übermäßigen und allzu spannungsvollen Abhängigkeit von dem, was man „Staat in der Erscheinung" nennen könnte. Seiner Idee nach, einer Idee der reinen rechtlich-praktischen Vernunft, soll der Kantsche Staat die äußere Freiheit der Menschen als ein „Recht der Menschheit" sicherstellen; in seinem konkreten Verständnis aber herrscht der Gesichtspunkt der Macht vor, und dies nicht nur im Sinne einer jederzeit bleibenden Diskrepanz von Idee bzw. Ideal und Realität, sondern nachgerade im Sinne einer *uneinschränkbaren* Notwendigkeit.[22]

In Kants *Verfassungslehre* scheint das Mißverständnis von „res publica noumenon" und „res publica phaenomenon" zwar weniger ausgeprägt zu sein, denn die „einzig rechtmäßige Verfassung", so heißt es hier, sei die „Republik": „ein r e p r ä s e n t a t i v e s System des Volkes, um im Namen desselben, durch alle Staatsbürger vereinigt, vermittelst ihrer Abgeordneten (Deputirten) ihre Rechte zu besorgen".[23] Die Gestalt der Republik aber bleibt auch wieder recht unbestimmt, und es ist insbesondere fraglich, ob Kant selbst damit die Züge verbunden hat, die man ihr ohne Widerspruch zu seiner Grundkonzeption und deren Wortlaut geben könnte: die Züge der parlamentarischen Demokratie.[24] Auch darf nicht übersehen werden, daß Kant in die Verfassung des „Staates in der Idee" zwei Bestimmungen aufgenommen hat, deren historische Bedingtheit außer Frage steht: d. i. der Gewaltenteilungsmechanismus und die Unterscheidung von „aktiven" und „passiven" Staatsbürgern nach Maßgabe der wirtschaftlich-beruflichen Selbständigkeit.[25] — Was aber schließlich Kants Völker- und Weltbürgerrechtslehre und seine oft als modern gerühmte Friedens-Vision und Friedens-Konstruktion angeht, so scheint es, als seien sie unter dem hier angelegten Gesichtspunkt der Autonomie-Problematik noch ungünstiger zu beurteilen. Denn Kant arbeitet in diesen Zusammenhängen mit dem Prinzip der „ungeselligen Geseligkeit", d. h. der gesellschaftsbildenden Ungeselligkeit, das er auch in seiner Geschichtsphilosophie benutzt. Dieses Prinzip aber, der in gesellschaftliche Harmonie und schließlich sogar in die Gesellschaft als ein „moralisches Ganzes" aus- und umschlagende Antagonismus (Konkurrenz, Rivalität, gegenseitige Furcht), ist ein empirisch-anthropologisches Prinzip und sollte, wenn auch nicht aus der praktischen Philosophie, so aber doch aus einer „reinen Rechtslehre" ferngehalten werden.[26]

Nicht dies allerdings, die partielle empiristisch-naturalistische Überfremdung des „Staates in der Idee" durch den „Staat in der Erscheinung" ist der

Grund, aus dem wir Kant an die Tradition der vorkantischen praktischen Philosophie heranrücken. Nicht diese inneren Mängel auch seiner Aufklärung über praktisch-politische Autonomie. Sondern der Befund, daß „Autonomie" und „instrumentelle Vernunft" jedenfalls keinen logischen Widerspruch bilden, daß eine naturalistische praktische Philosophie, eine Philosophie auf der Grundlage der Interessenrationalität, als Aufklärung über moralisch-politische Autonomie logisch-möglich ist und daß sie historisch-wirklich geworden ist in Gestalt der neuzeitlichen klassischen Autonomie-Philosophie von Hobbes, Locke und Rousseau. Diese Autonomie-Philosophie der instrumentellen Vernunft ist (als solche und nicht nur als politiktheoretisches Phänomen der Selbstdarstellung des bürgerlichen Subjekts) neu zu würdigen, obwohl und gerade wenn man vielleicht Kant und das nichtnaturalistische Autonomie-Denken höherstellt. Sollten die Zweifel an solcher Deprivilegierung der Kantischen Aufklärung über Autonomie aber übermächtig sein, so möge man indessen nur noch die Frage erwägen, wie denn bei Kant und unter der Voraussetzung der an sich „reinen" Vernunft und des Kategorischen Imperativs so etwas überhaupt denkbar sein soll, wie instrumentelle Vernunft und ein hypothetischer Imperativ. Wie kann Vernunft, in Kants eigenen Worten, einen nicht abzulehnenden Auftrag von seiten der Sinnlichkeit haben, sich um das Interesse derselben zu bekümmern?[27]
Entspricht nicht der Schwierigkeit, instrumentelle Vernunft und Autonomie zusammenzudenken, die andere Schwierigkeit, reine Vernunft und die Möglichkeit instrumenteller Vernunft zu vereinbaren? Ist also nicht die Vernunft und insbesondere die praktische Vernunft ein noch viel dunkleres Vermögen, als wir es im gewöhnlichen Bewußtsein unserer Vernünftigkeit wahrhaben? Ja, muß nicht wirklich praktische Vernunft, die in der vorkantischen Philosophie als instrumentelle und bei Kant als reine *vorausgesetzt* wird, als solche dargetan, bewiesen werden? Insbesondere auf diese Frage und zu einer solchen Besinnung führt ein problemgeschichtlich-kritischer Gang durch die klassische praktische Philosophie der Neuzeit, wie wir ihn durchmessen haben. Sofern diese Frage und eine solche Besinnung aber bereits für das Philosophieren von Johann Gottlieb Fichte bestimmend geworden sind, sind wir damit auch noch an die Schwelle derjenigen neuzeitlichen Philosophie gelangt, in der die Aufklärung über Autonomie — über die engeren Grenzen der praktischen Philosophie hinaus — Bedeutung für die Grundlegung der Philosophie im Ganzen gewonnen hat.

3. Das Problem des Naturrechts heute

Die Hauptfrage im Bereich der Naturrechtsproblematik lautet: Gibt es ein Naturrecht? Gibt es einen Maßstab richtigen oder gerechten Rechts, der für die positiv-juridische Ordnung verbindlich wäre? Der Ursprungsboden solchen Fragens und dieser Problematik aber ist das positive Recht selbst, und zwar überall da, wo sich der Gedanke einer normativen Richtschnur des staatsimmanenten und staatsdependenten Rechts aufdrängt, weil entweder überhaupt keine sozialnormative Richtschnur in Gestalt gesatzten Rechts vorhanden ist oder die vorhandene positiv-rechtliche Normierung unzureichend erscheint. Als unzureichend aber kann sich eine vorhandene Rechtsordnung wiederum in zwei Hinsichten darstellen: in quantitativer Hinsicht („Gesetzeslücken") und in qualitativer Hinsicht („ungerechte Gesetze" und „gesetzliches Unrecht"). Die Situation gänzlich fehlender positiv-rechtlicher Normierung ist, wie sich versteht, im Falle von Verfassungsschöpfungen gegeben, und in der Tat hat sich insbesondere in den Verfassungen sowie in vergleichbaren Satzungen und Dokumenten (wie etwa „Grundgesetzen") das naturrechtliche Denken als besonders bestandsfähig erwiesen.

Mit quantitativ und qualitativ unzureichenden Rechtsnormen hat es, wenn wir von der Verfassung herabsteigen, bereits der Gesetzgeber zu tun, sofern er aus der Verfassung und aus dem vorgegebenen Gesetzesgut das jeweils Rechtspolitisch-Richtige nicht einfach ableiten kann. So muß er die Richtigkeit des Rechts als Problem empfinden, als spezifische Erscheinungsform jener Richtigkeitsproblematik, die das politische Denken und Handeln als solches bereits begleitet, sofern es sich nicht als blindes, sinn- und verantwortungsloses Machtstreben versteht. In solcher Verlegenheit aber um eine normative Richtschnur der Rechtspolitik kann es nun auch wieder gar nicht ausbleiben, daß man Zuflucht zum „Natürlichen" nimmt, so wie auch sonst, in den mehr technischen Problemen des Staates und der Politik, das Natürliche gerne als Modell benutzt wird. Es sei erinnert an die liberal-demokratische Idee einer mechanisch wirkenden Gewalten- und Kräfteverteilung („Gewaltenteilung", „Gewaltenkontrolle", „freie Marktwirtschaft") nach dem Muster des Kräfteparallelogramms, oder an den beliebten Vergleich des Staates mit dem menschlichen Organismus, wie er besonders liebevoll, aber auch ein wenig pedantisch von Thomas Hobbes in der Einleitung zu seinem „Leviathan" ausgeführt wird: die Souveränität als künstliche Seele, die Beamten als künstliche Gelenke, Belohnung und Bestrafung als Nerven, durch die jedes Gelenk zu seinem Dienst angehalten wird, Wohlstand und Reichtum als Stärke des Staates, Eintracht als seine Gesundheit, Aufruhr und Bürgerkrieg als sein Tod.[1] Die Zuflucht des Gesetzgebers zum Natürlichen schlägt sich in den Gesetzen in Formeln nieder, wie „Treu und Glauben", „Billigkeit" und „gute Sitten". Ob solche „rechtsethischen Gemeinplätze"[2] ihre Funktion erfüllen, ob sie also der Rechtsauslegung und Rechtsanwendung wirklich eine normative Hilfe sind, läßt sich allerdings bezweifeln. Denn jeder, der solches Recht auslegt und anwendet, indem er fragt, ob andere Treu und Glauben gewahrt, billig und recht gehandelt, die guten Sitten nicht verletzt haben, wird ja zum Zwecke solcher Beurteilung doch auch immer an seine eigenen Richtigkeits- und Gerechtigkeitsvorstellungen, an sein persönliches Anstandsgefühl verwiesen.

Gehen wir nach der Verfassung und der Gesetzgebung zur Rechtsprechung über, als einem weiteren Ursprungsort des Naturrechtsdenkens und der Naturrechtsproblematik, so verlockt neben der Lückenhaftigkeit des positiven Rechts insbesondere sein abstrakt-formaler Charakter den Rechtsprechenden leicht dazu, ein „Naturrecht" als asylum ignorantiae zu bemühen. Auch eine noch so verfeinerte juristische Interpretationskunst bringt es ja nicht fertig, für jede Fallkonstellation eine Subsumtionsmöglichkeit im Wortlaut der Gesetze zu entdecken, jeden neuen konkret-komplexen Fall als gleichsam vom Gesetz, wenn auch nicht unbedingt von der weisen Providenz des Gesetzgebers, antizipiert erscheinen zu lassen. Auch die ingeniöseste Rechtsdogmatik und -systematik kann es nicht verhindern, daß die Rechtsanwendung (die Rechtsprechung, aber auch die Verwaltung) vor die Notwendigkeit subjektiver Entscheidungen gestellt wird (insbesondere hinsichtlich der Rechtsfolgenfestsetzung). Je schwerer solche Entscheidungen aber wiegen, umso größer muß die Neigung sein, im Überpositiv-Natürlich-Richtigen, in einem »Naturrecht" Halt zu suchen. Befreit von der Not, nach dem Richtigen oder Gerechten mühsam suchen zu müssen und dankbar für solche Befreiung, hat man denn auch ausrufen können: „durch die Lücken im Zeltdach des positiven Rechts erblicken wir den blauen Himmel des Naturrechts"[3]. Über solcher Naturrechtslyrik wird allerdings keiner, der überhaupt das Bemühen um Richtigkeit und Gerechtigkeit als rechtswesentlich anerkennt, übersehen, daß der unvermeidlich abstrakt-formale und lückenhafte Charakter des positiven Rechts, insbesondere aber auch erkennbare Ungerechtigkeit von Gesetzen, die rechtsanwendenden Organe, wie die Rechtsprechung, in echte Gewissensnot bringen kann.

Wir haben Ursprungsörter des Naturrechtsgedankens und der Naturrechtsproblematik im Zusammenhang mit Verfassung, Gesetzgebung und Rechtsanwendung gefunden. Mittelbar haben wir damit aber auch bereits die

Rechtswissenschaft berührt. Die Rechtswissenschaft nämlich ist in doppelter Weise der Rechtspraxis verbunden: sie entnimmt ihren Gegenstand der Rechtspraxis (dem historischen, insbesondere aber dem geltenden Recht), und sie steht der Frage der Anwendbarkeit ihrer Ergebnisse nicht gleichgültig gegenüber. Die Probleme der Rechtspraxis, wie sie zumal mit der quantitativen und qualitativen Unzulänglichkeit des gesatzten Rechts gegeben sind, kehren daher in der Rechtswissenschaft wieder, ja sie erfahren hier eine Steigerung. Denn darf insbesondere die Rechtsanwendung mit ihrer Frage nach dem richtigen oder gerechten Recht sich noch in einem engeren Normen- und Sachverhaltshorizont halten (demjenigen der einzelnen „Fälle"), so zielt die Aufgabe der Rechtswissenschaft auf eine Systematisierung ganzer Normenkomplexe und letztlich auf eine Systematisierung der jeweiligen Rechtsordnung im Ganzen. Hierzu aber benötigt sie normative Einteilungs- und Klassifikationskriterien, Grundvorstellungen dessen, was in einem bestimmten Rechtsgebiet (etwa dem Wirtschafts- oder Familienrecht) und in der gesamten Rechtsordnung als maßgeblicher Wert zu verwirklichen sei. Ist ihr aber eine Verfassung als normative Richtschnur der Gesetzesauslegung und -systematisierung vorgegeben, so bedeutet dies nicht einmal unbedingt eine Begünstigung ihrer Arbeit. Denn es wird z. B. das Alter der Verfassung oft genug die Notwendigkeit mit sich bringen, die Verfassungsaussagen zu aktualisieren — eine Aufgabe und Problematik, die sich natürlich genauso bei der Auslegung von Gesetzesmaterien ergeben kann. Ausdrücke wie „Eigentum", „Vertrag" oder „öffentliches Interesse" nehmen unter neuen gesellschaftlichen Bedingungen neue Bedeutungen an: „das Feudaleigentum ist ein anderes Eigentum als das kapitalistische oder das sozialistisch-kollektivierte".[4] So sieht sich also auch die Wissenschaft vom positiven Recht auf außerpositive Normen verwiesen, wenn sie ihrer Aufgabe genügen will, das bestehende Recht durchzukonstruieren, d. h. es auf seine Verfassungskonformität hin zu kontrollieren und im Sinne logischer Konsistenz zu systematisieren. Unter dem charakteristischen Entscheidungsdruck der Rechtspraxis steht die Rechtswissenschaft allerdings nicht.[5] Der Rechtswissenschaftler ist kein Richter, der zu einem Spruch aufgefordert ist; er ist kein Rechtsanwalt, der unter allen Interpretationsmöglichkeiten des Rechts die „richtige" in derjenigen finden soll (und darf), die für seinen Mandanten die günstigste ist. Er ist schließlich auch kein Politiker, der das Objektiv-Richtige hier und jetzt zu verwirklichen hat (daß mancher Politiker eher wie ein Rechtsanwalt wirkt, steht auf einem anderen Blatt). Dies aber: das Recht und die Pflicht des Rechtswissenschaftlers, keine Einstimmigkeit der Rechtsordnung um jeden Preis anzustreben, mehrere Interpretationsmöglichkeiten des Rechts zu erwägen und bei gegebenem Anlaß eine Pluralität alternativer Interpretationssysteme auszubilden, dieses Privileg der rechtswissenschaftlichen Normenbearbeitung ändert nichts an der Tatsache, daß auch der Rechtswissenschaftler sich in seinem Umgang mit dem positiven Recht auf außerpositive Normen verwiesen sieht.

Wie der Verfassungsschöpfer, der Gesetzgeber, die rechtsanwendenden Organe und der Rechtswissenschaftler, so fragt schließlich auch der Bürger: Gibt es ein Naturrecht? Gibt es einen normativen Maßstab richtigen oder gerechten Rechts, dem für die positive Rechtsordnung Verbindlichkeit zukommt? Er stellt diese Fragen wohl kaum in solcher philosophischen Terminologie, er erfaßt wohl auch nicht die Komplexität der Fragestellung, er unterscheidet gewiß nicht Einzelaspekte ihres Gegenstandes, er befragt das Natürlich-Richtige, wenn er danach fragt, wohl kaum auf so etwas hin wie Struktur, Seinsweise, Geltungsart, Geltungsumfang und Geltungsanspruch. Und auch nicht immer, wenn der Bürger die Richtigkeit staatlich-rechtlicher Verhältnisse in Frage stellt, ist solches Infragestellen identisch mit der rechtskritischen Haupt- und Grundfrage: Gibt es ein Naturrecht? Nicht jeder Protest, nicht jede Demonstration, nicht jeder Streik entspringt einer Reflexion auf das Rechtlich-Staatlich-Richtige oder -Gerechte als solches. Es muß schon „krasses Unrecht" und ein langwährender und grundsätzlicher Rechtsmißbrauch vorliegen, damit der einzelne und einfache Rechtsgenosse provoziert wird, nach dem „richtigen" oder „gerechten" Recht, nach dem „richtigen" oder „gerechten" Staat zu fragen, ja vielleicht sogar Recht und Staat und damit überhaupt die Möglichkeit solchen Fragens in Frage zu stellen. In Situationen also, die Widerstand gegen die Staatsgewalt auf Grund von deren Übergriffen nahelegen, ist der primäre Ursprungsort der Naturrechtsreflexion des Bürgers zu sehen. Solche Situationen sind geeignet, ihn an ein Recht denken zu lassen, das normativ über allem staatsimmanenten und staatsdependenten Recht stehen und im Ausnahmefall staatliches Recht brechen soll: die natürlichen Rechte des Einzelnen, seine „Urrechte", „Grundrechte", „Menschenrechte". Von hier aus, von diesem „subjektiven Naturrecht" aus, bedarf es aber nur eines weiteren Gedankenschrittes, um die Idee auch eines objektiven Naturrechts zu wecken, die Idee einer idealen Rechtsordnung auf der Grundlage der subjektiven Urrechte. Insbesondere die subjektive Freiheit wird so zum Angelpunkt des Rechts- und Staatsdenkens. Es kommt zu der keineswegs selbstverständlichen Vorstellung, die rechtlich-staatliche Ordnung sei für den einzelnen da, ihr Sinn bestehe darin, ihm eine Freiheitssphäre zu sichern. Da die Garantie der subjektiven Freiheit aber solange ungewiß ist, als sie bloß von der Gunst objektiver Mächte erhofft werden kann, wird ein weiterer Gedankenschritt notwendigerweise dahin gehen, die rechtlich-staatliche Ordnung wie ihrem Zweck, so nun auch ihrem

Ursprung nach auf den Einzelnen und seine Freiheit zu beziehen. Es bildet sich ein Naturrechtsdenken aus, das die rechtlich-staatliche Ordnung als Geschöpf oder Instrument individueller Autonomie versteht, eine Naturrechtstheorie des Staates, die im Ganzen um die Freiheit des Einzelnen kreist, Ursprung und Zweck des Staates im Blick auf die subjektive Freiheit des Individuums bestimmt. Es ist dies der Typus des Staatsdenkens der Neuzeit von Hobbes über Locke und Rousseau bis Kant und Fichte, das auch heute noch, trotz Hegel und Marx und ihrem Antiindividualismus, in der Theorie und Praxis des Staates überall lebendig ist, wo dem einzelnen Bürger ein reelles, egalitäres Wahlrecht zugestanden wird, eine reelle politische Partizipation als Grundform politischer Selbstbestimmung.[6] Auch die Wählersituation des Bürgers, heißt dies aber umgekehrt, ist ein möglicher Ursprungsort für seine Naturrechtsreflexion und Naturrechtsproblematisierung. Auch hier, wenn auch gewiß weniger existentiell-einschneidend als in der Widerstandssituation, findet der Bürger Veranlassung, nach *außer*rechtlichen und *außer*staatlichen Normen der rechtlich-staatlichen Ordnung zu fragen.[7]

Wo immer Recht geschaffen, angewandt, erfahren und reflektiert wird, so können wir die bisherige einleitende Naturrechts-Phänomenologie zusammenfassen, entspringen Idee und Problem eines „Naturrechts", einer normativen Richtigkeit oder Gerechtigkeit im Hinblick auf das staatsimmanente und staatsdependente Recht. Der Problem*kern* aber läßt sich in der Tat auf einfache Frageformeln bringen: Gibt es so etwas? Gibt es ein Naturrecht? Gibt es einen Maßstab richtigen oder gerechten Rechts, dem für die positivrechtliche Sphäre Verbindlichkeit zukommt?

Die Frage wird heute sehr unterschiedlich beantwortet. Vor nur etwa 25 Jahren dagegen hätte allein die Antwort überrascht: Ein Naturrecht gibt es nicht und kann es nicht geben. Denn damals herrschte ein weitgehender Konsensus in der Anerkennung des Naturrechts über die Grenzen der Rechtsphilosophie bis in die Politik und das Rechtswesen hinein. Man braucht nur zu erinnern an die Argumentation bei den Nürnberger Prozessen, an die Menschenrechtserklärungen der Vereinten Nationen aus dem Jahre 1948, die Europäische Konvention zum Schutze der Menschenrechte und Grundfreiheiten vom Jahre 1950, nicht zuletzt aber auch an das Bonner Grundgesetz mit seinem Hinweis auf „das Sittengesetz" und seiner Proklamation „unverletzlicher und unveräußerlicher Menschenrechte" als der überpositiven „Grundlage jeder menschlichen Gemeinschaft". Zu erwähnen wäre auch die Rechtsprechung des Bundesgerichtshofes in der Aera seines Präsidenten Weinkauff.[8]

Die Erklärung des Phänomens liegt heute für jeden auf der Hand. Bis dahin unvorstellbare Erfahrungen mit „gesetzlichem Unrecht" hatten die Sehnsucht nach einer Verankerung des positiven Rechts in Grundsätzen absoluter Richtigkeit oder Gerechtigkeit, wie sie die Naturrechtslehre von jeher verspricht, übermächtig werden lassen. Konnte auch ein praktischer Mißbrauch des Rechts durch staatliche Willkür nicht für immer verhindert werden, so war doch wenigstens die Theorie des Rechts, wie man meinte, durch die Rechtspraxis über die Unhaltbarkeit von Positivismus, Historismus, Relativismus, Dezisionismus und wie die nicht-naturrechtlichen Doktrinen sonst deklariert sein mochten, belehrt worden.

Ein respektables Beispiel solcher Naturrechts-Restauration und solchen Umdenkens ist das Bekenntnis zur Naturrechtsidee, das Gustav Radbruch in den Jahren 1946 und 1947 unter dem Eindruck der zuvor erfahrenen Zeitverhältnisse ausgesprochen hat. In der Abhandlung „Gesetzliches Unrecht und übergesetzliches Recht" von 1946 erklärte er: „wo Gerechtigkeit nicht einmal erstrebt wird, wo die Gleichheit, die den Kern der Gerechtigkeit ausmacht, bei der Setzung positiven Rechts bewußt verleugnet wurde, da ist das Gesetz nicht etwa nur ‚unrichtiges Recht', vielmehr entbehrt es überhaupt der Rechtsnatur. Denn man kann Recht, auch positives Recht, gar nicht anders definieren, denn als eine Ordnung und Satzung, die ihrem Sinn nach bestimmt ist, der Gerechtigkeit zu dienen".[9] Und in einem Artikel „Die Erneuerung des Rechts" forderte Radbruch 1947, die Rechtswissenschaft müsse sich wieder „auf die jahrtausendalte gemeinsame Weisheit der Antike, des christlichen Mittelalters und des Zeitalters der Aufklärung besinnen, daß es ein höheres Recht gebe als das Gesetz, ein Naturrecht, ein Gottesrecht, ein Vernunftrecht, kurz ein übergesetzliches Recht, an dem gemessen das Unrecht Unrecht bleibt, auch wenn es in die Form des Gesetzes gegossen ist, — vor dem auch das auf Grund eines solchen ungerechten Gesetzes gesprochene Urteil nicht Rechtsprechung ist, vielmehr Unrecht, mag auch dem Richter, eben wegen seiner positivistischen Rechtserziehung solches Unrecht nicht zur persönlichen Schuld angerechnet werden".[10] Diese Sätze schrieb in den Jahren 1946 und 1947 derselbe Radbruch nieder, der in der 3. Auflage seiner „Rechtsphilosophie" 1932 noch die Überzeugung geäußert hatte, Gerechtigkeit sei nur die sekundäre Aufgabe des Rechts, Rechtssicherheit die primäre: „Wer Recht durchzusetzen vermag, beweist damit, daß er Recht zu setzen berufen ist." „Für den Richter ist es Berufspflicht, den Geltungswillen des Gesetzes zur Geltung zu bringen, das eigene Rechtsgefühl dem autoritativen Rechtsbefehl zu opfern, nur zu fragen, was Rechtens ist, und niemals, ob es auch gerecht sei." „Wir verachten den Pfarrer, der gegen seine Überzeugung predigt, aber wir verehren den Richter, der sich durch sein widerstrebendes Rechtsgefühl in seiner Gesetzestreue nicht beirren läßt."[11]
Daß die Diskussion um das Naturrecht die Jahre der politischen und mora-

lischen Krise überdauerte, ja, den Charakter einer Auseinandersetzung mit Argumenten und Gegenargumenten überhaupt erst gewann, wird durch die genannten Faktoren allerdings nicht erklärt. Die politisch-moralische Krise veranlaßte, das Problem in den Vordergrund zu rücken, an ihr lag es aber nicht, daß es mit neuen Materialien, Methoden und Hinsichten bearbeitet wurde. Dies hängt vielmehr mit innertheoretischen Umständen zusammen, mit der Fruchtbarkeit nämlich des systematischen Philosophierens in den vorhergehenden Jahrzehnten, dessen Ergebnisse nun auch in die Naturrechtsdiskussion eingebracht wurden. Es sind vor allem die folgenden Strömungen, die dem Problem ein neues Gepräge gaben und bis heute den Gang seiner Erörterung bestimmen: der Neopositivismus, die phänomenologisch-ontologische Wertethik und die Existenzphilosophie. Ein kritisches Résumé aus ihren Beiträgen zu ziehen, ist die Absicht der folgenden Analysen und Überlegungen.

I

Wenn wir uns an erster Stelle der Kritik zuwenden, die der Rechtspositivismus an der Naturrechtslehre geübt hat, so treten wir einem Dialog gegenüber, der für sich die jüngste Geschichte der Rechtsphilosophie nahezu ausfüllt. Man kann zwar heute nicht mehr von einer erschöpfenden Alternative der rechtsphilosophischen Problematik in diesem Sinne sprechen, haben doch die anderen philosophischen Strömungen (materiale Wertethik und Existenzphilosophie) die Problemstellung um wesentliche Aspekte erweitert. Der Rechtspositivismus aber gilt noch immer zu Recht als der Haupt*gegner* des Naturrechts.

Der Rechtspositivismus allein nämlich hat es bisher zu einer nahezu vollendeten Theorie gebracht, und er ist es auch, der die Kritik an der Naturrechtslehre zu seinen vordringlichen Aufgaben zählt. Das Gesagte gilt innerhalb des Rechtspositivismus aber wiederum in besonderem Maße für Hans Kelsen, der, wie kein anderer, dem Rechtspositivismus zu philosophischem Rang verholfen und keine Gelegenheit ausgelassen hat, seine „Reine Rechtslehre" von der Naturrechtslehre abzugrenzen.

Wenn gesagt wurde, Kelsen habe dem Rechtspositivismus philosophischen Rang erobert, so darf man sich freilich über den Geist seiner Rechts-Theorie nicht täuschen. Es ist der verkümmerte Geist eines Kantianismus, den an der Intention der Kantischen Vernunftkritik auf eine simultane Grundlegung von Erfahrung und Metaphysik allein das Resultat interessiert, welches die sogenannte „Restriktionsthese" ausspricht: Unser Erkennen beschränkt sich auf den Bereich „möglicher Erfahrung", d. h. auf die Sphäre sinnlicher Gegebenheit und auf die subjektseigenen („transzendentalen") Funktionen ihrer gesetzmäßigen Durchgestaltung. Und wird die Restriktionsthese von Kant selbst auch nur mit Bezug auf die theoretische Erkenntnis, d. h. unter Ausschluß der Problematik dessen, was *sein soll,* verstanden, so dehnt Kelsen sie auf den gesamten Bereich des theoretischen und praktischen Erkennens aus. Ein *Sollen* oder eine Norm also eignet sich nach ihm nur dann als Gegenstand wissenschaftlicher Reflexion und Bearbeitung, wenn es entweder ein empirisches Vorkommnis oder eine transzendentale Bedingung empirischer Vorkommnisse darstellt.[12] So spricht seine Rechtslehre gewiß von Sollen und Norm, aber es ist zu beachten, daß kein absolut-ideales Sollen und keine absolut-ideale Normierung, sondern immer nur historisch-politische Imperative und die subjektseigenen Voraussetzungen ihrer sinnvollen Auslegung und Durchsetzung gemeint sind. Mit dem Ausdruck „historisch-politischer Imperativ" erläutern wir hierbei das, was Kelsen „Rechtserzeugung" nennt: das Setzen von Recht durch den höchsten Gesetzgeber und die übrigen hierzu berufenen Organe.[13] Mit der Wortfolge „Voraussetzung der sinnvollen Auslegung und Durchsetzung" der historisch-politischen Imperative explizieren wir das, was Kelsen die „Grundnorm" nennt.[14] Es ist klar, daß mit dem Begriff der Grundnorm das eminent-philosophische Lehrstück des Rechtspositivismus in den Blick kommt, ist doch schon terminologisch angedeutet, daß die Theorie hier ihre Befangenheit in Historismus und Relativismus überwinden und einer Perspektive mächtig werden könnte, die so etwas wie „Grundsätze richtigen Rechts" erschlösse. Ja, es wird sogar die Neugier geweckt, ob nicht etwa die „Reine Rechtslehre" oder der „juristische Positivismus" am Ende in naturrechtlichen Vorstellungen wurzeln sollte. Es wäre dies ein weiterer und besonders eindrucksvoller Beweis für die Wahrheit des Schlagworts von der „ewigen Wiederkehr des Naturrechts".

Wir sind in der Tat der Ansicht, daß der juristische Positivismus der Insinuation des Naturrechts-Denkens nicht hat widerstehen können, nur bieten sich die Zusammenhänge, die wir als notwendig ansehen, nicht ganz so handgreiflich dar, wie es zunächst erscheint. Daß der juristische Positivist den Begriff der „Grundnorm" einführt, und die Lehre von der Grundnorm sogar unter den Titel eines „transzendental-logischen Naturrechts" bringt, mag seine Terminologie verwirren, zur Behauptung einer inneren Widersprüchlichkeit seines Systems reicht es nicht aus.[15] Denn auch die Grundnormlehre oder das transzendental-logische Naturrecht als Antwort auf die Frage nach dem *Geltungsgrund* des positiven Rechts hält sich durchaus in den Grenzen jenes Historismus und Relativismus, der bereits die Untersuchung des Rechts*begriffs* und die Feststellung des Rechts als einer mit Zwang durchsetzbaren

Ordnung historisch-politischer Imperative bestimmte. Die Grundnormlehre nämlich besagt nichts anderes als dies: soll einem gegebenen positiv-normativen Material, also einem Komplex durch Macht unterstützter Imperative, der Charakter einer Rechtsordnung zukommen, so muß die Voraussetzung erfüllt sein, daß eine „historisch erste Verfassung" eine „normsetzende Autorität" eingesetzt oder, wie Kelsen auch sagt, „delegiert" habe.[16]
Die Hauptfunktion der Grundnorm ist: Delegation einer normsetzenden Autorität. Ohne das *Seinsollen* jener zwangsmächtigen Autorität, deren Imperativen Gehorsam geleistet wird, wäre nach der Lehre des juristischen Positivismus die Rechtsordnung nicht jene normative Ordnung, die sie doch ihrem Wesen nach darstelle. Die „Grundnorm" wird nach dem juristischen Positivisten denn auch von jedem anerkannt und gesetzt, der sich weigert, das soziale Leben in bloßen Macht- und d. h. Seinsbeziehungen aufgehen zu lassen. Wer den Begriff des Sollens als einen nicht weiter reduzierbaren Ordnungsbegriff anerkennt, wer *absolute* Sollensinhalte aber aus erkenntniskritischen Gründen nicht zulassen kann, der ist nach dem juristischen Positivisten mit der Hypothesis der Grundnorm je schon vertraut. Die Lehre von der Grundnorm als der Voraussetzung allen Rechtsdenkens hat demnach zwei durchaus naturrechtsfeindliche Voraussetzungen: erstens die Leugnung der, wie man es ausdrückt, „normativen Kraft des Faktischen" und zweitens die Verneinung der Möglichkeit eines überpositiven Normenreiches.
Dennoch ist es gerade dieses Lehrstück von der Grundnorm, das die Abhängigkeit des Rechtspositivismus vom Naturrechtsdenken ans Licht bringt. Wenn nämlich die Grundnorm den Gedanken der Einsetzung einer obersten rechtserzeugenden Autorität enthält, so möchte man doch, schlicht gesprochen, wissen, *wie* sie dabei verfährt oder nach welchen Kriterien der Rechtstheoretiker zu verfahren hat, der sie auf eine bestimmte, nicht auf irgendeine beliebige Quelle zwangsmächtiger Imperative anwendet.
Der Begriff der Grundnorm ist *eine* Sache, eine ganz andere Sache ist die Frage nach den Bedingungen ihrer praktischen Anwendung. Hierauf antwortet Kelsen: durch die Grundnorm kann als rechtserzeugende Autorität nur eine solche eingesetzt werden, deren Normen im großen und ganzen Gehorsam finden; die Grundnorm bedeutet „in einem gewissen Sinne die *Transformation der Macht zu Recht*".[17] Mit anderen Worten: Macht, ist sie nur in gehöriger Quantität vorhanden, d. h. ohne Konkurrenz auf einem ansehnlichen Territorium in einer beträchtlichen Zeit, schafft Recht. Das oberste Rechtsgesetz des Rechtspositivismus oder sein „transzendental-logisches Naturrecht" ist in Wahrheit ein standpunktliches Prinzip, ein Ordnungsprinzip zwar, aber kein aus der (reinen oder empirischen) praktischen Vernunft deduziertes, methodisch abgeleitetes Prinzip. Der Grundsatz geht vom

Zwang oder der Macht zu zwingen aus und gelangt so zum Recht, denn er gibt ein Kriterium an die Hand, unter Zwangsordnungen zu unterscheiden, die „rechte" Zwangsordnung als solche zu identifizieren. Der Rechtspositivismus, obwohl er die Rechtsordnung in Machtverhältnisse nicht auflösen will, zeigt sich verwurzelt im vulgären „Naturrecht des Stärkeren".

Daß freilich der Rechtspositivismus mit seiner Grundnormlehre nichts weiter sei als ein höchst artifizielles Naturrecht des Stärkeren, liegt uns fern zu behaupten. Mit der Begrifflichkeit der „Grundnorm" und des „Delegationszusammenhanges" hat der Rechtspositivismus durchaus zutreffend logische Grundlagen der Rechtsdogmatik oder -systematik herausgearbeitet, die sinnverstehend und sinnherstellend an jeder Art Rechtsordnung, auch am gesetzlichen Unrecht und am imaginären Recht, ein Betätigungsfeld findet.[18] Die ernsteren Probleme aber de lege lata und de lege ferenda werden von einer solchen Methodologie als Theorie juristischer Hermeneutik nicht berührt. Sie, d. h. insbesondere der normative Problemzusammenhang von Recht und Gerechtigkeit, werden im System des juristischen Positivismus entweder standpunktlich abgewiesen oder zu rein logisch-formalen Fragestellungen denaturiert, wie es bei Kelsen mit Begriff und Problem des richtigen oder gerechten Rechts in der Tat geschieht. Denn für ihn behält der Begriff der Gerechtigkeit am Ende nur mehr die Bedeutung der Widerspruchsfreiheit des juridischen Normensystems.[19]

Fassen wir den Ertrag der skizzierten Erörterung des Rechtspositivismus in einem Satz zusammen, so könnte er lauten: Als die Kehrseite des Rechtspositivismus hat sich ein Rechts-Naturalismus herausgestellt. Wir sagten mit Bedacht „ein" Rechts-Naturalismus, denn es ließe sich, etwa im Vergleich mit der Rechtstheorie eines Hobbes zeigen, daß der neuere Rechtspositivismus die auch dieser Denkrichtung verfügbaren Möglichkeiten, das soziale Dasein werthaft zu bestimmen, nicht einmal ausschöpft. Die einzige Zweckbestimmung nämlich, die der juristische Positivist mit der Rechtsordnung verbinden kann, ist der Friede.[20] Friede aber, dies weiß der juristische Positivist selbst, kann mit höchster Ungerechtigkeit zusammenfallen. Auch eine „Sklavenhalterordnung" ist Friedensordnung. Die erste Aufgabe des Rechts geht gewiß auf die Errichtung einer Friedensordnung, aber nicht jede Friedensordnung ist deshalb auch Rechtsordnung. Friede — ein zerbrechlicher Friede allerdings — kann auf dem Wege des äußersten Unrechts zustandekommen.

Der Rechtspositivismus diskreditiert sich aus dem Grunde als Gegner der Naturrechtslehre, daß er selbst dem Naturrechtsdenken Tribut zollt. Bei der Kritik des Rechtspositivismus an der Naturrechtslehre handelt es sich also um einen internen Gegensatz im Lager der Naturrechtslehre selbst. Es stehen sich hier das vulgäre Naturrechtsdenken des Rechts-Naturalismus und das idealistische Naturrechtsdenken der Rechts-Metaphysik gegenüber. In der Tat legt auch der Rechtspositivismus seiner Kritik an der Naturrechtslehre das zugrunde, was er für den Idealtypus des Naturrechts hält, indem er unter „Naturrecht" nicht weniger als ein die gesamte Sozialordnung erschöpfendes System von Normen versteht, und zwar von solchen Normen, die ein absolutes zeitunbedingtes Sollen darstellen und keines Zwanges zur Realisierung bedürfen.[21] Die Behauptung, daß neben einem so verstandenen Naturrecht ein positives Recht schon aus logischen Gründen nicht bestehen könne, ist dann durchaus konsequent.[22] Es wird sogar verständlich die Diskriminierung der dualistischen Naturrechtslehre als „Ideologie zur Stützung, Rechtfertigung und Verabsolutierung des positiven Rechts oder — was dasselbe ist — der staatlichen Autorität".[23] Nur auf diese Weise nämlich sei es der Naturrechtslehre möglich, den Widerspruch gegen ihr eigenes Wesen, der bereits in der Anerkennung überhaupt einer *positiven* Rechtsordnung liege, abzumildern. Fraglich erscheint allerdings, ob die „Idee" des Naturrechts vom Rechtspositivisten richtig gefaßt wurde.

Hält man sich strikt an den Terminus „Natur*recht*", so wird man die Frage bejahen müssen. Der Terminus aber ist, wie wir meinen, dem Begriff, den er fixiert, recht wenig angemessen. Denn um ein „Recht" soll und kann es sich bei dem, was gemeint ist, gar nicht handeln. Unter „Recht" verstehen wir eine normative Ordnung des Sozialen, die wesentlich das Merkmal zwangshafter Durchsetzbarkeit enthält. Alles Recht ist, wie Stammler zutreffend gesagt hat, ein „Zwangsversuch zum Richtigen" im menschlichen Zusammenleben.[24] Eine überpositive Normenordnung aber, wie sie das Naturrecht seinem Begriff nach darstellt, entbehrt notwendigerweise dieses Merkmals. Verfehlt ist daher auch der oft verwandte Ausdruck „überpositives Recht" und die Kennzeichnung der Naturrechtslehre als dualistische Rechtslehre im Gegensatz zum monistischen Positivismus. Die Intention der Naturrechtslehre träfe vielleicht genauer der Titel: „Rechtsethik". Die Rechtsethik hätte dann jenen Bereich sozialethischen Sollens zum Gegenstand, der unter dem Prinzip der erzwingbaren Gerechtigkeit steht; es bliebe von ihrer Betrachtungsweise ausgeschlossen der Bereich sozialethischen Sollens, den die Leitidee der Liebe beherrscht.

II

Aus der Analyse und Abwägung der Grundlagen des Rechtspositivismus ist zuletzt die Einsicht dessen hervorgegangen, was mit dem „Naturrecht" eigentlich zur Diskussion steht: das Verhältnis von Recht und Sittlichkeit,

Rechtslehre und Ethik. Was für eine Stellung man zum Naturrechtsproblem einnimmt, so könnte man sich ausdrücken, hängt davon ab, welche Art von Ethik man für die richtige hält und wie man die Frage ihrer Anwendung auf das Recht rechtsphilosophisch beantwortet.

Es hat sich nun so ergeben, daß die Philosophie des 20. Jahrhunderts mit der phänomenologisch-ontologischen „Wertethik" einen Ansatz hervorgebracht hat, der den Postulaten der traditionellen Naturrechtslehre günstig zu sein scheint. Man kann zwar von einer material-wertethischen Rechtsphilosophie als von einer Schule nicht in dem Sinne sprechen, in dem der Positivismus den Rechtspositivismus nach sich gezogen hat; doch ist der Einfluß der materialen Wertethik auf einzelne Rechtstheoretiker wie Coing oder Hubmann beträchtlich gewesen.[25]

Die material-wertethische Naturrechtslehre läßt sich in folgenden Thesen zusammenfassen: Die Rechtsphilosophie hat sich anzuschließen an die Ethik, sofern diese das neben dem Reiche des Seins bestehende ideale Reich der Werte und seine Struktur beschreibt. Die *Methode* einer solchen Rechtsphilosophie hat wesentlich emotionalen Charakter; ihr vornehmstes Erkenntnisorgan ist das Wertgefühl als Rechtsgefühl. Die obersten Rechtsgrundsätze, die mit seiner Hilfe und unter Zugrundelegung einer erfahrungsmäßigen Kenntnis typischer Sozialsituationen formuliert werden, wurzeln im Wert der Gerechtigkeit und ergeben sich aus der Ergänzung dieses Grundwertes u. a. durch den Wert der Person, die Umgangswerte der Treue und Zuverlässigkeit, des Glaubens, Vertrauens und der Wahrhaftigkeit. Die so konstituierten obersten Rechtsgrundsätze halten den Kreis der Rechtsgüter fest, die von jeder Rechtsordnung zu garantieren sind, sofern sie „wahre und sittliche Ordnung, echtes Recht", sein will.[26] Es sind dies in Bezug auf das Individuum die „Grundrechte und Grundfreiheiten", wie wir sie in den Verfassungen moderner Demokratien verankert finden: „Rechtspersönlichkeit, Leben und Gesundheit, Ehre, Freiheit und Hausfrieden, Eigentum und Freiheit von Not, Schutz der persönlichen Geheimnissphäre, Freiheit und Meinungsäußerung, der künstlerischen Schöpfung und des Bekenntnisses, Recht auf Erziehung, Freiheit der Vereinigung".[27] Als Sanktion der obersten Rechtsgrundsätze, die ihnen mit der Durchsetzbarkeit die Bedeutung von Rechtssätzen überhaupt erst sichern kann, wird das Recht auf Widerstand in seiner aktiven und passiven Form genannt.[28]

Diese material-wertethische Rechtsphilosophie aber fordert zur Kritik geradezu heraus. Auf folgende Fragen nämlich weiß sie entweder gar keine oder keine zwingend begründete Antwort zu geben: Welches ist der *Geltungsgrund* des ethischen (moralischen) Sollens? Woher nimmt z. B. der Wert der Gerechtigkeit, nach dem jedem das Seine zukommt, seine Verpflichtungskraft oder Verbindlichkeit? Aus der natürlichen Verfaßtheit des Individuums, aus seiner empirischen Vernunft oder etwa auch aus einer historisch-intersubjektiven volonté générale darf das material-wertethische Naturrecht die Verbindlichkeit nicht ableiten, sofern es der Konzeption eines absolut-idealen Sollens treu bleibt. Sollen wir also den „göttlichen Heilsplan" in Anspruch nehmen, wie Scheler andeutet?[29] Oder haben wir das ethisch-ideale Sollen als verbindliches einfach hinzunehmen, weil die Frage nach dem Geltungsgrund des ethischen Sollens zu den ewigen Rätselfragen der Metaphysik gehört, wovon Nicolai Hartmann überzeugt ist.[30]

Wie man aber auch die Frage nach dem Geltungsgrund entscheide, eine andere von ihr ganz unabhängige Frage bringt die material-wertethische Naturrechtslehre in nicht geringere Schwierigkeiten. Wir meinen die Frage nach dem *Erkenntnisgrund*, der uns wenigstens den *Inhalt* des idealen Sollens festzustellen erlaubt. Mit Recht hat Hans Welzel einmal von der material-wertethischen Naturrechtslehre Coings gesagt, sie bestärke den Verdacht, daß die Naturrechtslehrer nur die rechtspolitischen Wünsche ihrer Zeit oder gar ihrer Person zu ewigen Naturrechtssätzen hypostasieren.[31] Denn was setzt uns methodisch in den Stand, z. B. den Wert der Gerechtigkeit als die Forderung „Jedem das Seine" zu bestimmen? Dies leiste das Wert- und Rechtsgefühl, wird uns versichert. Liegt es aber nichts bereits im Begriff des Gefühls, daß es zwar Veränderungen des subjektiven Zustandes, nicht aber der Veränderung wesenhaft entzogene Absoluta zu erkennen gibt? Wenn aber nur der Ausdruck „Gefühl" unglücklich gewählt und so etwas wie eine Einheit von inhaltlichem Schauen und Betroffenheit gemeint sein sollte: zieht nicht die Berufung auf objektive „Evidenz" den Verdacht des Mystizismus und Dogmatismus auf sich? (*Dies* scheint uns jedenfalls das eigentliche Argument gegen die Lehre vom Wert- und Rechtsgefühl zu sein, nicht der sonst so beliebte Hinweis auf die historische und geographisch-ethnische Vielfalt der geltenden Wertsysteme.)[32]

Besonders fragwürdig aber erscheint schließlich die Rede von einer *Sanktion des Naturrechts* und die Gleichsetzung dieser Sanktion mit dem Recht auf Widerstand. Das Recht bedarf der Sanktion, um als Recht gelten zu können: soviel ist richtig; die Sanktion aber muß bei einer zwangsmächtigen Autorität liegen, die im Falle des Naturrechts eben fehlt.

Das Gesagte soll freilich nicht heißen, daß sich bereits ihre *Einräumung* eines Rechts auf Widerstand gegen die Naturrechtslehre wenden ließe;[33] das Recht auf Widerstand in krassen Unrechtsfällen gehört zu den altehrwürdigsten Inhalten der Naturrechtslehre. Das Widerstandsrecht als Einschränkung der Gehorsamsverpflichtung gegenüber dem positiven Gesetz einzuräumen, dies allein setzt die Naturrechtslehre noch nicht ins Unrecht. Die Behauptung etwa, mit der Einräumung des Rechtes auf Widerstand in krassen Unrechts-fällen werde auf indirekte Weise die *globale Anerkennung* des übrigen *grö-ßeren* Teils der betreffenden positiven Rechtsordnung ausgesprochen, während es doch darauf ankomme, daß eine Rechtsordnung im Ganzen legitimiert sei, diese Behauptung übersieht erstens, daß Widerstand gegen krasses Unrecht keineswegs die einfache Billigung des übrigen Teils der Rechtsordnung bedeutet.

Die Billigung kann sich der Bürger, Richter oder Verwaltungsbeamte im Interesse der Rechtssicherheit oder des Friedens abgerungen haben. Der Verfassung folgen und Gesetze befolgen, heißt nicht auch, diese Verfassung und diese Gesetze als besonders gut, richtig, gerecht anzuerkennen. Ein solches Folgen und Befolgen kann durchaus das Bestreben einschließen, aus der Einsicht in das Richtige oder Gerechte auf eine legale Änderung der Verfassung oder der Gesetze hinzuwirken. Die Argumentation gegen das Naturrecht vom Widerstandsrecht her übersieht aber dann auch zweitens, daß die Legitimation einer Rechtsordnung durchaus nicht global sein oder nach dem Prinzip des „Alles oder Nichts" erfolgen muß. Sie kann ebenso aus den einzelnen Verfassungsbestimmungen, Gesetzesinhalten und Richtersprüchen, d. h. also von Fall zu Fall, hervorgehen. Vielleicht ist es sogar sinnvoller, die Legitimation der Rechtsordnung auf diese Weise beizubringen. Die globale Legitimation nämlich hätte sich notwendig an den Ursprung der Verfassung und an den von ihr bestimmten Geist der Gesetzgebung und der Rechtsprechung zu halten — als bestehe hier die Möglichkeit einer sicheren Erkenntnis des Richtigen. Mit Bedacht haben große Staatsphilosophen, wie Hobbes und Locke, den Herrschenden den Rat gegeben, auf nachträgliche Rechtfertigungsversuche ihres Weges zur Macht zu verzichten.[34]

III

So verständlich es erscheint, daß die Naturrechtslehre eine Orientierung an der materialen Wertethik durchgeprobt hat, so überraschend muß es wirken, daß auch die Existenzphilosophie bei den Naturrechtsdenkern Aufnahme gefunden, ja selbst das Naturrechtsdenken in sich aufgenommen hat. Zu diesem letzteren Vorgang allein soll im folgenden einiges Grundsätzliche angedeutet werden, denn nicht so sehr das Bemühen des Anscheinend-Unzeitgemäßen um Zeitgemäßheit, sondern die Anerkennung des Unzeitgemäßen durch das Anscheinend-Zeitgemäße verdient ja beachtet zu werden. Daß es sich bei der „Existenzphilosophie" hier nicht um die Werke Heideggers oder Jaspers handelt, bedarf indessen kaum einer Erwähnung. Denn allzu bekannt ist

Heideggers Gleichgültigkeit gegenüber der rechtsphilosophischen Problematik, dort wo er sie der Analyse der „uneigentlichen" Daseinsweise des „Man" unterzuordnen scheint; allzu unmißverständlich Jaspers Relativierung der Unbedingtheit des Normativen auf die individuelle Entscheidung oder existentielle Aneignung. Daß der Terminus „Naturrecht" nirgends, wo er von Jaspers verwendet wird, ein Verlassen seiner Grundposition bedeutet, hat Johannes Thyssen gezeigt, dessen Beiträge insbesondere zum Thema „Naturrecht und Existenzphilosophie" unverminderten Wert besitzen.[35] Es sind von der Existenzphilosophie ausgehende Rechtsphilosophen wie Fechner und Maihofer, die wider alles Erwarten das Naturrecht neu gewürdigt haben. Das Ergebnis sind Formeln, wie die vom „werdenden Naturrecht" oder „Naturrecht mit werdendem Inhalt" (bei Fechner) und diejenige vom „Naturrecht als Existenzrecht" (bei Maihofer).[36] Bei Maihofer verbirgt sich allerdings hinter der Formel eine vielleicht schon nicht mehr existenz-philosophisch zu nennende Theorie (sie hat verwandte Züge zu den Gedanken, die wir abschließend wenigstens andeuten werden).

„Werdendes Naturrecht" oder „Naturrecht mit werdendem Inhalt" meint jenes Ganze sittlicher und rechtlicher Normen, das, weit entfernt von idealer Absolutheit und Vorgegebenheit, aus „existentieller Freiheit" gewagt und als bindend behauptet wird, solange nicht die Notwendigkeit einer neuen Selbstverwirklichung und eines neuen Sinnentwurfs zwingt, es zu überschreiten. Solange wird Recht geschaffen (gewagt), als äußerer Schutz des jemeinigen Freiseinkönnens und als vorausspringend-befreiende Fürsorge der Existenzmöglichkeit des Anderen, deren „Richtigkeit" sich jedoch erst herauszustellen hat. Die Rechtsordnung wird nicht in dem Sinne offen gedacht, daß sie ihren Inhalt wechselte, sie soll ihn vielmehr nur verändern und auf diese Weise so etwas wie geschichtliche Kontinuität und Objektivität wahren. Sie soll in ihrem Ursprung subjektiv, in ihrem Ziel aber, wie das traditionelle Naturrecht, objektiv sein.

Beim Versuch einer Beurteilung und Bewertung dieser Lehre vom „werdenden Naturrecht" hätte man zunächst auf die Umdeutung des Begriffs „Naturrecht" hinzuweisen, die hier vorgenommen wird. Sie erscheint einerseits recht willkürlich, indem sie gerade das bisher als ausschlaggebend angesehene Merkmal der absoluten Gültigkeit zum Verschwinden bringt. Andererseits erscheint sie aber auch wiederum nicht ganz unpassend, liegt doch der Lehre eine bestimmte Auffassung vom Wesen oder der Natur des Menschen zugrunde — auch wenn diese Auffassung gerade von so etwas wie „Wesen" oder „Natur" absehen will, weil sie den Menschen als zum Selbstentwurf geworfenen versteht. Wir nehmen die Umdeutung des Begriffs daher hin. Eine Entscheidung über die Lehre vom „werdenden Naturrecht" kann sie ohnehin nicht herbeiführen. Sie hängt vielmehr an Begriff und Problem der „existentiellen Freiheit". Wie haben wir die Unbedingtheit menschlicher Selbstgestaltung zu verstehen, wenn wir die Möglichkeit von so etwas nicht überhaupt blindlings und von vornherein ableugnen? Als eine solche Unbedingtheit, die sich lediglich eingeschränkt weiß durch das physikalisch, biologisch und soziologisch Notwendige, oder als eine solche, die sich zudem eingeschränkt weiß durch eine metaphysikalische, metabiologische und metasoziologische „Bestimmung?" Durch eine Bestimmung, die inhaltlich gewußt, nicht erst gewagt werden muß oder seinsgeschicklich über uns kommt? Schließt eine absolute „Bestimmung des Menschen" Unbedingtheit der Selbstgesetzgebung aus? Sie wird sie sicher nicht ausschließen, wenn der Inhalt dieser Bestimmung auf nichts anderes geht als auf eine Ordnung nach jenen Ideen, ohne die der Mensch seine Würde als Vernunftwesen nicht behaupten könnte. Vernunftherrschaft: Überformung des physikalisch, biologisch und soziologisch Gesetzmäßigen durch Moral, Wissenschaft, Technik und juridisch-politische Ordnung wäre danach der Inhalt dieser „Bestimmung".[37] Und der Gedanke ist nicht undenkbar, daß, wie die Erkenntnis im Ideal vorgestellt werden kann, auch das Ideal einer würdigen (menschenwürdigen) Rechts-Ordnung zu entwerfen, als Aufgabe stetig verfolgt werden könnte. Es wäre dies die Aufgabe einer Naturrechtslehre — nicht als Erschauen von absolut-idealem Recht, auch nicht als Kodifizierung eines gewagten Entwurfs oder eines Seinsgeschicks, sondern als begriffliche *Ideal-Bildung* des Rechts. Auf die Frage, von der wir ausgegangen sind („Gibt es ein Naturrecht?") hätte man zu antworten: Soll unter „Naturrecht" ein ewig-gültiger Maßstab des positiven Rechts, wann und wo immer es vorliegt oder zu schaffen ist, verstanden werden, so sehen wir uns zu seiner Annahme aus terminologischen und erkenntnistheoretischen Gründen nicht in der Lage. Wir haben uns mit einem relativ-gültigen Maßstab des positiven Rechts zu begnügen, und zwar mit einem solchen, den wir nicht vorfinden, sondern selbst unter den Bedingungen unserer Zeit als die je für uns ideale Rechts- und Friedensordnung herstellen.

Unter „Naturrecht" wäre also keine transzendental-logische Grundnorm, kein System emotional-anschaulicher Wertfolgerungen und kein werdender Normenkomplex zu verstehen, sondern das in je historischer Bedingtheit erzeugte Ideal der Rechts- und Friedensordnung — erzeugt von Menschen für Menschen unter Menschen. Dies ideale Bild des Rechts wäre relativ zu dem jeweiligen Wissen um die „Natur der Sachen", deren rechtsbedingende Funktion weithin anerkannt wird. Es wäre also abhängig vom Stand der gesamten Wissenschaft. Es folgte der Wissenschaft, so wie es dem der Rechtssicherheit wegen naturgemäß beharrenden positiven Recht vorausliefe. Daß dies zu denken *möglich* ist, beweist freilich nichts gegen die alternative Lehre vom „werdenden Naturrecht". Aber daß es zu *denken* möglich ist und irgendeiner Gestimmtheit nicht nachgibt, läßt es vorziehenswert erscheinen.

4. Möglichkeiten und Grenzen sprachanalytischer Ethik
Überlegungen im Ausgang von R. M. Hare's Metaethik

Zu den vielfältigen und noch wenig bereinigten Problemen, welche die „analytische Ethik" aufgegeben hat, gehören insbesondere die Fragen nach ihren Grundlagen, Möglichkeiten und Grenzen. Einige Klarheit besteht über ihre Herkunft, ihre Ziele und Methoden. Ein Zweig der „analytischen Philosophie" ist sie mit der letzteren in maßgeblicher Weise durch den angelsächsisch-österreichischen Neopositivismus beeinflußt worden. Aus dieser ihrer Abkunft erklärt sich ihre Gegnerschaft gegenüber den nichtempirischen „Mystifikationen" der Metaphysik, ihr Programm einer logischen und methodologischen Aufbereitung der Sprache der Moral durch Sprachanalyse, Sprachpräzisierung und Sprachkritik, die Abweisung aber auch, die sie durch Vertreter sowohl der gleichabkünftigen und mit der Sprachanalyse in einem eigenartig spannungsvollen Ergänzungs-Konkurrenz-Verhältnis stehenden „Wissenschaftstheorie" wie der analytischen Philosophie selbst erfahren hat. Nicht wenige Analytiker und Wissenschaftstheoretiker sind nicht bereit, den Rationalitätscharakter der Moralsprache und des moralsprachlichen Verhaltens oder gar eine spezifische Rationalitätsstruktur dieses Bereichs anzuerkennen.
In partieller Opposition zur analytischen Philosophie entstanden, hat die analytische Ethik dann aber auch ihrerseits einen inneren Gegensatz zweier Hauptrichtungen ausgebildet: Der „Metaethik" steht hier eine „normative Ethik" gegenüber, und zwar so, daß die normative Ethik selbst auch wieder zwei Richtungen kennt. Die eine Richtung begnügt sich im Verhältnis zur Metaethik mit einer bloßen Ergänzungsfunktion, die andere Richtung erhebt den (auch wieder in sich unterschiedlichen) Anspruch, die Metaethik zu fundieren, ja das metaethische Programm auf solcher Grundlage und in solchem Rahmen allererst durchführbar zu machen.[1] Damit aber, mit diesem doppelten bzw. dreifachen Anspruch der sprachanalytischen normativen Ethik gegenüber der Metaethik, meldet sich, noch innerhalb der analytischen Ethik und durch sie selbst aufgeworfen, das Grundlegungs-Problem zu Wort. Ob es allerdings in diesem Horizont der Alternative „reine Metaethik" — „Metaethik im Zusammenhange normativer analytischer Ethik" verbleiben und entschieden werden kann, muß der Verlauf seiner Erörterung zeigen.

Wie im logischen Neopositivismus „Objektsprache" und „Metasprache" unterschieden werden: die Sprache, in der wir über Objekte sprechen, und die Sprache, in der wir die Objektsprache reflektieren, logisch und methodologisch aufbereiten und aufbauen, so wird innerhalb der Metaethik unterschieden: die Sprache der Moral als die Sprache, in der wir über moralische Gegenstände sprechen (über Gebote und Verbote, Handlungen und Personen), ja in der sprechend und sprachlich-verkehrend wir überhaupt nur moralische Wesen zu sein vermögen, und die logische und methodologische Analyse, Kontrolle, Präzisierung sowie Systematisierung der Moralsprache. So wie die Metaethik sich tatsächlich etabliert hat, untersucht sie also nicht so sehr die Sprache der Ethik, sondern, als eine Art Meta-Moral, die Sprache des Gegenstandes der Ethik, die Sprache der moralischen Normen, Grundsätze, Argumentationen und Entscheidungen. Und zwar zielt die so verstandene Metaethik auf die logischen Regeln des moralisch-praktischen Denkens und Sprechens. Auch als solche „reine" Metaethik allerdings, die im Gegensatz zur axiomatisch-fundierten und natürlich mehr noch im Gegensatz zur durchgängig-fundierten Analyse der Moralsprache über Wertungen, Entscheidungen und Grundsätze spricht, ohne selbst moralische Stellungnahmen abzugeben, weist die Metaethik die Behauptung zurück, sie besitze, da sie eine nur formal-abstrakte Aufklärung über das Element und Instrumentarium moralischen Begründens und Rechtfertigens gebe, keinerlei Bedeutung für das konkrete Moralleben. Die von ihr beanspruchte Anwendungs-Kompetenz beschränkt sich zwar auf das Moralisch-Nichtgebotene, soweit es bereits Moralsprachlich-Verbotenes ist; ihrer Anwendungsfähigkeit entgehen also das Moralisch-Gebotene, das Moralisch-Verbotene und das Moralisch-Freigestellte: gerade das elementare und ethisch-normativ-neutrale Testverfahren aber, das sie zum Gebrauch hergibt, soll, wie sie auch selbst hervorhebt, für die Praxis von besonderem Nutzen sein. Denn es soll nicht zuletzt dazu verhelfen, die am schwierigsten zu durchschauenden und hartnäckigsten Hindernisse moralischer Praxis und moralischen Fortschritts zu beseitigen: Fanatismen und Ideologien, die sich nicht selten gerade durch den Mißbrauch bloßstellen lassen, den sie mit der Sprache und der Logik der Sprache treiben.

Wir verzichten hier auf eine Erörterung der Möglichkeiten und Grenzen der sprachanalytischen Ethik in abstracto, die nur Gewinn verspricht, wenn sie auf der Basis eines systematisch durchgeklärten Vorverständnisses von Sprache, Sprachanalyse, Moral und Ethik vorgenommen wird.[2] Wir wählen den anderen Weg, diese ihre Grundlagen-Problematik an einem repräsentativen

Beispiel zu behandeln, an der Konzeption der Metaethik, die Richard Mervyn Hare in seinen Hauptwerken „The Language of Morals" (Oxford 1952; Die Sprache der Moral, Frankfurt 1972) und „Freedom and Reason" (Oxford 1963; Freiheit und Vernunft, Düsseldorf 1973) vorgelegt und in einer Vielzahl von Aufsätzen erläutert, verfeinert und verteidigt hat. (Da die Aufsätze indessen durchaus denselben Prinzipien folgen, die in den beiden Hauptwerken zusammenhängend dargeboten werden, erscheint es für die prinzipienkritische Untersuchung, die hier beabsichtigt ist, kaum erforderlich, sie mit heranzuziehen).

Folgen wir zunächst einfach dem Aufbau der Hare'schen Ethik, so sehen wir Hare einen scheinbaren Umweg einschlagen. Er beginnt nämlich so, daß er der Moralsprache ein Genus zurechnet, einen allgemeineren Sprachtypus, der neben der Moralsprache zumindest noch eine weitere Subform befaßt. Dieser allgemeinere Sprachtypus ist die präskriptive Sprache (das Vorschreiben) im Unterschied zur deskriptiven Sprache (dem Bescheiden). Die erwähnte weitere Unterart der präskriptiven Sprache aber ist die Sprache der Befehle. An ihr, die im Vergleich mit der Moralsprache einfacher strukturiert zu sein scheint und auch schon eingehender erforscht wurde, will Hare dartun, daß es durchaus nicht abwegig ist, der präskriptiven Sprache wie der deskriptiven Sprache Logizität und logische Analysierbarkeit zuzuschreiben. Es fehlt zwar nicht an Versuchen, die sprachlogische Eigenständigkeit der Befehle, insbesondere durch ihre Reduktion auf Aussagen, wegzuargumentieren, diesen Versuchen aber haftet der Mangel einer allzu großen Künstlichkeit und Sprachferne an. Der Befehl „Alle Mann in die Boote", gesprochen vom Kapitän eines sinkenden Schiffes, hat eine andere Bedeutung als die Aussagen: „Wenn ihr das sinkende Schiff nicht verlaßt, werdet ihr mit dem Schiff untergehen" oder „In mir ist ein Wunsch, euch das Schiff verlassen und die Rettungsboote besteigen zu sehen". Ein solcher Befehlsgeber beschreibt mit seinem Befehl weder eine äußere noch eine innere Situation. Er beschreibt nicht, was geschieht, wenn etwas anderes geschieht oder auch nicht geschieht. Er bringt aber auch nicht einfach zum Ausdruck, was gerade in ihm vorgeht; er bringt es nicht einmal mit der Tendenz zum Ausdruck, durch solchen Gefühlsausdruck auf den oder die Adressaten einen initiatorischen Einfluß auszuüben. Der Imperator erteilt vielmehr eine Handlungsanleitung, und er gibt sie im Kontext eines rationalen Miteinanderhandelns mit dem Imperatus. Unterstellt ist in der Befehlssituation eine gegenseitige Anerkennung auf der Grundlage eines freien, begründeten und rechtfertigbaren Entschiedenseins für diese Situation.

Hares imperativtheoretische Widerlegung des „Deskriptivismus" und „Emotivismus" mag den Mangel haben, den Dependenzzusammenhang von Befehl, Kompetenz, Institution und Sanktion nicht weit genug zu verfolgen; als Analyse der Verwendungsweise des Ausdrucks Befehl in der Normalsprache wirkt sie plausibel. Und so erfüllt sie auch ihren Zweck, das Unternehmen einer logischen Analyse der Befehlssprache als Analyse eines sprachlogischen Eigenphänomens vor dem Vorausverdacht der Abwegigkeit zu bewahren.

Die Analyse der Befehlssprache selbst stellt Hare auf die Basis einer terminologischen Neubildung, indem er am Befehl die beiden Bedeutungsbestandteile „Phrastikon" und „Neustikon" unterscheidet. Das „Phrastikon" bezieht sich auf einen beredbaren Sachverhalt, das „Neustikon" (von griechisch „Nikken") ist das intentionale Sprechverhalten, mit dem man sich auf einen Sachverhalt bezieht. Hares eigenes Beispiel ist der Befehl „Schließe die Tür" in der Umformulierung „Dein Schließen der Tür in unmittelbarer Zukunft, bitte". Lassen sich aber Befehle in dieser Weise umschreiben, so überlegt Hare, so gründet sich ihr charakteristischer Unterschied gegenüber den Aussagen ausschließlich auf das Neustikon. Auf der Grundlage des Phrastikons nämlich („Dein Schließen der Tür in unmittelbarer Zukunft") ließe sich auch die Aussage „Du wirst die Tür schließen" umformulieren, man hätte zu diesem Zwecke dem Phrastikon nur statt des „bitte" ein „ja" beizufügen. Darauf also läuft der Unterschied von Aussage und Befehl nach Hare im wesentlichen hinaus: auf eine unterschiedliche Art des „Nickens" bzw. der Zustimmung des Angeredeten. Für Hare aber ergibt sich daraus unmittelbar eine wichtige Folgerung im Hinblick auf die Logik der Imperative: Für den Bereich der Imperative werden alle logischen Prinzipien Gültigkeit haben, die innerhalb des Bereichs der Aussagen gelten und diese Gültigkeit dem Aussage-Phrastikon verdanken. Auch für die Imperative, heißt dies, wird z. B. Ayers „Verifikationskriterium der Bedeutung" relevant sein, nach dem ein Satz bedeutungslos ist, wenn er nicht auf einen identifizierbaren Sachverhalt bezogen werden kann. Auch Imperative, heißt dies weiter, werden kontradiktorische und konträre Verhältnisse eingehen können und unter die allgemeine sprachlogische Norm des zu vermeidenden Widerspruchs fallen. Auch Imperative, heißt es schließlich, können in Schlußfolgerungen auftreten und bestimmten Schlußregeln unterworfen sein, auch und insbesondere solchen Schlußregeln, die im Unterschied zum „Verifikationskriterium der Bedeutung" und dem Prinzip des zu vermeidenden Widerspruchs genuin-befehlssprachliche Normen darstellen, wie z. B. die Regel, nach der ein in der Konklusion erscheinender Imperativ mindestens eine imperativische Prämisse voraussetzt. Die Sprache der Imperative ist als solche keine Irrationalsprache, wie insbesondere von den Emotivisten behauptet wird, denn sie enthält sprachlogische Normativität; ja sie kennt spezifische sprachlogische Eigennormen, auch wenn die erwähnte Schlußregel im Grunde nur eine Anwendung der allgemeinen Anweisung darstellen mag, von der Konklusion nicht mehr Gehalt zu erwarten, als mit und in den Prämissen schon vorausgesetzt wurde.

Der Befund zweier Bedeutungsmomente der Befehlssprache, vor allem aber die Auszeichnung des deskriptiven Moments als Substrat der hier nicht weniger als in der deskriptiven Sprache ansässigen logischen Struktur besitzt eine außerordentliche Bedeutung für die Grundlagen-Problematik der Sprache der Moral. Denn Hare unterscheidet auch an den Moralwörtern und Moralsätzen bzw. -urteilen einen deskriptiven und einen präskriptiven Bestandteil, die den Bedeutungsmomenten des Phrastikon und Neustikon beim Imperativ entsprechen. Und auch in der Moralsprache soll nach Hare das *deskriptive* Moment Träger logischer Struktur sein. Wenn wir z. B. eine Handlung „gut" nennen, wenn wir einen Menschen als „gut" (ehrlich, hilfsbereit, verläßlich oder vertrauenswürdig) bezeichnen, so stützen wir uns bei solchen moralischen Wertprädikationen auf Eigenschaften: Eigenschaften der Handlung, Eigenschaften des Menschen. Hare spricht geradezu von „gut-machenden Eigenschaften", fügt dieser Ausdrucksweise jedoch eine doppelte Erläuterung hinzu, die deskriptivistische Mißverständnisse abhalten soll. „Gut-machende Eigenschaften" sind nicht etwa solche Eigenschaften, in denen das Gut-Sein einer Handlung oder eines Menschen *bestehen* würde — als sei das Gut-Sein etwas Seiendes, Faktisches, Beschreibbares. Nennen wir eine Handlung oder einen Menschen (z. B.) gut, so befinden wir uns gegenüber dieser Handlung oder diesem Menschen in einer höchst eigenartigen geistigen Einstellung. Wir „empfehlen" (commend) eine solche Handlung, einen solchen Menschen; wir empfehlen sie im Sinne einer Verhaltensanleitung, einer Handlungsanweisung. Diese geistige Einstellung primär uns selbst und dann auch anderen gegenüber ist in der Tat etwas absolut Eigensinniges im Vergleich mit Handlungen wie Feststellen, Beschreiben, Bestimmen und Benennen. Es ist ein irreduzibles „Vorschreiben". Wir können ja auch, wenn wir entsprechende Gründe erkennen, aufhören, diese Handlung oder diesen Menschen gut zu nennen. Ja, der Akt des Empfehlens (des Vorschreibens) ist so wenig auf den Akt des Beschreibens von Gegebenem rückführbar, daß er sich als jederzeit und überall qualitativ-identischer Akt mit den verschiedensten Gegebenheiten synthetisieren läßt. Zusammengefaßt und verallgemeinert: Moralische Wertwörter stehen als Empfehlungswörter in keinem logisch-zwingenden Zusammenhang mit beschreibbaren Eigenschaften. Moralische Ausdrücke haben eine sprachliche Funktion, die sich aus der beschreibenden Funktion der Sprache, auch aus dem ihnen selbst eigenen Deskriptionsmoment, nicht ableiten läßt.

Will man eine Ethik, die aus Sachverhalten und aus der Definition von Sachverhaltens- bzw. Beschreibungsausdrücken moralische Wertprädikationen glaubt ableiten zu können, mit den Titeln „Deskriptivismus" bzw. „Naturalismus" belegen, so ist Hare ein entschiedener Gegner dieser Position und selbst Befürworter des „Präskriptivismus", d. h. einer praktischen Philosophie, die der Sprache des Vorschreibens einen sprachlogischen Eigenstatus zuerkennt. Er bezeichnet seine Ethik-Position allerdings noch näherhin als „universellen Präskriptivismus". Damit soll angezeigt werden, daß die Moralsprache mit ihrer vorschreibenden (handlungsanleitenden) Funktion zugleich Regelhaftigkeit, Begründbarkeit, Rationalität verbindet. Voraussetzung für ein Moralurteil ist in logischem Betracht zweierlei: ich muß damit eine Vorschrift aussprechen, und zwar eine Vorschrift zunächst für mich selbst, und ich muß annehmen, daß diese Vorschrift für jeden Menschen, der seiner Vernunft mächtig ist, in einer solchen Situation Gültigkeit besitzt. Genauer noch: Ich muß bereit sein, die Handlung, die ich vorschreibe, bei Eintreten der entsprechenden Umstände *stets* selbst zu wählen. Und ich muß voraussetzen, daß *jeder* unter solchen Umständen *stets* diese Handlung zu wählen hätte. Meine Entscheidung, mein Urteil müssen in dem doppelten Sinne „universalisierbar" sein, daß ich annehmen darf, „man" (jemand wie ich in einer Situation wie dieser) habe so zu entscheiden, so zu urteilen. Jedes singuläre moralische Urteil, so könnte man die Lehre des „universellen Präskriptivismus" daher auch erläutern, ist ein moralisch-praktisches Sichentscheiden, und jedes moralisch-praktische Sichentscheiden ist eine subjektive wie objektive Prinzipienentscheidung (eine Grundsatzbildung bezüglich aller gleichvorfindlichen objektiven Situationen und eine Grundsatzanmutung hinsichtlich aller gleichbefindlichen Subjekte).[3]

II

Analysiert man Hares Ethik-Position des „universellen Präskriptivismus" genauer, so stößt man allerdings, wie wir jedenfalls den Eindruck haben, auf einige äußerst aufhellungsbedürftige Aspekte. Und zwar dürfte insbesondere der Konnex des Universalitätsprinzips und des Präskriptionsprinzips manche Fraglichkeit einschließen, wie sich auch schon daran zeigt, daß das Rationalität verbürgende Universalitätsprinzip durch eine besondere Nähe zum deskriptiven Strukturmoment der Moralsprache ausgezeichnet ist. Die Kernfrage zum „universellen Präskriptivismus" dürfte sich, so gesehen, in die beiden Teilfragen auseinanderlegen, wie Deskriptivität und Universalität, Rationalität und Präskriptivität in der Sprache der Moral aufeinander bezogen sind. Oder, mehr als kritische Frage gewendet: Führen Hares Analysen zu dem Ergebnis, daß in der Sprache der Moral nur so viel Rationalität angetroffen werden kann, als Deskriptivität darin enthalten ist, so daß man, Hares Selbstverständnis entgegen, Veranlassung hätte, von einem sprach*logischen* Primat des Deskriptiven innerhalb des „universellen Präskriptivismus" zu sprechen? Sollte Hare am Ende selbst dem Vorwurf des „Deskriptivismus" oder gar des „Naturalismus" nicht bzw. nicht völlig entgehen, den er gegen alle Moralphilosophen richtet, die bestrebt sind, die Rationalität der Sprache der Moral auf den Rationalitätstyp der deskriptiven bzw. empirisch-deskriptiven Sprache zu reduzieren?

Man kann sich in dieser Vermutung durch das Bild bestärkt fühlen, das Hares Theorie der Imperative bietet, deren Modell seine Analyse der Sprache der Moral folgt. Denn nicht nur wird hier an genuin-imperativlogischer Normativität allein die erwähnte Schlußbedingung ermittelt (falls sie überhaupt diese Auszeichnung verdient), vor allem scheint das als so bedeutsam angesehene Weitergelten der aussagenlogischen Normativität in der Imperativsprache weniger evident zu sein, als es von Hare ausgegeben wird. So scheint Hare z. B. den Intentionalsinn des Befehlens nicht ganz adäquat einzufangen, wenn er bezüglich des Neustikon von einem Nicken, einem Bejahen, spricht. Diese Symbolik dürfte dem Behaupten angemessen sein, viel weniger genau aber das Aufforderungsmoment treffen, das den Befehl kennzeichnet. Man mache einmal den Versuch, durch Nicken aufzufordern; eine aufwerfende Kopfbewegung scheint dem Aufforderungsverhalten eher zu entsprechen. Und auch die (Nicht-)Abgrenzung der Phrastika dürfte den Mangel aufweisen, daß Hare es unterläßt, einen hier nicht unwichtigen Differenzpunkt herauszuarbeiten. Man kann nämlich im Falle des Aussage-Phrastikon („Dein Schließen der Tür . . .") das Possessivpronomen durch den Eigennamen ersetzen („Max Lehmanns Schließen der Tür . . ."), ohne Gehalt und Funktion der Aussage dadurch anzugreifen. Die entsprechende Umformulierung des Imperativ-Phrastikon hingegen ergibt zumindest die Möglichkeit eines völlig neuen Befehls, eines Befehls, der sich an Max Lehmann selbst gar nicht richten muß; er könnte auch (ja er dürfte eher) eine Aufforderung an andere sein, Max Lehmann auf irgendeine Weise zu bewegen, die Tür zu schließen (andere Beispiele wären die Imperative: „Übe diesen Beruf nicht länger aus" als ärztlicher oder „Studiere nicht länger" als väterlicher Imperativ). Hare macht nicht deutlich, daß für das Phrastikon des Befehls ein Moment der Interpersonalität konstitutiv ist, welches der Aussage, in diesem Maße jedenfalls, nicht zukommt. Von der Seite des Neustikon wie des Phrastikon nährt Hare also den Verdacht, daß er Aussage und Befehl nicht in der gebotenen Schärfe unterscheidet, daß er den Befehl der Aussage allzu sehr annähert.

Die Qualifizierung des „Phrastikon" der Befehlssätze als deskriptives Moment (die Hare selbst freilich vermeidet, die uns in seinem Sinne aber angemessen erscheint) könnte auch die kritische Frage veranlassen, wie denn das Phrastikon, wenn es selbst bereits deskriptive Funktion besitze, im Falle der deskriptiven Sätze bloßer Bedeutungs*bestandteil* zu sein vermöge. Ist der angebliche Bestandteil von deskriptiven Sätzen selbst bereits ein deskriptiver Satz? Wie kann aber, außerhalb der Klasse der zusammengesetzten Beschreibungen, ein Deskriptionsmoment Deskription bzw. eine Deskription bloßes Deskriptionsmoment sein? Oder besteht etwa zwischen den Aussage- bzw. den Beschreibungssätzen (als Klasse der Aussagesätze neben den Existenzsätzen) und den Befehlssätzen aller angeblichen Identität der Phrastika entgegen der nicht unerhebliche Unterschied, daß das Phrastikon beim deskriptiven Satz als bloßes Moment eines Beschreibungssatzes, beim Befehlssatz aber als Beschreibungssatz fungiert? Da, wie offenkundig, keine dieser Erklärungen in Betracht kommt, Beschreibungsausdrücken andererseits aber eben über die Einstellung des Beschreibens ein Bezug zur Erkenntniseinstellung eigen ist, bleibt, wie es scheint, nur der Ausweg, Beschreibungsausdrücke als Ausdrücke virtueller Sachverhaltensaussagen (Erkenntnisse) aufzufassen und damit die Problematik des Verhältnisses der Phrastika und des Beschreibens in die Ebene der Erkenntnisaussagen zu verlagern. Beschreibungen wären virtuelle Erkenntnisse, Beschreibungsgegenstände (Beschreibbares) virtuelle Erkenntnisgegenstände (von deren Daseinsaspekten zugunsten ihrer Soseinsfeststellung lediglich abgesehen wäre), Phrastika Beschreibungsausdrücke als Ausdrücke denkmöglicher oder aus irgendeinem Grunde wenigstens denkwürdiger Sachverhalte. Die Phrastika der deskriptiven Sätze wären also in der Tat Satzabbreviaturen, nur handelte es sich bei den Sätzen, die sie verkürzend vertreten würden, nicht um objektive Beschreibungssätze, sondern um subjektive Reflexionssätze über Beschreibungssätze. Das Phrastikon „Dein Schließen der Tür in unmittelbarer Zukunft" könnte zwar nicht geradezu in den Satz transformiert werden „Du wirst die Tür schließen", die phraseologische Umschreibung wäre ihm aber adäquat: „Es ist möglich, d. h. es ist ein denkbares, zumindest aber ein denk-würdiges Ereignis, daß du die Tür schließen wirst." In der Gesamttranskription des Beschreibungssatzes wäre diesem Satz nur hinzuzufügen: „Es ist nicht nur möglich, es ist der Fall, daß du die Tür schließen wirst." Die Gesamttranskription des Befehlssatzes „Schließe die Tür" aber würde im Lichte dieses Phrastikon-Verständnisses lauten: „Was möglich ist, dein Schließen der Tür in unmittelbarer Zukunft, soll durch dich aufhören, bloß möglich zu sein; es soll durch dich wirklich werden." Rückwirkend freilich würde sich für das *Phrastikon* des Befehls dann auch wieder eine Aufhellung ergeben, die Präzisierung nämlich: „Deine

Überführung der Möglichkeit deines Die-Tür-Schließens in Wirklichkeit." Auf diese Weise würde zugleich aber vollends deutlich werden, wie erläuterungsbedürftig (weil mehrdeutig) die Rede von einer „deskriptiven Bedeutung" ist. Denn nun erweist sich ja sogar die Erläuterung des im Befehls-Phrastikon Gemeinten mittels des Ausdrucks des „Beschreibbaren" als unzureichend. Oder sollte jemand so etwas wie die tätige Transformation von Möglichkeit in Wirklichkeit für etwas Beschreibbares halten? Es zeigt sich also: „Deskriptive Bedeutung" kann im Hinblick auf den Phrastikon-Bedeutungsanteil von Befehlssätzen weder „beschreibend" noch auch „Beschreibbares nennend" bedeuten. Die präzise Bedeutung, in der das Phrastikon des Befehls deskriptive Bedeutung hat bzw. als deskriptives Bedeutungsmoment charakterisiert werden kann, ist vielmehr diese: „die Herbeiführung von Beschreibbarem nennend". Auch von dieser Seite her fällt dann allerdings Licht auf die unterschiedliche Bedeutung der Phrastika bei vergleichbaren Aussage- und Befehlssätzen, erscheint doch dem deskriptiven Aussage-Phrastikon der mittlere Beschreibungskoeffizient „Beschreibbares nennend" zuzukommen, während die Bedeutung (von „deskriptiv") „beschreibend" allein den Beschreibungssätzen als solchen zustände.[4]

Im Umkreis der Analyse der Moralsprache entspricht diesen Bedenklichkeiten die Problematik des Ansatzes bei den beschreib*baren*, faktischen Eigenschaften, das Argumentieren also mit den bloßen Folgen des Handelns oder eines Charakters, mit den durch das Handeln oder einen Charakter potentiell hervorgebrachten oder bewirkten Eigenschaften als Maßstab der moralischen Qualität. Wird mit einem solchen „Teleologismus" nicht auch die metaethische Neutralität durchbrochen? Mit der Moralauffassung z. B., wie sie in Kants Ethik der reinen praktischen Vernunft reflektiert und systematisiert worden ist, wäre eine solche materiale, von den sinnlich-empirischen Gegenständen her datierende Willensbestimmung und -qualifikation jedenfalls unvereinbar. Und natürlich bedeutet auch Universalität bzw. Universalisierbarkeit bei Kant etwas anderes als bei Hare. Für Hare bedeutet die Universalität einer Handlungsvorschrift die Annahme, daß die entsprechende Handlung ihrer Folgen wegen für jeden mit einem Interesse an dieser Art Folgen Pflicht ist. Für Kant bedeutet Universalität die Annehmbarkeit einer Maxime für jedes Vernunftwesen rein als Vernunftwesen, ohne Rücksicht auf seine wie auch immer beschaffenen Neigungen, Wünsche und Interessen.

Eine besondere Schwierigkeit ergibt sich für die Hare-Interpretation bzw. für die Überprüfung des Teleologismus, der in und für Hares Ethik als Grundlage fungiert, aus der Frage, hinsichtlich *welcher* Eigenschaften oder welcher Klasse von Eigenschaften denn eine Handlung bzw. ein Charakter sich moralisch qualifiziere. Daß dieselbe Klasse von Eigenschaften in Betracht komme, um deren willen wir etwas zweckmäßig oder schön nennen, scheint ja mit Sicherheit zu entfallen. Hare antwortet auf diese Frage mit der Auskunft, moralisch-gut-machend seien nicht solche Eigenschaften, die wir irgendwelcher partikularen Zwecke und Rücksichten wegen empfehlenswert finden, sondern allein solche Eigenschaften, auf die sich unsere Empfehlung aus dem Grunde stützt, daß sie für das menschliche Leben als solches von Bedeutung sind, weil darin das besteht, was wir ein „gutes Leben" nennen. Fragt man dann aber weiter, wie wir zur bestimmten inhaltlichen Ausfüllung der Idee des guten Lebens kommen, von der geleitet wir unter allen möglichen Eigenschaften die moralisch-gut-machenden Eigenschaften herausfinden, so wird man allerdings mit einer Antwort bedacht, die nicht jeden Fragenden zufriedenstellen wird und tatsächlich auch den bevorzugtesten Einwand gegenüber dieser Moralphilosophie veranlaßt hat: „Wir können ihm (sc. dem Fragenden) nur empfehlen, sich selbst zu entscheiden, auf welche Weise er leben sollte; denn letztlich ruht alles auf einer Prinzipienentscheidung. Er hat zu entscheiden, ob er diese Lebensweise annehmen soll oder nicht; wenn er sie annimmt, können wir dazu übergehen, die Entscheidungen, die auf ihr beruhen, zu rechtfertigen; wenn er sie zurückweist, mag er eine andere annehmen und versuchen, nach ihr zu leben." (Die Sprache der Moral, 1972, S. 96). Verwundert es, daß diese Auskunft als unbefriedigend empfunden wurde, daß man das Prinzip des Way of life im Sinne des ethischen Positivismus, Konformismus und Relativismus ausgelegt hat? Es stellt sich allerdings die Frage, ob die Kritik nicht voreilig zur Hand war. Denn es könnte doch wenigstens sein, daß im Letztprinzip der „Lebensform" statt einer normativ-ethischen Position ganz im Gegenteil nur die normativ-ethische Neutralitätsmaxime der Metaethik zu ihrem Recht kommt. Und tatsächlich dürfte auch der von Hare gelehrte „Idealismus", die Fundierung der moralischen Grundnormen in der Freiheit der persönlichen Entscheidung, diesen methodologisch bedingten Sinn einer metaethischen Grenzperspektive besitzen. Metaethisch unproblematisch aber erscheint der so gedeutete Way-of-Life-Idealismus darum keineswegs. Denn soll zwischen den moralischen Grundnormen, sofern sie im Ideal der Lebensform zusammengefaßt sind, und dem übrigen Normenbereich ein Verhältnis fortlaufenden Bedingens herrschen, so ergibt sich die Schwierigkeit, wie aus den idealen Inhalten, die ihrer Natur bzw. der naturgemäß hier fehlenden Voraussetzbarkeit von Können für Sollen entsprechend selbst keine Sollensinhalte sein können, sondern vielmehr als „deskriptive" Setzungen (Totalitäts- und Vollkommenheitsbegriffe) verstanden werden müssen, normative Setzungen ableitbar sein können. Als Ableitungsprinzip dürfte folglich allenfalls das *Streben* nach Verwirklichung des Ideals anzusehen sein bzw. das jeweilige dynamische

Strebensziel, das genausowenig wie der Ableitungsgrund von Ableitbar-Normativem mit dem Ideal selbst zusammenfällt. Der Grenzausblick, der sich hier eröffnet, betrifft also recht eigentlich das Prizip des idealgeleiteten Strebens, die Rationalitätsbedingungen des wohl nicht nur *schlechter*dings endlosen menschlichen Bemühens um Vollendung, damit aber zugleich eine Problematik, die über die normative Ethik und auch über die praktische Philosophie hinaus die Notwendigkeit einer Fundamentalphilosophie des Menschen zu ahnen gibt. Antworten zu erörtern, wie etwa die von J. G. Fichte gegebene, der das Streben nach dem Ideal als die Grundgestalt menschlicher Freiheit, als selbsttätige Vermittlung von Unendlichkeit und Endlichkeit des Menschen im Menschen und durch den Menschen, gedeutet hat, kann nicht mehr Sache der Metaethik sein. Sie erreicht im Ausblick auf das Prinzip des Strebens und den legitimen Sinn einer „Strebungsphilosophie" ihre äußerste Grenze, beweist mit diesem Grenzausblick allerdings zugleich auch ihre Zugehörigkeit zum philosophischen Prinzipiendenken.[5]

III

Die doppelseitige Annäherung der Sprache der Befehle an die Sprache der Aussagen, der Teleologismus im Grundverständnis der Moral und der Moralsprache wie auch das Prinzip des Way of life als Verweisung der moralischen Fundamentalnormen in den Bereich der privaten Idealbildung: dies alles gibt der Frage Nachdruck, welche Stellung bei Hare der Rationalität der Moralsprache im Hinblick auf Deskriptivität und Präskriptivität zukommt. Darin soll nun nach Hare, wie schon dargelegt, der Unterschied von Beschreiben und moralischem Vorschreiben nicht liegen, daß die beschreibende Sprache nur beschreibend und die vorschreibende Sprache nur vorschreibend wäre. Die vorschreibende Moralsprache soll vielmehr durch beschreibende Sprache mit konstituiert sein, ja sie soll dem deskriptiven Konstitutionsfaktor Universalität und damit Rationalität verdanken.[6] Wenn aber die vorschreibende Moralsprache im Gegensatz zur vorschreibenden Sprache der Befehle, die doch auch ein deskriptives Moment (in Gestalt des Phrastikon) enthält, allein universalisierbar sein soll, und zwar gerade auf Grund ihres deskriptiven Bestandteils, so wird die Frage dringlich, wie denn überhaupt der deskriptive Anteil der Moralsprache zu verstehen ist. Hängt etwa sein unterscheidendes und für die Frage der Universalisierbarkeit ausschlaggebendes Charakteristikum im Vergleich mit dem „Phrastikon" des Befehls mit seinem Ursprung zusammen? In der Tat ist dies die Erläuterung, die wir bei Hare selbst finden: Universalität soll beim deskriptiven Urteil aus Bedeutungsregeln, beim Moralurteil aus moralischen Grundsätzen hervorgehen. Da aber beide Ursprünge im Hinblick auf Befehlssätze nicht in Betracht zu ziehen seien, sollen Universalität und die Norm der Universalisierbarkeit der Sprache der Befehle abzusprechen sein.

Wie es sich nun aber auch mit der Nichtuniversalisierbarkeit von Befehlssätzen verhalten mag — sofern sie praktisch-vernünftig begründbar sind und nicht willkürlich dahingesprochen werden, scheint auch auf sie das Begründungsmuster „jemand wie ich (bzw. jemand wie er) hat in einer Situation wie dieser einen Satz wie diesen zu sprechen" anwendbar —, Schwierigkeiten bereitet allein schon die Frage der Identifizierbarkeit des deskriptiven Moments der Moralurteile. Gehen wir von einem Beispiel aus. Nach der Hare'schen Auffassung der Moralsprache müßte das Moralurteil: „Daß ich meine Kinder schlage, ist niederträchtig" eine Deskription einschließen. Und es scheint auch klar zu sein, wie dieses Deskriptionsstück auszuformulieren wäre. Offenbar wäre es dem Vorbild des Imperativ-Phrastikon nachzubilden und würde also lauten: „Ich meine Kinder schlagend". Die Gesamttransskription des Urteils sähe dann so aus: „Ich meine Kinder schlagend, bitte nein". Das Verfehlte dieser Operation wird einem indessen sofort gewiß, wenn man das ursprüngliche Moralurteil umformuliert und so ausdrückt: „Ich sollte meine Kinder nicht schlagen". Denn nach einer gelegentlichen Bemerkung Hares besitzen schon die moralsprachlichen Wörter (und erst von ihnen her dann auch die Sätze der Moralsprache) einen deskriptiven Bedeutungsanteil. Wo aber steckt diese deskriptive Bedeutung im „sollte" des Satzes „Ich sollte meine Kinder nicht schlagen"? Hier, in diesem „sollte", ist doch allem Anschein nach (sofern es einen An-schein von nichts geben kann) nichts zu sehen und folglich auch nichts zu beschreiben. Erinnert man sich allerdings der vorhin erwähnten Bemerkung Hares zum Ursprung der Universalität der Moralurteile aus Grundsätzen, so kann man auf das Gesuchte gleichwohl kommen, nur muß man wieder einen Umweg einschlagen. Nennen wir das Gesuchte „Phrastikon II", so wäre es also dasjenige X, unter welches das „ich meine Kinder schlagend" als „Phrastikon I" zu subsumieren wäre und das, in Form eines praktischen Syllogismus, dem Phrastikon I seine es selbst schon begleitende Präskriptivität mitteilte. Es wäre also Phrastikon II m. a. W. der Bereich, der sich zu Phrastikon I wie dessen genus proximum verhielte —, obwohl es im Gebiete der Logik der Moralsprache nicht darum gehen kann, weniger allgemeine Begriffe unter allgemeinere Begriffe zu subsumieren, sondern vielmehr nur darum, morallogisch untergeordnete unter morallogisch übergeordnete Begriffe zu bringen. Ja, wenn der Grundsatz, der über seinen deskriptiven Bedeutungsanteil den Satz „Ich soll meine Kinder nicht schlagen" ermöglicht, nicht ein inhaltlich-reicherer Satz (ein im Hinblick auf die Folgen des Handelns bestimmterer Satz) wäre, so könnte der Satz, der gewonnen werden soll und dessen Genealogie hier zur Erörterung steht, gar nicht unter ihn gebracht werden. Der zu konstruierende Syllogismus könnte demnach etwa lauten: „Der Handlungsbereich X, bitte nein. Ich meine Kinder schlagend, fällt in diesen Handlungsbereich, erfüllt seine Kriterien. Ergo: Ich meine Kinder schlagend, bitte nein." Oder, in weniger unnatürlicher Weise formuliert: „Wenn unter so und so betimmten Bedingungen das Schlagen seiner Kinder verwerflich ist, und wenn ich meine Kinder unter diesen Bedingungen schlagen würde, so ist es von mir verwerflich, meine Kinder zu schlagen."

Was wird also im „sollte" des Satzes „Ich sollte meine Kinder nicht schlagen" beschrieben? Nicht etwa der Grundsatz „Man sollte seine Kinder nicht schlagen". Auch nicht mein Engagement für diesen Satz oder für den von ihm abgeleiteten Satz. Genausowenig schließlich irgendwelche Sachverhalte, wie Erwartungsdispositionen psychologischer oder soziologischer Natur. (Mein Engagement wird nicht einmal im Satz „Ich soll meine Kinder nicht schlagen" als solchem beschrieben bzw. artikuliert. Das Hare'sche „I ought to do X" ist keine bloße Formel für Imperative qua Selbstbefehle, sondern ein singuläres moralisches Werturteil, das allerdings eine imperativische Komponente besitzt. Ein Sollte-Urteil impliziert bei Hare durchaus nicht eine bloß „subjektive Gültigkeit").[7] Beschrieben (im oben geklärten Sinne der Nennung der Herbeiführung von Beschreibbarem) wird allein derjenige Handlungsbereich, den man vielleicht in der folgenden Weise verbalisieren könnte: „Schmerzensverursachung und Verursachung seelischer Schäden bei Kindern durch schlagende Eltern". Der gesamte „deskriptive" Gehalt des Satzes aber wäre, wie sich versteht, dieses Phrastikon II zusammen mit Phrastikon I.

IV

Die Problematik der Logik der Moralsprache läßt sich nach dem Bisherigen auf die genauere Frage bringen, ob und in welcher Weise die moralisch-praktische Sprachvernunft es vermag, die bedeutungskonstitutiven Funktionen der theoretischen Sprachvernunft zu überbauen und vielleicht auch partiell zu ersetzen. Besteht die Leistung der theoretischen Vernunft darin, Bedeutungsregeln aufzustellen — durch Festlegung von Prädikatoren auf Gegenstandsklassen bzw. Merkmalsfamilien, in ihrer elementaren Schicht aber durch ein Sich-Artikulieren von Selbstbewußtseins- und Bewußtseinsstrukturen als Grundlage der Bedeutung von Wörtern wie z. B. „ich", „wir", „es", „ist", „als", „wahr" und „richtig" —, so muß die moralisch-praktische Vernunft, wenn Universalität und damit Rationalität im Bereich der Praxis nicht eine bloße Mitgift der deskriptiven Sprache und damit der theoretischen Vernunft sein sollen, in anderer Weise als die theoretische Vernunft eine Bedeutungswelt erzeugen. Sie wird dies aber nur dadurch leisten können, daß sie, eine Repräsentantin der Handlungsvernunft, noch andere Aspekte der Selbstbewußtseins- und Bewußtseinsstruktur zur Geltung bringt. Moralisch-praktische Vernunft muß z. B. ein Kriterium einschließen, das erlaubt, gebotenes Handeln aus dem Bereich des insgesamt möglichen Handelns herauszufinden. Die reine Metaethik kann eine solche Frage nicht beantworten. Da sie aber Fragen dieser Art, die an die theoretisch-praktisch-prädisjunktive (oder auch -konjunktive) Urdimension der Vernunft heranführen, der angestrebten Metaphysikfreiheit wegen auch selbst nicht stellt, darf sie sich zu Recht mit einem Hinweis auf die Tatsächlichkeit moralisch-objektiver Grundsatzbildung als der logischen Voraussetzung singulärer moralischer Sätze bzw. mit einem Hinweis auf die Tatsache begnügen, daß ein großer Teil der Menschheit so etwas wie objektive Grundsätze der Moral für möglich hält.

Theoretisch aussichtslos muß ein solcher Glaube und eine solche Abstraktionseinstellung auch gar nicht sein. Um an das Beispiel der Hare'schen Imperativtheorie zu erinnern: Warum sollte nicht auch die logische Analyse der Moralsprache über die der theoretischen und praktischen Vernunft gemeinsamen formallogischen Prinzipien hinaus eine Normativität entdecken können, die zwar nicht in der deskriptiven Sprachsphäre Gültigkeit besitzt, in die Sphäre des Inhaltlich-Moralisch-Normativen aber gleichwohl auch noch nicht hineinreicht? Die Metaethik Hares hat ein solches zugleich nicht-deskriptives und nicht-normativ-moralisches Prinzip, wie uns scheint, greifbar gemacht. Zwar handelt es sich dabei nicht einmal um ein spezifisches Prinzip der Moralsprache, sondern um ein Prinzip der praktischen Sprache als solcher (ein, wie man sagen könnte, „praxeologisches" Prinzip). Auch hat Hare selbst Natur und Funktionsweise dieses Prinzips noch nicht in der ihm angemessenen Genauigkeit darzustellen gewußt: daß es im Rahmen der Metaethik greifbar geworden ist, spricht gleichwohl für die heuristische Fruchtbarkeit dieser Untersuchungsrichtung (es spricht andererseits allerdings auch für die Notwendigkeit, die Metaethik, wenn nicht sogleich durch normative Ethik, so aber durch eine logische Analyse der Handlungssprache überhaupt, eine sprachanalytische Praxeologie, zu fundieren, die dann ihrerseits, wie zu erwarten steht, wiederum die Problematik ihrer Fundierung in einer nicht bloß sprachanalytischen Praxeologie, in einer ontologischen oder transzendentalphilosophischen Praxeologie aufwerfen dürfte).

Das durch die Metaethik R. M. Hares zugänglich gemachte praxeologische Prinzip stellt eine Kombination dreier bekannter Prinzipien dar. In ihm treffen zusammen: die Goldene Regel, der Test der Umkehrbarkeit und das Interessen-Kriterium der Verallgemeinerung (das „Wo kämen wir denn hin" . . . -Argument). Wie die Goldene Regel verlangt das Prinzip, das eigene Interesse (das eigene Wollen) zum Maßstab des Handelns zu nehmen, sich also zu fragen, ob man die Vorstellung ertragen kann bzw. bei der stärkeren positiven Fassung als geradezu wohltuend empfindet, man wäre selbst Betroffener und als solcher Leidtragender bzw. Nutznießer der zur Wahl stehenden problematischen Handlung als der Handlung irgendeines anderen. Gemäß dem Test der Umkehrbarkeit verlangt das Prinzip, diese Vorstellungsoperation auch aus der Sicht jedes anderen Betroffenen durchzuführen, sich also zu fragen, wie er die zur Wahl stehende Handlung aus der Sicht des Handelnden und vor allem des Betroffenen beurteilen würde. Wie das „Wo kämen wir denn hin . . ."-Argument verlangt das Prinzip schließlich, aus der Sicht jedes anderen überdies zu erwägen, wie jeder andere (jeder für ihn, d. h. für jeden anderen andere) als Handelnder und vor allem als Betroffener die Handlung unter dem Gesichtspunkt allgemeiner Zustimmung bzw. Ablehnung wohl beurteilen würde. Hält ein Handlungsentwurf dieser Überprüfung nicht stand, ist er so lange und so weitgehend zu modifizieren, daß er den Test besteht. Auf eine zusammenfassende Formel gebracht ergibt demnach dieses Prinzip die Vorschrift: Ich soll in einer bestimmten Situation so handeln, daß jeder im Bewußtsein der möglichen Zustimmung eines jeden anderen sagen könnte: Einer wie dieser soll in einer Situation wie dieser so handeln. Der Test stellt also eine Handhabe bereit, bei gegebener viel- oder gar allseitiger Interessen-Divergenz die Bedingungen möglichen Handelns dadurch herauszufinden, daß ein gemeinsamer Nenner (oder wie es de facto der Fall sein wird, mehrere mögliche gemeinsame Nenner) der mehr oder weniger divergenten Interessen ausgerechnet wird (werden). Das Prinzip beschreibt ein Gedankenexperiment, mit dem die triviale Forderung realisiert werden kann, nichts als das unter den Menschen, wie sie mit ihren subjektiven Interessen und Wollungen bzw. Sich-Vorschriften nun einmal sind, Mögliche zu wollen, das „Machbare" zu ermitteln, eine Interessenverständigung zumindest in dem Maße herbeizuführen, daß allgemeine Interessen-Kompossibilität gewährleistet sei. Nur auf das Menschen-Mögliche, nicht auch schon auf das Menschen-Nötige, geht die Funktion dieser Regel, die diesseits der normativ-ethischen und der metaethischen Fragestellung, ja auch selbst diesseits aller Realisierungs- und Optimierungsprinzipien des *Nützlichen* als einem noch anderen praeethischen Normativitätsbereich „nur" eine Methode zur Hand gibt, realistische (durch die vorhandene Interessen-Divergenz durch-führbare) Handlungsentwürfe zu konzipieren, und seien es auch Entwürfe einer Bedürfnis- und Interessenreform. Ist aber auch die Forderung trivial, die mit Hilfe dieser handlungslogischen Norm vor aller „Interaktion" und „Kommunikation" im Sinne der Ermöglichung schlichter „Per-Aktion" eingelöst werden kann, so bedeutet die Formulierung des Verfahrens nichtsdestoweniger einen Beitrag zur Handlungstheorie, der vielleicht nicht allzu gering veranschlagt werden sollte. Denn auf diese Weise fällt nicht allein Licht auf einige elementare Handlungsvoraussetzungen, es könnte v. a. der Sinn der drei an der handlungsrealistischen Norm beteiligten Prinzipien bzw. Normen deutlicher hervortreten, sofern sie, jedes für sich ebenso populär wie theoretisch-kontrovers, allererst im Zusammenwirken an der Praktikabilitätsnorm die ihnen jeweils eigene Funktion und Bedeutung zu entfalten vermögen bzw. zu erkennen geben.

Die „Goldene Regel" hätte, so gesehen, die Funktion eines prima-facie-gültigen Grundsatzes, das eigene handlungsbestimmende Verständnis von Wohl und Wehe bis auf weiteres auch allen anderen zu unterstellen. Dies aber ist ein guter Sinn darum, weil es — auf dem Boden der nichtteleologischen Ethik wie auf der Grundlage des Teleologismus — vernünftig erscheint, ein problematisiertes Handeln unabhängig von der Frage seines sittlichen Geboten- oder Nichtgebotenseins in jedem Falle auch auf seine Erfolgschancen qua Interessenverträglichkeit hin zu prüfen, der Anfang dieser Operation aber wohl kaum anders als unter Zugrundelegung des eigenen Eigeninteresses (der eigenen Vorstellung des Richtigen) erfolgen kann. Auf ihren genaueren Sinn hin umformuliert könnte also die „Goldene Regel", deren Wortlaut selbst in der schwächeren negativen Fassung keinen praktikablen Sinn ergibt,[8] lauten: „Was dir unzuträglich und unerwünscht erscheint (an den passiven Folgen dieser Art zu handeln), das halte bis auf weiteres für unzuträglich und unerwünscht überhaupt. Was dir zuträglich und erwünscht erscheint (an den passiven Folgen dieser Art zu handeln), das halte bis auf weiteres für zuträglich und erwünscht überhaupt. Was dir nicht als unzuträglich und unerwünscht erscheint (an den passiven Folgen dieser Art zu handeln), das halte für nicht-zuträglich und nicht unerwünscht überhaupt."

Die Norm der Umkehrbarkeit hätte dann die Funktion, diese naive Unterstellung des gleichen Eigeninteresses (die Universalisierung des eigenen Eigeninteresses) aufzuheben, das fremde Eigeninteresse (die Differenz der Eigeninteressen) zur Geltung zu bringen, und zwar in der Absicht, die voraussichtliche Reaktion jedes anderen auf das vom eigenen Eigeninteresse geleiteten Handeln zu ermitteln (Zustimmung, Ablehnung, Indifferenz). Imperativisch formuliert könnte die Norm der Umkehrbarkeit also lauten: „Was anderen unzuträglich und unerwünscht sein dürfte (an Folgen deines Handelns), das halte weder für schlechthin zuträglich und erwünscht noch auch für schlechthin nicht-unzuträglich und nicht-unerwünscht. Was anderen zuträglich und erwünscht bzw. nicht-unzuträglich und nicht-unerwünscht sein dürfte (an Folgen deines Handelns), das halte für zuträglich und erwünscht bzw. nicht-unzuträglich und nicht-unerwünscht überhaupt." Das Interessen-Kriterium der Verallgemeinerbarkeit schließlich hätte die Funktion, eine eventuelle Interessen-Gleichheit (die als solche nicht eo ipso ein Interesse an denselben Gegenständen bedeutet, sondern auch und noch eher in einem wechselseitigen Sich-Begünstigen der Interessen bestehen kann) bzw. eine eventuelle Interessen-Kompatibilität im Verhältnis zwischen mir und jedem anderen dadurch zu überprüfen, daß man jeden anderen diese Überprüfung vornehmen läßt. Es erscheint daher möglich, es auf die Formel zu bringen: „Was allen anderen wechselseitig unzuträglich und unerwünscht sein dürfte (an Folgen dieser Art zu handeln), das halte für unzuträglich und unerwünscht überhaupt. Was allen anderen wechselseitig zuträglich und erwünscht bzw. nicht-unzuträglich und nicht-unerwünscht sein dürfte (an Folgen dieser Art zu handeln), das halte für allgemein zuträglich und erwünscht bzw. nicht-unzuträglich und nicht-unerwünscht."

Die „Goldene Regel", selbst schon eine Vorform der Umkehrbarkeitsregel, gebietet zu fragen, wie ich mit meinen Interessen als von einer solchen Handlung Betroffener über diese Handlung urteilen würde. Die Norm der Umkehrbarkeit, selbst schon eine Vorform der Universalisierungsnorm, gebietet zu fragen, wie ich mit den Interessen der Betroffenen — in ihrer Situation, ganz gleich, ob sie auch einmal die meinige sein könnte — die Handlung beurteilen würde. Das Interessen-Kriterium der Verallgemeinerung gebietet zu fragen, wie die mit ihren Interessen von meiner Handlung Betroffenen über diese Handlung urteilen würden, wenn jeder jedem (jedem schlechthin oder auch nur jedem mir Ähnlichen) unterstellt, er (jeder andere) würde so handeln und er selbst wäre Betroffener („Wo käme jeder einzelne hin, wenn jeder einzelne — und nicht nur einer — so handeln bzw. jeden einzelnen so behandeln wollte"). In der ersten Teilnorm wird abstrahiert von mir als Täter, nicht aber von meinen Interessen. In der zweiten Teilnorm wird sowohl von mir als Täter als auch von meinen Interessen abstrahiert, ich trete hier nur als von mir Betroffener vor mir auf. Die dritte Teilnorm schließlich nimmt mich noch weiter aus dem Spiel, indem sie die anderen sich gegenseitig durch die problematische Handlung betreffen und auf die Handlung reagieren läßt: Kann der andere, können die anderen es hinnehmen, daß *man* so handelt? Diese dritte Testfrage aber wird dadurch notwendig, daß es für die Rezipienten meiner Handlung (und insofern für mich, um den es mir auch in den experimentellen Abstraktionen von mir zu tun ist) zweifellos Bedeutung hat, zu wissen, a) ob die Handlung auf meinen Vollzug beschränkt bleibt, und, wenn nicht, mit welcher Ausdehnung solchen Handelns zu rechnen ist, b) wie jeder andere auf dieses Handeln reagieren wird. Genauso offensichtlich ist es aber auch, daß aus der Unmöglichkeit des verallgemeinerten problematischen Handelns nicht unmittelbar auch seine Unmöglichkeit, sein (prämoralisches, rein praxeologisches) Verbotensein für jeden folgt. Es mag immerhin denkbar sein, daß gewisse mehr oder weniger weitreichende Ausnahmen toleriert würden. Wenn auch nicht alle so handeln wollen sollen (weil ihr Handeln mit höchster Wahrscheinlichkeit am Widerstande der anderen oder anderer scheitern dürfte), es bleibt gleichwohl denkmöglich, daß einige so handeln könnten (denn daraus, daß nicht alle so handeln sollen, folgt ja nicht unmittelbar, daß alle so nicht handeln sollen). Die dritte Teilnorm der Praktikabilitätsnorm verhilft also zur abschließenden Feststellung, daß man ohne Begünstigung durch Ausnahmebedingungen eine zunächst noch problematische Handlung unterlassen sollte bzw. daß man sie aus bloßen Praktikabilitätsgründen nicht zu unterlassen braucht.

N. Hoerster stellt mit Recht fest, die Goldene Regel führe in ihrem normativ-moralischen Gebrauch „zu moralischen Urteilen, die lediglich eine Funktion der (selbst exzentrischen) Bedürfnisse des jeweils Beurteilten sind".[9] Hoerster erwägt daher zwei metaethische Umformulierungen (der negativen Fassung) dieses Grundsatzes: „Was du einen anderen für verpflichtet hältst, dir nicht zu tun, das mußt du dich für verpflichtet halten, auch einem anderen nicht zu tun." — „Was du willst, daß man dir nicht tu', das mußt du dich für verpflichtet halten, auch einem anderen nicht zu tun". In der zweiten Fassung, auch und gerade wenn man sie im Sinne Hares auf multilaterale Situationen ausdehne, hält Hoerster die Goldene Regel wiederum für nicht anwendungsfähig. Ihrer Anwendbarkeit auf die moralische Urteilsfindung stehe jetzt die logische Unmöglichkeit entgegen, aus einer Summe partikularer interessengeleiteter Handlungsanweisungen eine allgemeingültige Norm abzuleiten. Die erste Fassung andererseits läßt nach Hoerster zwar eine Anwendung zu, setzt aber bereits geltende moralische Urteile voraus und artikuliert daher lediglich das formale Erfordernis der Universalisierbarkeit, ohne irgendein Testverfahren materialer Richtigkeit anzubieten.

Mag diese Kritik auch in dem einen Punkte durch die Möglichkeit einzuschränken sein, daß gewisse pragmatische Grundnormen zwischenmenschlicher Konfliktvermeidung gerade aus den individuellen Interessen-Gegensätzen ableitbar sein und sogar den Status normativ-moralischer Prinzipien besitzen könnten: Die Kritik überzeugt in allen übrigen Hinsichten und bestärkt damit den hier unternommenen Versuch, Sinn und Funktion der „traditionsreichen Goldenen Regel" (Hoerster), der man jede sachliche Berechtigung nur nach peinlichster Prüfung absprechen wird, außerhalb sowohl der Metaethik wie der normativen Ethik aufzusuchen, wenn sie nun einmal innerhalb dieser Betrachtungsweisen nicht erkennbar sind. Beispiele für die Anwendung der Praktikabilitätsregel wären etwa: das unredliche Heiratsversprechen eines Studenten (A), der auf diese Weise die Kosten des Studiums glaubt aufbringen zu können (Heiratsschwindel), oder die Bevorzugung von Verwandten, Parteifreunden usw. bei der Vergabe von Ämtern (Ämter-Patronage). Auf das erste Beispiel angewandt, mit dessen Ausmalung wir uns begnügen, würde die Anwendung der Goldenen Regel etwa das Bild ergeben, daß zwar A selbst auch nicht hintergangen werden möchte, jedoch annimmt, er würde als Betroffener in einem solchen (oder ähnlichen) Fall Verständnis für die andere Seite aufbringen. Denkbar wäre es aber genauso, daß bei Anwendung der Umkehrbarkeitsregel A zu dem Eindruck käme, die andere Seite (B) habe auch für einen Betrug aus Not keinerlei Verständnis, sie werde mit allen Mitteln um ihr Recht kämpfen und ihm eine Menge Unannehmlichkeiten verschaffen. Bei Anwendung der Verallgemeinerungsregel schließlich könnte A feststellen, daß die Mehrheit seiner Mitmenschen so denkt, wie B beim Test der Umkehrbarkeit. Eine Feststellung, der natürlich noch größeres Gewicht zufiele, wenn A beim Test der Umkehrbarkeit ein ähnliches Resultat wie bei der Anwendung der Goldenen Regel erhalten hätte.[10] Um es zu wiederholen: Mag auch die Analyse der realistischen Handlungsnorm oder Praktikabilitätsnorm lauter Gemeinplätze ergeben, erörternswert erscheint zumindest die Hypothese, diese Gesamtregel sei es, die der Goldenen Regel, der Umkehrbarkeitsregel und der Verallgemeinerungsregel Sinn und Funktion verleiht, und zwar noch diesseits der normativ-ethischen Problematik, mit der die drei Teilregeln über die Grenze von Egoismus und Utilitarismus hinweg gewöhnlich unmittelbar verknüpft werden. Keine Interpretation dieser üblichen Art wird hier vertreten: weder z. B. die Einschätzung der regula aurea als Universalkriterium einer aufgeklärt-egoistisch gedeuteten Moralität oder auch als Ausdruck der Idee einer Handlungsgemeinschaft wesenhaft gleicher Menschen noch die Würdigung der Universalisierbarkeitsnorm als Ausdruck der christlichen Idee des Nächsten. Ja, es wird nicht einmal der Versuch unternommen, die Praktikabilitätsnorm mit der Lehre Kants von der „Typik der moralisch-praktischen Urteilskraft" in Beziehung zu bringen, d. h. mit der Verwendung der Naturgemäßheit von Maximen als Index ihrer möglichen Vernunftgemäßheit. Denn gewagt wäre selbst eine solche Annäherung, wenn es richtig ist, daß Kant im Zusammenhange der „Typik" einen Naturbegriff voraussetzt, der, soweit er nicht gar naturteleologisch-metaphysische Züge trägt und in diesem Sinne so etwas wie die natürlich-richtige Bestimmung von Naturverhältnissen und

Naturdingen meint, lediglich die Bedeutung „Inbegriff der Natur*gesetze*"
hat. Die Praktikabilitätsnorm zielt aber nicht, wenigstens nicht unmittelbar,
auf das, was man im Sinne Kants die „Naturabilität" von Handlungsent-
würfen nennen könnte, sondern eben auf triviale pragmatische Richtigkeit.
Gesteigerte Beachtbarkeit dürfte aber auch der Praktibilitätsregel als solcher
gewiß sein, wenn sie genausowenig, wie sie an die normativ-moralische und
die metaethische Denksphäre gebunden ist, auf den teleologischen Interessen-
standpunkt festgelegt wäre. Daß es sich aber so verhält, ergibt sich aus der
Möglichkeit, die Regel als ein Verfahren zu konzipieren, das erlaubt, die
peraktive Verträglichkeit von Willensbildungen überhaupt zu überprüfen. In
den Erläuterungsformeln der Teilregeln wären dementsprechend die Wörter
„zuträglich" und „erwünscht" etwa durch den Ausdruck „pragmatisch-posi-
tiv", die Wörter „unzuträglich" und „unerwünscht" durch den Ausdruck
„pragmatisch-negativ", die Ausdrücke „nicht-unzuträglich" und „nicht-
unerwünscht" durch die Ausdrücke „pragmatisch-indifferent" oder „prag-
matisch-möglich" sowie der Zusatz „an Folgen dieser Art zu handeln" durch
den Zusatz „an dieser Art zu handeln" zu ersetzen.

V

Hare hat das Praktikabilitätsprinzip (subjektiv) greifbar gemacht, er hat es
aber als solches nicht entwickelt. Die Unvermeidlichkeit der Interessenverständigung, die dem Prinzip zugrundeliegt, wird von Hare von vornherein
als moralische Notwendigkeit, als Nötigung in Form einer moralischen
Norm aufgefaßt. Die Notwendigkeit, jeden mit seinen je eigenen Interessen
in gleicher Weise beim Handeln zu berücksichtigen, gilt ihm als Antwort
nicht auf die elementare Frage, wie wir handeln können (oder: wie wir handeln sollen, sofern wir überhaupt wollen, daß wir handeln können), sondern
als Beantwortung der kategorial viel komplexeren Frage, wie wir handeln
sollten. Mag nun aber auch in gewissen menschlichen Grundsituationen die
Vermeidung von Konflikten (Interessenkonflikten und praktischen Dissen-
sen und Konflikten überhaupt) als Herstellung von Handlungsmöglichkeiten
den Charakter der Erfüllung eines moralischen Gebots besitzen: jegliche Berechnung von Handlungschancen als moralisches Urteilen zu qualifizieren,
dürfte ein extremer Standpunkt sein. Und impliziert auch die Bereitschaft zu
zwangsfreier Berücksichtigung der Interessen von jedermann und insofern zu
einer allgemeinen Interessenverständigung eine Einstellung, die auf indirekte
Weise, durch Verhinderung von Handlungshindernissen, zu Freiheit und
Glück der Mitmenschen beiträgt: die auf dem Boden dieser Einstellung arti-

kulierten und notwendigen Regeln sind doch nur technische Verfahren, Vorschriften zur Errechnung von (deskriptiven) Handlungsmöglichkeiten als möglichen Handlungen. Mit moralischen Normen haben weder jene Handlungsregeln noch diese Handlungsbilder (Handlungskonzepte, Pragmata), von den Fundamentalanwendungen der Regeln und den ihnen entsprechenden Handlungsuniversalien wieder abgesehen, nur eine begrenzte Ähnlichkeit. Jedenfalls reicht die Ähnlichkeit nicht aus, um die Praktikabilitätsnorm und die ihr zugewandte Konsensustheorie elementarer pragmatischer Richtigkeit mit der normativ-ethischen Position des „Utilitarismus" und seinem Prinzip der Gleichheit in Zusammenhang zu bringen, wie Hare es für möglich hält.[11] Für Hare ist der Utilitarismus mit seinem Prinzip, jeden in gleicher Weise zu berücksichtigen (Bentham, Mill), eine sachnotwendige Konsequenz des universellen Präskriptivismus. Wenn es sich mit der Moralsprache so verhält, so dürften sich seine einschlägigen Überlegungen resümieren lassen, daß alle ihre Sätze auf Grundsätze logisch bezogen sind, indem sie Grundsätze implizieren, so besteht moralisches Begründen darin, solche morallogischen Implikationsverhältnisse zu konstruieren bzw. aufzudecken, während der moralische Fortschritt seine (der deduktiven Logik der Forschung vergleichbare) Logik daran hat, daß die jederzeit nur hypothetischen Grundsätze durch neues Tatsachenwissen und durch neue erfahrungsgeleitete Grundsatzentscheidungen immer wieder falsifiziert und korrigiert werden. Der moralische Fortschritt, ja das Leben der Moral ist an unser gegenstandsbezogenes Interesse und an die Entwicklung unserer Interessen geknüpft. Das Interesse ist evidentermaßen die ursprüngliche normativ-präskriptive Grundlage der Moral. Daß aber zur Vervollständigung des Interessen-Standpunktes der Moral (zum moralisch-relevanten Tatsachenwissen und Interesse) Logik und Phantasie (bei der Anwendung der logischen Prinzipien, wie insbesondere bei der Universalisierungsnorm) hinzugenommen werden müssen, dies deutet nach Hare darauf hin, daß der Moral ein besonders qualifiziertes Interesse zugrundeliegt: das „universalisierbare Eigeninteresse" und damit das Interesse an gesamtgesellschaftlicher Wohlfahrt, die Idee des Gemeinwohls, wie sie eben im utilitaristischen Grundsatz zum Ausdruck komme, jedermanns Interessen beim Handeln zu berücksichtigen. Moralität erscheint Hare in solcher Perspektive als „a kind of universalised prudence".[12]

Hares Weg zum Utilitarismus führt demnach über die folgenden Stationen: Aufweis der morallogischen Prinzipien Universalität und Präskriptivität, Übergang zur normativen Ethik-Position des Teleologismus, Sicherstellung der Anwendung der beiden Prinzipien durch Ausgestaltung des Teleologismus zum Utilitarismus bzw. Übergang zum Prinzip des Gemeinwohls. Insbesondere die Übergänge aber bergen eine Reihe von Fraglichkeiten. Kommen Universalismus und Utilitarismus, und zwar letzterer in der klassischen Version Benthams und Mills, die an der Ethik der Gerechtigkeit (oder auch nur der Fairneß) nicht ihre Grenze findet, wie später oft behauptet wurde, sondern das Gerechtigkeitsprinzip einschließt, wirklich in der Forderung überein, jeden in gleicher Weise zu berücksichtigen? Kann auf dieser Grundlage die Verbindung hergestellt werden, die Hare konstruiert? Hiergegen spricht die durchaus unterschiedliche Bedeutung der Ausdrucksweise „jeden in gleicher Weise berücksichtigen" im morallogischen Universalismus und im normativ-ethischen Utilitarismus. Ist nämlich das entsprechende Verfahren bei der Subsumtion singulärer Handlungskonzepte unter bereits gewertete Handlungsarten und -klassen dadurch charakterisierbar, daß jeder so Handelnde in der Weise gleichen persönlichen Nichtberücksichtigtwerdens gleicherweise berücksichtigt wird, so scheint umgekehrt das utilitaristische Verfahren auf so etwas wie eine Aus-gleichung von Interessen hinauszulaufen, auf eine (wenn auch hypothetische) Einigung von Person zu Person. „Gleiche Berücksichtigung von jedermann" bedeutet also jeweils so Verschiedenes, daß es im ersten Fall um Mit-sich-Einstimmigkeit (Logizität, Rationalität) des Sprechens, im zweiten Fall aber um Zustimmung (Einverständnis, Einhelligkeit, Einmütigkeit) von Sprechern zu tun ist. Dieser Unterschied der Operationen des Universalisierens von Sätzen und des (nicht nur hypothetischen) Harmonisierens von Interessen erscheint so einschneidend, daß sich die Ergänzung des Universalismus durch den Utilitarismus auf diese Operationen jedenfalls nicht stützen kann.

Und doch leuchtet Hares Bemerkung („Freedom and Reason", II, 7, 3) unmittelbar ein, nach der die beiden Standpunkte „einige Verwandtschaft" besitzen (nicht zufällig wird ja auch der Utilitarismus oft als „ethischer Universalismus" bezeichnet). Die entscheidende Frage zum Verhältnis von Universalismus und Utilitarismus betrifft daher die Art ihrer „Verwandtschaft". Hare deutet sie ohne Zögern und Vorbehalt als qualitative Nähe. Er übersieht also, daß sie auch den Charakter eines Bedingungsverhältnisses besitzen könnte. Etwa so, daß bloß die Anwendungsfähigkeit des Universalisierungsprinzips, nicht aber das Prinzip selbst, berührt wäre und vielleicht auch nur eine Art Utilitarismus, ein bestimmter Aspekt des Gemeinwohl-Prinzips, zur Erörterung stände. Dieser Sachverhalt aber scheint in der Tat mit der Praktikabilitätsregel gegeben, d. h. mit dem beschriebenen Verfahren, in Situationen der Interessen-Pluralität und -Divergenz bzw. einer Unverträglichkeit der Willensbildungen (Hare spricht ungenau von „multilateralen Situationen") so etwas wie Handlungsarten und -klassen als Grundlage übersubjektiver Grundsätze, die sagen, wie „man" (zumindest) handeln soll, dadurch

aufzusuchen, daß man, über bloße Stillhalte-Abkommen und gegenseitige dilatorische Konzessionen hinaus, Interessen- bzw. Wollens-Schnittpunkte ermittelt, gemeinsame Nenner der allseits partikularen Wollungen. Daß Hare dieses „Schlichtungsverfahren zwischen gegensätzlichen Interessen" („Freedom and Reason", II, 9, 1) mit dem normativ-ethischen Prinzip des Utilitarismus sofort gleichsetzt, ja es überhaupt nicht anders denn als ethisches bzw. moralisches Prinzip zu deuten vermag, dies ist der Grundmangel seiner Erweiterung des universellen Präskriptivismus zum Utilitarismus, ein Mangel, der um so empfindlicher wirkt, als er ein unnötiges Verlassen und damit eine Verletzung des Standpunktes der Metaethik bedeutet. Die Praktikabilitätsregel hingegen, der bloß technische Quasi-Utilitarismus, den Hare der Sache nach entdeckt hat, erfüllt das Postulat der normativ-ethischen Neutralität. Ausgeschlossen wird durch ihn nur der normativ-ethische Standpunkt des (logisch) naiven Egoismus. Bereits der „aufgeklärte Egoismus" jedoch läßt sich mit dem praxeologischen Quasi-Utilitarismus vereinbaren, ja er ist mit ihm verbunden, wenn „aufgeklärter Egoismus" nur den Standpunkt meint, der das wohlverstandene Eigeninteresse zur Grundnorm des Handelns erhebt, ein Interesse an Ausbeutung, Überlistung, Ungleichheit zu eigenen Gunsten also nicht notwendigerweise impliziert. (Die folgenden Unterscheidungen sind möglich: naiver und aufgeklärter Egoismus, einfacher und aggressiver Egoismus. Der aufgeklärte und der naive Egoismus unterscheiden sich durch die praxeo-logische Praktikabilitätsregel; der aggressive Egoismus, der sich wie der einfache Egoismus mit dem aufgeklärten Egoismus verbinden kann, unterscheidet sich vom einfachen Egoismus durch den Habitus des Machtstrebens.)
Wie mit dem aufgeklärten Egoismus und dem Utilitarismus dürfte der Quasi-Utilitarismus der Praktikabilitätsregel aber auch mit der Deontologie vereinbar sein. Das praxeologische Kriterium der Verträglichkeit des Handelns mit der Gesamtkonstellation der Interessen (Willensbildungen) schließt das zusätzliche und höhere normativ-moralische bzw. -ethische Kriterium der Unterwerfung des Handelns unter ein in sich evidentes Normatives, wie z. B. das interessenfreie „Sittengesetz" nicht aus. Daß Hare selbst die Deontologie in Korrelation zum Intuitionismus setzt und beide als Irrationalismen ablehnt, hat demgegenüber nur die Bedeutung eines philosophiehistorischen Faktums.[13]

VI

Es wäre ein Mißverständnis der Praktikabilitätsregel des Quasi-Utilitarismus oder der Konsensustheorie elementarer pragmatischer Richtigkeit, wenn man sie und nur sie allein für den deskriptiven Bestandteil der Moralurteile wollte aufkommen lassen, an dem nach Hare ihre Universalisierbarkeit und damit ihre Rationalität hängt. Denn hierfür sind insgesamt vielmehr die folgenden Faktoren konstitutiv: 1. die praemoralische (praxeologische) Grundregel aller praemoralischen Handlungsregeln, 2. eben diese sekundären praemoralischen Handlungsregeln als Spezifizierungen oder Konkretisierungen der Grundregel (zum Teil in pseudomoralischen Sprichwörtern, wie „Lügen haben kurze Beine", „Ehrlich währt am längsten", „Unrecht Gut gedeiht nicht", aber auch in institutionellen Verhaltensregeln und Rollenstandards faßbar), 3. Handlungsklassen und -arten (universelle und spezielle Pragmata) als Objektivationen der sekundären praemoralischen Handlungsregeln (das „So ist zu handeln" stilisiert zu einem „So-Handeln", nicht aber etwa „So Handeln!"), 4. moralische Handlungsregeln oder -grundsätze, 5. die Objektivationen der moralischen Handlungsregeln. Die über den Umkreis der Metaethik zur normativen Ethik hinüberleitende Frage betrifft den vierten und fünften Faktor: Was läßt bestimmte Handlungsarten bzw. bestimmte Personen als moralisch empfehlenswert erscheinen, ja was ist es, das diesen Handlungsarten als Handlungsarten überhaupt erst Kontur und Personen einen moralischen Charakter gibt?

Führt nun auch diese Frage über die Metaethik hinaus, so betritt man mit ihr andererseits aber auch nicht schon das Gebiet der normativen Ethik. Wie nämlich die Metaethik Veranlassung bietet, auf das Gebiet der Praxeologie zurückzusehen, so regt sie zwar auch an, den Blick auf die normative Ethik hin zu lenken, jedoch geschieht dies nur in der Weise, daß die Metaethik im Lichte ihrer Ergebnisse ihre Stellung zur normativen Ethik neu bedenkt. Es ist ja auch nicht einzusehen, daß der Anwendungswert der Metaethik auf die Bereitstellung negativer Moralkriterien beschränkt sein sollte. Wie sich an der Praktikabilitätsregel gezeigt hat, können praeethische Befunde genauso zur Klassifikation, wenn nicht gar zur Kritik von Ansätzen der Ethik beitragen. Hare allerdings hat diese Möglichkeit infolge der Nichtunterscheidung von Utilitarismus und Quasi-Utilitarismus nicht voll genutzt. Er hat zwar, wie andere Metaethiker und Analytiker auch, eine kritische Klassifikation ethischer und metaethischer Standpunkte vorgenommen, doch liegt diesem Teil seiner Theorie (in dem er sich mit Deskriptivisten, Naturalisten, Intuitionisten, Emotivisten, Relativisten und Subjektivisten, Deontologen, Handlungs- und Regelutilitaristen auseinandersetzt) weniger ihre „utilitaristisch" ausgearbeitete Gestalt als vielmehr ihre Elementarfassung als universeller Präskriptivismus zugrunde. Ungewöhnlich erscheint an seinen die normative Ethik betreffenden Überlegungen daher auch nur dies, daß er den Utilitarismus bzw. das von ihm in wenig erhellender Weise mit der positiven Formulierung der Goldenen Regel gleichgesetzte Prinzip des Utilitarismus durch das Prinzip „Ideal" begrenzt, und zwar wohl in der Hoffnung, auf diese Weise eine bestimmte Konsequenz des Utilitarismus abzufangen, die Konsequenz nämlich, daß die Ethik des (wie immer verstandenen) Gemeinwohls und der Gemeinwohl-Maximierung mit ihrem funktionalistischen Denkmuster die Idee der *Freiheit* außer Geltung setzen könnte. In der Tat: Fällt Moralität mit kollektiver Zweckrationalität zusammen, so droht unmittelbar oder vermittelt durch die Ansprüche von Interpreten und Propheten des gesamtgesellschaftlichen way of life eine moralische Diktatur der Gesellschaft, die Moralität allen oder doch den meisten Menschen in Form eines bloßen Anpassungsverhaltens ansinnt. Einer solchen Reduktion der Moralität auf Unterwerfung unter ein normatives Durchschnittsniveau oder unter das Normen-System einer elitären Kaste nach dem Vorbild der Philosophen-Könige Platons möchte Hare vorbeugen, indem er über den Interessen-Standpunkt der Moral das Recht eines quasi-ästhetischen Lebensstils stellt: die Partikularität des *individuellen* way of life mit der einzigen normativen Grenze der allgemeinen Grundbedürfnisse. Die Frage erhebt sich allerdings, ob diese Rettung der Freiheit, wenn sie von der Preisgabe des Interessen-Standpunktes erhofft werden muß, nicht zu spät kommt, ob also das Übel nicht bereits im Teleologismus als solchem wurzelt. Sollte der Übergang vom universellen Präskriptivismus zum Teleologismus noch unglücklicher als der Übergang zum Utilitarismus (der immerhin eine Beziehung zur Praxeologie aufweist) sein und vielleicht sogar die Mängel des letzteren mit erklären? Tatsächlich stehen den Anreizen des teleologischen Ethik-Modells, wie Nähe zur Erfahrung und den Erfahrungswissenschaften, einige nicht weniger gewichtige Bedenklichkeiten gegenüber. In seinem Sinne wäre Moralität als zweckmäßig-rationale Verwirklichung von interessierendem außermoralischem Wert zu definieren, strenge Universalität dem moralischen Urteil also abzusprechen. Auf der anderen Seite verrät ein solches Argument freilich in unverkennbarer Weise seine Herkunft aus der Ethik der „reinen" praktischen Vernunft, die mit ihrer voraussetzungsvollen Doppelbetrachtung des Menschen als homo phaenomenon und homo noumenon und mit der Opponierung von Neigung und Willen der Ethik des sinnlich-affizierten Willens und der instrumentellen Vernunft nicht einfach entgegengesetzt werden kann, als sei ein solcher Vergleich bereits eine Argumentation. Und auch der Vorwurf des „Naturalismus" dürfte kaum durchschlagen, wenn ihm gegenüber, wie er auch gemeint sein mag, die Orientierung des Teleologen an Werten und die Qualität der Bedürfnis- und Interessensprache als normativ-präskriptiver Sprache in Erinnerung gebracht werden kann. Zu fragen wäre allerdings nach Art und Umfang der Bedürfnis- und Interessenstruktur. Sollen die Bedürfnisse nach dem anthropo-biologischen Modell der „Mängelnatur" zu verstehen sein? Oder hat man niedere und höherwertige Bedürfnisse mit einem Bedürfnis sogar nach so etwas wie „Würde" zu unterscheiden? Wie soll man sich den gesellschaftlichen Bedürfnis-Kontext denken? Als „System der Bedürfnisse", d. h. als eine Konkurrenzstruktur, die ihrerseits wieder verschiedene Erklärungen zuläßt, wie z. B. die Erklärung aus den Hobbes'schen Prinzipien Gleichheit, Machtstreben und Knappheit oder die Erklärung mit dem weniger bestimmten Prinzip der „ungeselligen Geselligkeit" bei Kant, vom Hegelschen Prinzip des objektiven Geistes hier noch ganz abgesehen? Worin soll die Funktion der Moralsprache als Übersetzung der Sprache der Bedürfnisse, des Interesses und der Zweckmäßigkeit bestehen? Wie wäre Moral, wollte man sie etwa als Funktionsweise der Gesellschaft deuten, vom Recht zu unterscheiden, wenn das traditionelle Unterscheidungskriterium des sanktionsmäßigen äußeren Gerichtshofes angesichts der Möglichkeit von gesellschaftlichem Funktions- und Rollenverlust als Moralwidrigkeitsfolgen (moralischen Unrechtsfolgen) entfällt? Mögen aber auch solche Erläuterungsfragen eine Antwort finden, es bleibt übrig das kategorialkritische Bedenken, dem insbesondere die Teleologismus-Spielart des *Utilitarismus* ausgesetzt ist: ob nicht die (technisch ohnehin kaum vorstellbare) Bemessung der Moralität an Wertverwirklichung, d. h. an Erfolg und Leistung, zu der für viele Menschen jedenfalls moralisch-ethisch-mißlichen Konsequenz einer Mißachtung der Selbstwertigkeit des Menschen als Menschen führe. Wenn der Mensch moralisch besser ist, der (für sich oder für andere) Außermoralisch-Gutes besser oder auch (für sich oder für die Allgemeinheit) Außermoralisch-Besseres realisiert, dann verliert die Idee der Gleichheit zufolge einer solchen Denkweise jeglichen normativen Rang, indem sie für den Egoismus irrelevant wird und durch den Utilitarismus (allenfalls) eine Relativierung im verfremdenden Sinne der gleichen Glückswürdigkeit Empirisch-Gleicher erfährt. Reicht die Universalisierbarkeitsforderung aus, um die Ethik des Erfolgs vor der Konsequenz zu bewahren, daß sie, vermittelt durch ihr Ungleichheitsdenken, auch freiheitsfeindliche Züge annimmt? Daß im Utilitarismus die Gefahr einer Rechtfertigung von so etwas wie einer moralischen Majorisierung liegt, hat Hare selbst gesehen und zugegeben, der auch erklärt, mit logischen Mitteln sei dieser Gefahr nicht zu begegnen. Steht aber nicht der Teleologismus, und zwar insbesondere wiederum der Utilitarismus, genauso auch in der Gefahr, mit Ideen sympathisieren zu müssen, wie der aristotelischen Naturdifferenz von Herrschern und Beherrschten oder der Vorstellung Platons von der Notwendigkeit einer intellektuell wie moralisch qualifizierten Klassen-Herrschaft und Herrschaftsklasse, ja auch mit des letzteren Rechtfertigung von Propaganda und Betrug als gerechten (zweckoptimalen) Mitteln der Beförderung gesamtgesellschaftlichen Nutzens? Muß nicht insbesondere der Utilitarismus die Freiheit und Gleichheit der großen Mehrheit der Menschen auf besonnene und wohlanstehende Zustimmung zum Beherrschtwerden (sophrosyne) reduzieren, weil es nur allzu natürlich erscheint, die Berechnung des berechenbaren Gemeinwohls und der von ihm her berechenbaren moralischen Richtigkeit den besseren Rechnern, einer moralisch-idealbildenden Elite, vorzubehalten?

An Versuchen des allenthalben dominierenden teleologischen Denkstandpunktes, solche Konsequenzen einer Rechtfertigung moralischer Minorisierung auszuschalten, fehlt es nicht in der praktischen Philosophie der Gegenwart. So hat Habermas die Unterwerfung des „praktischen Diskurses" unter den Sachverstand der Sachverständigen, wie er sie an der Erlanger Ethik der Konfliktbekämpfung bemerkt, innerhalb seiner eigenen bedürfnisorientierten und teleologischen Handlungstheorie durch die folgende Überlegung zu umgehen versucht:[14] Problematisierte Interaktionen werden wie problematische Aussagen in Diskursen entproblematisiert, d. h. auf Richtigkeit hin geklärt. Die Richtigkeit von Diskursen bzw. die Echtheit (Habermas: „Wahrheit") von Konsensen aber stellt ein eigenes Problem dar, dessen Lösung der Lösung des Problems der Ermittlungskriterien der Handlungsrichtigkeit vorausgehen muß. Ohne Kriterien der Diskursrichtigkeit bzw. Konsensechtheit keine Auffindungsmöglichkeit von Kriterien der Aktions- bzw. Interaktionsrichtigkeit. Wie kann aber Beurteilungskompetenz (Befähigung zu Diskursen über Diskurse) im Hinblick auf Beurteilungskompetenz (Befähigung zu Diskursen über Fragen der Praxis) nachgewiesen werden? Das Kriterium der Wahrhaftigkeit führt hier nicht allzu weit, denn Wahrhaftigkeit wäre an Regelverstand und Regelfolgsamkeit (Universalitäts- und Autopräskriptivitätsindices) zu überprüfen, solche Überprüfung aber müßte wieder durch Konsensus geschehen, so daß sich erneut die Ausgangsfrage nach Konsensus-Kriterien stellt. Habermas findet einen Ausweg aus diesem Zirkel im Prinzip der „idealen Sprechsituation", die, auch de facto jederzeit unterstellt, durch eine Symmetrie (Gleichverteilung) der Chancen gekennzeichnet sein soll, die elementaren Verwendungseinheiten der Sprache („Sprechakte") und mit ihnen Dialogrollen wahrzunehmen. Die „ideale Sprechsituation" soll insoweit auch „ideale Lebensform" sein, eine Verfassung der Gesellschaft gemäß den (sprachimmanenten) Ideen Wahrheit, Freiheit und Gerechtigkeit. — Ob dieses Modell der „idealen Sprechsituation" der Tendenz des Bedürfnis- und Interessenstandpunktes zum Platonischen Theorem des Philosophen-Königtums enträt, ist allerdings zu bezweifeln. Denn auch bei diesem Modell ist es letztlich der Sachverstand der Sachverständigen, der bei der Entscheidung der gemeinsamen Lebensfragen der Menschen den Ausschlag gibt, der Zwang des besseren Arguments, den die an Verstand unterlegenen ungeachtet aller wohlklingenden und suggestiven Phrasen wohl kaum als „zwanglosen Zwang" empfinden werden. Und bleibt auch in der idealen Sprechsituation „keine Vormeinung auf Dauer der Thematisierung und der Kritik entzogen": der Mehrheit, den Ewig-Kritisierten, wird eine solche belehrende Regelung ihrer Lebensverhältnisse von oben, zu der sie nur mit einer stets unisonen sophrosyne beizutragen vermögen, wohl kaum als „herrschaftsfreie Diskussion" erscheinen. Darin dürfte Freiheit, Gleichheit und Gerechtigkeit, wenn so etwas überhaupt denkbar sein sollte, gerade nicht bestehen, daß in ihrem Namen die natürliche Unfreiheit, Ungleichheit und Benachteiligung von Menschen bloß rationalisiert und sanktioniert werden. Mit der Gleichheit von Chancen zur Interaktions- und Dialogbeteiligung, einem (universal-)-linguistischen Analogon der Praktikabilitätsregel oder einer Art (universal-)-linguistischer Praktikabilitätsnorm, ist nicht viel mehr als eine Teilbedingung der Verwirklichung von Freiheit, Gleichheit und Gerechtigkeit benannt, wenn auch der Teleologismus, bleibt er nur konsequent, als Erfolgs- und insbesondere als Gemeinwohlethik jede weiter ausblickende Ideen- und Idealbildung in den Bereich der Ineffektivität, der Irrationalität und eines bloß „gläubigen" Humanismus verwiesen wird. Der konsequente Teleologismus hat eben, wie er es gelegentlich auch aufrichtig eingesteht, in der Frage der Kriterien gemeindienlichen Handelns (des „kommunikativen Interesses") „keine andere Möglichkeit, als den *pragmatisch* (d. h. durch Antizipation oder Realisierung der vorgeschlagenen Handlungsweisen) *bewährten Consensus* der ... *Kompetenten* ..." zugrundezulegen.[15]

Ist die Ethik-Position des Teleologismus und insbesondere des Utilitarismus selbst in der Lage, heißt dies alles aber auch, einen moralrelevanten Begriff des Ideals zu entwickeln, im Sinne der prognostischen und projektiven Dimension der Individual- bzw. Gemeinwohlberechnung, so ist nicht einzusehen, warum der Begriff des Ideals als solcher zur Selbstbegrenzung des Utilitarismus und vielleicht sogar zur Begrenzung des Teleologismus einschließlich des dann nur noch übrigbleibenden Egoismus herangezogen werden sollte. Auch würde mit der Ausbildung eines solchen teleologischen Idealbegriffs (der die Erweiterung durch eine nicht-extrapolative und ateleologische Idealauffassung allerdings aus logischen Gründen nicht ausschließt) der Irrationalisierung des Ideals und der Sprache der Ideale vorgebeugt, die sich bei Hare an der These zeigt, Ideale und Idealkonflikte seien der rationalen Argumentation weitgehend entzogen.

Dies ist, in zusammenfassender und an den Umkreis der sprachanalytischen Ethik keineswegs gebundener Betrachtung, die Verlegenheit der Ethik der empirisch-affizierten Vernunft oder der theoretisch-praktische Preis, den sie für ihre so sehr gerühmte Wirklichkeitsnähe zahlt: Auf der einen Seite involviert der Empirismus den Teleologismus, eine Gleichsetzung der Moralität des Handelns mit der Zweckrationalität (Richtigkeit) der Herbeiführung eines wie auch immer verstandenen Guten. Der Teleologismus aber drängt zu einer Kompetenztheorie hinsichtlich sowohl der Handelns-Moralität wie -Praktikabilität und damit zum Elitarismus, zu einem Ungleichheits- und Vorrangdenken. Und er kann auch gar keine andere Konkretisierung anzeigen, ist er doch ungeachtet der selbst ihm möglichen Unterscheidung von Moralität und Praktikabilität des Handelns als solcher aufs engste der technischen und damit der theoretischen Denkweise verhaftet, für welche das elitäre Entscheidungsprinzip in Gestalt des besseren Arguments und des besser Argumentierenden fundamentale Bedeutung besitzt. Auf der anderen Seite aber steht dieser Empirismus-Teleologismus-Technizismus-Theoretizismus-Kompetenzdenken-Elitarismus-Sequenz der Ethik der empirisch-affizierten Vernunft zumeist deren Bestreben gegenüber, an Ideen festzuhalten, wie: Freiheit, Gleichheit und Gerechtigkeit. Und zwar sind es zwei Wege, auf denen man versucht, den mißliebigen Elitarismus auszuschalten oder ihn wenigstens abzuschwächen. Einmal verbindet man das Kompetenzdenken, bis zu dem hin man der empiristischen Sequenz durchaus folgt, mit dem Gedanken des Dialogs, der Beratung, der gemeinsamen Wahl von Normen und Grundsätzen. So kommt es zu Erneuerungen der Naturrechts-, Naturzustands- und Vertragslehre, des Evolutionismus, Konventionalismus und Operationalismus. Dieser Ausweg freilich mißlingt. Denn auch bei diesen Ansätzen behält der Kompetenzgedanke im ganzen Umfange seine elitaristische Folgeträchtigkeit. Ob man von einer monologisch-intuitionistisch angemaßten oder von einer dialogisch-bewährten Entscheidungskompetenz ausgeht, und wie weit man auch die Dialogkompetenz ausdehnt: die moralische Entscheidungsfindung wird zur Sache einiger weniger Menschen, der Sachverständigen und Sachwalter der Moral, der „Moralitätstheoretiker", wie man sie im Unterschied zu den Moraltheoretikern (den Moralpsychologen, -soziologen und -philosophen) nennen möchte.[16]

Auf dem zweiten Weg läßt man andererseits von der Unterstellung jeder Art An-sich-Gültigkeit (die mit der ersten, der „dialogischen" Spielart des erweiterten und der Intention nach auch verbesserten Teleologismus durchaus vereinbar erscheint), vom monologisch-intuitionistisch behauptbaren wie vom dialogisch-begründungsbedürftigen Natürlich-Guten, aber auch vom Gedanken einer konventionellen Allgemeingültigkeit des Guten ab, um diese Prinzipien durch einen Pluralismus der individuellen „Lebensform" zu ersetzen. Zum Teil schränkt man allerdings das Recht, ein an sich gültiges bzw. ein konventionell-allgemeingültiges Gutes anzunehmen, auch nur ein, um der einen bzw. der anderen Position den Pluralismus der individuellen Lebensform einfach anzufügen. Auch in keinem dieser Fälle jedoch entrinnt der Teleologismus der Anwendbarkeit des Prinzips der Entscheidungskompetenz und damit der Tendenz zur bloßen Anpassungsmoral. Denn auch und gerade der totale teleologische Pluralismus kann nicht umhin, das Gute vom Richtigen zu unterscheiden — das Feld des im Sinne der Zweckrationalität verstandenen Richtigen aber ist die Domäne des Kompetenzdenkens und damit des Elitarismus und der ihm komplementären Moralphilosophie der Anpassung.

VIII

Wenn der Versuch der Metaethik nicht überzeugt, die mit ihrer Erweiterung zum Teleologismus und insbesondere zum prima facie so menschenfreundlichen Utilitarismus heraufbeschworene Gefahr einer Parteinahme für Ungleichheit und Unfreiheit dadurch zu bannen, daß sie den Utilitarismus und vielleicht auch den Teleologismus (was aber bei Hare nicht recht klar wird) durch den Moralstandpunkt des Ideals begrenzt, so verdient umso größere Beachtung die Art ihres Verständnisses von Gleichheit und Freiheit. Fehlt nun auch bei Hare eine Erörterung der Problematik der Gleichheit, an deren Stelle nur auf die Übereinstimmung der Menschen in ihren fundamentalen Neigungen verwiesen wird, so widmet er dem Problem der Freiheit (von der verunglückten Problem-Exposition zu Anfang von „Freedom and Reason" abgesehen, die eine „Antinomie" von Freiheit und Vernunft nicht einmal glaubhaft fingiert; sowohl die extrapolative „Freiheit" der Hypothesenbildung im praktischen Wissen wie auch die mit der Irreduzibilität des Vorschreibens gleichgesetzte „Freiheit" stehen zur „Vernunft" in keinem erkennbaren Gegensatz) immerhin die folgende Überlegung: Die Sprache der Moral setzt als „präskriptive" Sprache, d. h. als ein Reden über und vor allem in Vorschriften, speziell jedoch als die „praktische" Sprache des Sich-Vorschreibens oder Sich-Entscheidens, die Notwendigkeit und die Möglichkeit von so etwas wie Handlungswahl und damit eben *Freiheit* voraus. In dem Sinne nämlich, in dem aus „Sollen" „Können" folgt, folgt „Können" auch aus „Sollte" (ought), d. h. aus jenem indirekten, durch eine rationale Operation des Begründens (Universalisierens) vermittelten Sollen. Selbst der „naive Determinismus", der alles menschliche Handeln für physiologisch-psychologisch voraussagbar hält, kann an der Tatsache nichts ändern, daß wir uns vor die Notwendigkeit von Entscheidungen (Wahlakten, Sich-Vorschriften) gestellt sehen. Eine realistische Einschätzung der Prognosemöglichkeiten aber, die deren mögliche Steigerung ihrerseits mit prognostiziert, führt nur dazu, die Wirksamkeit und Verantwortungslast moralisch-praktischer Rationalität noch höher zu veranschlagen.

Hares Grundgedanken zur Freiheitsproblematik bestätigen das ambivalente Bild, das sich bisher schon ergab. Indem sie einen stärkeren und einen schwächeren Begriff von Freiheit entwickeln, Freiheit im normalsprachlichen Sinne der Selbst-Ursächlichkeit wie im normalsprachlich-abnormen Sinne des bloßen Bewußtseins von Freiheit verstehen, und das Problem der Freiheit in Form der ebenso um- wie abwegigen Frage nach der Vereinbarkeit von Freiheit und Prognostizierbarkeit stellen (als könne mangelnde Prognostizierbarkeit sich nicht auch mit Unfreiheit verbinden), beweisen sie sowohl die Unabweisbarkeit der Grundlagen-Problematik des „universellen Präskriptivismus" (des Universalismus wie des Präskriptivismus) als auch die Notwendigkeit einer undogmatischen Fundamentalreflexion auf das Prinzip der praktischen Vernunft, die auch für deren Reinheit, und zwar gerade der Freiheit bzw. der Vernünftigkeit der Freiheit wegen, offen zu sein hätte. (Zugleich bestätigen sie aber auch nochmals die Eignung der Metaethik, im Rahmen ihrer methodologischen Abstraktheit Rationalitätsstrukturen und Probleme der Moral einzuholen).

Unsere einschränkende Beurteilung der Möglichkeiten und der Rechtmäßigkeit der Metaethik vermeidet, wie aus dem Gesagten erhellt, die Zuspitzung zu der Kritik, so etwas wie Morallogik sei ohne normativ-ethische Prämissen gar nicht durchführbar. Diese Kritik ist von *I. Craemer-Ruegenberg* mit den folgenden Argumenten (gegen Hares Ethik) vorgebracht worden:[17] Der metaethische universelle Präskriptivismus verliere sich als Präskritivismus in Performativismus und als Universalismus in Normativismus. Denn der bedeutungsgebende Akt der präskriptiven Äußerungen als solcher sei nichts anderes als der Selbstbefehl „I ought to do X", ein wesensmäßig an die erste Person gebundenes Vorschreiben ohne irgendwelche Bedeutungskommunikativa. Das Hare'sche Universalisierungsprinzip andererseits aber besitze, wie auch seine utilitaristische Fundierung im wesensmäßig überempirischen Prinzip der Gleichheit aller Personen bestätige, als Gebot der *Reflexion* auf Universalisierbarkeit einen durch und durch moralischen Charakter. — Diese gesamte Argumentation beruht auf den folgenden Mißverständnissen: 1. Sie reduziert Hares Gedanken der moralischen Präskriptivität auf ein bloßes Präskriptivitätsmoment, auf die persönliche Unterwerfung nämlich unter das Gebotene, wenn es für mich Gebotenes ist, bzw. die Bereitschaft, mich ihm zu unterwerfen, wenn es einmal für mich Gebotscharakter annehmen sollte. 2. Sie verwechselt — durch die Moralsprache wie durch Hare's Terminologie vielleicht irregeführt — das spezifisch moralische Handlungsanleiten (commend) mit einem Gebieten, Verbieten und Erlauben. Als gebiete man (selbst) einem Menschen, wenn man ihn mit der Formel „you ought to do X" an seine Pflicht, das ihm Gebotene, *erinnert*. Allererst diese Annahme und Unterstellung einer Identiät von moralischem „Vorschreiben" und Befehlen (Selbstwie Fremdbefehligung) erklärt den „Performativismus"-Vorwurf und die Beschuldigung, Hare habe es versäumt, die Notwendigkeit und das Wesen „moralischer Einsicht" (die Notwendigkeit und die Struktur der Erkenntnis von Geboten, des Gebot(en)-Seins der Gebote) zu bedenken. Der Metaethiker setzt diese Problematik methodisch zur Seite und kann doch, auch in solcher Abstraktion und gerade wegen der Voraussetzung des Gebot(en)-Seins der Gebote, Rationalitätsstrukturen des moralischen Vorschreibens, wie seine ausnahmslose Allgemeinverbindlichkeit, erfassen. 3. Die Kritik verwechselt die sprachlogische und sprachnormative Trivialität, um Allgemeingültigkeit des Urteilens bemüht sein zu sollen, mit einer moralischen Vorschrift, als sei so etwas wie eine „unreflektierte Prädikation" (Craemer-Ruegenberg, S. 81) sprachlogisch überhaupt möglich. 4. Die Kritik mißdeutet das „utilitaristische" Prinzip der Berücksichtigung von jedermann auf das Axiom einer wesenhaften Gleichheit aller Personen hin, die Hare indessen weder voraussetzt noch auch benötigt, um den mit der Einführung des „utilitaristischen" Prinzips verfolgten Zweck zu erreichen, die Anwendung der Prinzipien des universellen Präskriptivismus auch unter den Bedingungen einer allseitigen Interessen-Divergenz sicherzustellen.[18] — Eine rein sprachlogische Untersuchung der Moral erscheint möglich auf der Grundlage des gewöhnlichen Glaubens an die Rationalität und Gültigkeit moralischen Verhaltens. Diese Möglichkeit ist auch nicht einmal auf die Klärung sprachnormativer Rationalitätszüge (wie der Wechselbedingtheit von Universalität und Präskriptivität) und auf den Entwurf einer kritischen Typologie von Standpunkten der Metaethik (wie Naturalismus, Emotivismus und universeller Präskriptivismus) beschränkt. Die Metaethik gibt vielmehr Ausblicke auf die praktische Philosophie im Ganzen frei, auf die elementare Theorie der Handlung ebenso wie auf die normative Ethik. Auf die elementare Theorie der Handlung wird die Metaethik rückverwiesen, sofern sie bei der Untersuchung der Anwendungsbedingungen der moral-logischen Universalisierungsnorm die Praktikabilitätsnorm als Kriterium trivialer pragmatischer Richtigkeit ermittelt. Die Grenzen der normativen Ethik werden von der Morallogik berührt, wenn sie dem Präskriptivitätsgedanken nachgehend das Freiheitsprinzip für sich entdeckt und im Lichte der Freiheitsvoraussetzung als einer den Voraussetzungen der Wissenschaft analogen Voraussetzung der Moral und der Moralsprache eine kritische Ethik-Typologie entwirft, die nicht zuletzt auch die Denkweisen des Utilitarismus und des Teleologismus insgesamt mit Vorbehalten versieht. Die absolute Grenze der Metaethik wird erst mit dem Thema Freiheit *und* Vernunft erreicht, deren Konnex zu verfolgen Sache der praktischen Philosophie als „Strebungsphilosophie" sein dürfte und deren gemeinsames Wesen sich vielleicht sogar als das Fundament des Philosophierens überhaupt erweisen könnte.

Auch in der Kritik, die *Friedrich Kaulbach* der Metaethik gewidmet hat, findet sich ein immanent-kritisches Vorgehen; es dominiert hier aber eine Kritik „von außen", die den Metaethikern ein Verständnis moralisch-praktischer Rationalität entgegenhält, wie es sich aus einer Verbindung der Kantischen Ideen der „reinen praktischen Vernunft" und des „Sittengesetzes" mit dem Hegelschen Prinzip des „konkreten Allgemeinen" ergibt. Bei einer „unnachgiebigen Konsequenz" des Kantischen Denkens, so lautet die Begründung für diesen Denkansatz, drohe dem Individuum die Gefahr, „seine Freiheit dem Gesetz und dessen Allgemeinheit opfern zu müssen" (Ethik und Metaethik, 1974, S. 140). Die praktische Vernunft sei daher „als Wirklichkeit einer geschichtlichen Bewegung des praktischen Dialogs" aufzufassen, in dem sich ein Fortschritt des „Stand-Nehmens" der Individuen auf dem Boden der ihnen a priori gemeinsamen praktischen Vernunft vollziehe: „Diese Geschichte ist ein Weg, auf dem sich immer wieder Standpunkte für die Dialogpartner ergeben, von denen aus jeweils eine entsprechende Einsicht möglich ist. Jedem Standpunkt entspricht die ihm gemäße Perspektive. Am Dialog zeigt sich, daß die an ihm Teilnehmenden in eine geschichtliche Bewegung eintreten, in der sich nicht nur die Fähigkeit logischen Schließens und Folgerns aus Prämissen bewährt, die vielmehr zugleich als Fortgang auf dem Wege zu neuen Standpunkten zu begreifen ist, deren jeweilige Perspektiven immer fortgeschrittenere Einblicke ermöglichen" (a. a. O., S. 83). Es fällt nicht schwer, gegenüber diesem Denkstandpunkt, der ja wohl auch selbst dem Gesetz des Standpunktwechsels unterworfen sein müßte, eine kritische Perspektive auszudenken. Möchte man sich z. B. nicht einfach damit begnügen, die „praktische Vernunft" als den grammatikalisch bedingten Irrtum einer Substantivierung und Hypostasierung der empirischen Tätigkeiten des Argumentierens, Beratens und Entscheidens und überhaupt des Handelns und solchermaßen als „Mystifikation" abzutun, so könnte man geltend machen, daß das Zauberwort „Geschichte" und die beschwörende Rede von „praktischer Rationalität" allein noch keine Einsicht verschaffen, weder eine Einsicht in die Reichweite des Behauptbaren und des Entscheidungsbedürftigen, des Intersubjektiven und des Subjektiven, des Überlegen-Fortschrittlichen und des Überholten, des Allgemeinen und des Individuellen, noch auch eine Einsicht in den Inhalt des Allgemeinen und überhaupt in die Notwendigkeit, die Perspektive auf das Allgemeine und seine Verbindlichkeit auszurichten. Der bloße Glaube aber an die Vernünftigkeit des Wirklichen, der sich ohnehin auf das „echt" Wirkliche begrenzen muß und damit doch wieder die Frage nach festen Unterscheidungs- und Vorzugskriterien aufwirft, hätte nur dann Sinn, wenn bestimmte Glaubens*inhalte*, ein konkretes Apriori und nicht etwa nur das selbst inhaltlich-leere Prinzip der „konkreten Allgemeinheit", das mehr als Desiderat denn als Begründungsprinzip wirkt, artikulierbar wären. Wird aber tatsächlich von einem inhaltlich bestimmteren Apriori ausgegangen, etwa vom Prinzip der Freiheit oder vom Prinzipienkomplex Freiheit — Gleichheit — Gerechtigkeit, so wäre zu begründen bzw. zu rechtfertigen, warum unter den dialoggeschichtlichen Angeboten gerade diese Wahl getroffen, diese Perspektive menschlicher Praxis eingenommen wurde. Und zwar wäre in dieser Weise auch dann zu fragen, wenn man sich mit diesen Prinzipien als einem von außen her nicht weiter begründbaren Ideal abfinden wollte. Ohne einen *systematischen Aufweis von Konstituentien* der reinen praktischen Vernunft wird gegenüber den Empiristen und Positivisten nicht einmal im eigentlichen Wortsinne argumentiert. Es wird nur erzählt, was man alles aufgibt, wenn man auf die Perspektive der gemeinsamen geschichtlichen reinen praktischen Vernunft und die auf ihrem Boden dialogisch-dialektisch gewinnbaren Verbindlichkeits- und Gültigkeitseinsichten verzichtet. Es ist, als wollte man einen Deutschen vom Wert der Kenntnis des Altgriechischen dadurch überzeugen, daß man Teile der Ilias rezitierte oder, der Metaphysikabstinenz der Metaethiker vielleicht angemessener, den ideellen und ästhetischen Rang verlorengegangener Homerischer Hymnen rühmte. Daß die Metaethik als solche des Zugangs zu inhaltlichen Gültigkeits- und Verbindlichkeitsprinzipien der Moral entbehrt, braucht dem Metaethiker nicht vor Augen geführt zu werden: dies ist ihm ipso facto gewiß. Es käme vielmehr darauf an, ihm und primär sich selbst in systematischer und genauer Analyse zu zeigen, wie reine praktische Vernunft verfaßt ist und warum gerade ein solches Vermögen als Grundlage moralisch-praktischer Rationalität in Anspruch genommen wird; ob dies etwa mehr in Entsprechung zu den Phänomenen des verbreiteten („gemeinen") Pflicht- und Freiheitsbewußtseins oder mehr in Übernahme gewisser von der theoretischen Philosophie her vorgegebener Begriffe von Vernunft, Gesetz und Allgemeinheit geschieht; daß nicht ein Freiheitsbegriff und ein Pflichtbegriff zugrundeliegen, die in ihrer Außernatürlichkeit zugleich unnatürlich, ja widernatürlich anmuten; inwiefern instrumentelle Vernunft und das fraglos allgemeine menschliche Glücksbedürfnis und Glücksstreben als Grundlage moralischer Verbindlichkeit nicht geeignet sind; inwiefern sich die inneren Theorie-Spannungen der Kantischen Ethik von Rigorismus und Humanismus nicht aus extremen Vernunfts- und Freiheitskonzepten er-

klären, aus einem Gegensatz von Theoretizismus (Szientismus) und Praktizismus (Anthropozentrismus); wie es kommt, daß die Philosophie der reinen
praktischen Vernunft der Verbesserung durch das Prinzip einer geschichtlichen Standpunkte-Dialektik überhaupt bedarf, wenn doch andererseits gerade Kant den Zusammenhang von Freiheit und *Gesetz* erschlossen haben
soll, und daß nun nicht umgekehrt die Gefahr der Aufopferung der Allgemeinheit an die individuelle Freiheit droht; worin die Logik der moralisch-
praktischen Dialoggeschichte und ihres Fortschritts besteht und worin sie begründet ist; wie sie im Denken der leibhaftigen Individuen begründet sein
soll? Schließt die Einstellung des Egoismus als solche so etwas wie praktisches
Vernünftigsein und praktisch-vernünftige Gemeinsamkeit aus? Bedeutet der
von den Metaethikern geschätzte und angestrebte Dialog als solcher gleichwohl bereits ein Aufgeben der metaethischen Neutralität, insofern er nämlich
auf „Einigkeit" abzielt? *Verlangt* das Bemühen um Gemeinsamkeit, Einigkeit, Frieden, gegenseitige Anerkennung von Freiheitssphären und Toleranz
die Voraussetzung des Bodens einer überempirischen Vernunfts-, Gesin-
nungs- und Dialoggemeinschaft?[19] *Verlangt* das Reden in Ausdrücken wie
„Selbst", „Freiheit", „Produktion", „Gewissen" und „Pflicht" die Verurtei-
lung des „empirischen common sense" und die Annahme eines „apriorischen
background des praktischen Denkens, Sprechens und Handelns" (Vgl.
a. a. O. S. 161, 163 f, 174 f, 189)? Sind dies notwendige Bestimmungen der
entsprechenden Sprach- und Moralphänomene, oder sind es emphatische und
idealistische Deutungen, wenn nicht gar am Ende Überbestimmungen? Kann
Freiheit „begriffen" werden? Kann „erkannt" werden, daß wir als Handelnde in eine vorgängige, überempirische Dialoggeschichte verwoben sind?
Werden Standpunkte bzw. Perspektiven „frei gewählt", wenn sie den Menschen durch die jeweiligen „Arbeits- und Produktionsverhältnisse" „ange-
wiesen" werden? (S. 161, 196, 222). Sind Standpunkte und Perspektiven, sind
Pluralität, Reziprozität und Kontinuität des Standpunktlich-Perspektivi-
schen — alles ganz unzweifelhafte Phänomene — für Freiheit und reine
praktische Vernunft beweiskräftig?

Nachwort

Das Verkünden von Programmen pflegt den Beigeschmack eines Anspruches an sich zu tragen, von dem man weder weiß, ob er jemals eingelöst werden wird, noch ob er überhaupt eine solide Grundlage besitzt. Nicht als Programm, auch nicht einmal als Formulierung eines Desiderats, sondern als bloße Skizze eines erwägenswert erscheinenden Weges sind daher die folgenden Überlegungen zu nehmen, mit denen der Ausblick auf jene transzendentalanthropologische Fundamentalphilosophie, die sich im Zusammenhange der Grundlegungsprobleme der praktischen Philosophie an Stelle des Empirismus anbietet, ein wenig erweitert werden soll.

Wie kann reine praktische Vernunft bewiesen werden?, lautet die Hauptfrage, deren Sinn angesichts ihrer Schwierigkeiten und der immer noch rudimentären Problemlage bereits erfüllt sein dürfte, wenn es gelänge, zugunsten reiner praktischer Vernunft auch nur zu argumentieren. Dies erscheint nun allerdings möglich, und zwar auf die folgenden Weisen: Mit einer Aporetisierung der Gegenposition des Empirismus, mittels einer Analogisierung mit der transzendentalphilosophischen Theorie der Erkenntnis, mit einer gleichsam für sich sprechenden Modell-Konstruktion einer allgemeinen reinen Vernunfttheorie, mit einer kritisch-vergleichenden Analyse der Anwendung der Rationalitätstypen der reinen und der empirischen Vernunft auf die verschiedenen Rationalitätsarten. Nachdem der aporetische Weg bereits mit der „empiristischen Sequenz" durchgegangen wurde, sei nunmehr angedeutet, wie das weitere Vorgehen aussehen könnte.

Die Analogisierung könnte so vollzogen werden, daß das Kantische „Ich denke" als Formel der „ursprünglich-synthetischen Einheit der Apperzeption" durch ein „Ich handle" als Formel des im Lichte der Autonomie-Idee gedeuteten praktischen Selbstbewußtseins ergänzt würde. Wie das „Ich denke" für die Leistung des Ich stände, der Natur als dem Material der gesetzlosen Empfindungen das Gesetz in der Form der Gegenständlichkeit (als *Gegen*ständlichkeit und Gegen*ständlichkeit*) zu geben und sich auf diese Weise aus einem Naturwesen zu einem Vernunftwesen zu transformieren, so wäre das „Ich handle" Ausdruck der vergleichbaren Leistung des doch einen Ich, der Natur als dem Material der gesetzlosen Antriebe das Gesetz in der Form des Anspruches und der Verbindlichkeit aufzuerlegen, um auf diese Weise die mit der Erkenntnis begonnene Selbsttransformation zum Vernunftwesen fortzusetzen. Das Wesen der Vernunft wäre ihr Streben nach Expansion des Gesetzes (der Allgemeinheit und Notwendigkeit) über die Mannigfaltigkeit des Gegebenen, dessen Formen des Auftretens die Art der Gesetzgebung allerdings mitbestimmten. Zeit und Raum als dem Rezeptivitäts-Apriori der Erkenntnis oder der Bestimmbarkeit der Empfindungen zu Vorstellungen des Nacheinander, der Simultaneität, der Dauer und des Nebeneinander (denn nicht diese Vorstellungen selbst sind ja mit dem Raum-Zeit-Apriori der „Transzendentalen Ästhetik" gemeint) würden Formen der Bestimmbarkeit genuin-praxeologischen Charakters entsprechen, Richtungen der Empfänglichkeit der Antriebe, etwa die Disposition nach Glück als Element des Haben-Könnens der Antriebe, das sie parallel zum Verhältnis der „Empfindungen" und „Vorstellungen" zu „Begierden" allererst machte. Den Kategorien als Modi der reinen Apperzeption und Bestimmungsformen des Materials der Empfindungen korrespondierten praktische Prinzipien als Modi der reinen „Appetition", wie die charakteristische, selbst sinnlich-uninteressierte Verichlichung (Vereinheitlichung, Vernunftsunterwerfung) der sinnlichen Begierden heißen könnte, Formen der Bestimmung der Begierden: der Kausalität die Freiheit, der Substanz der intelligible Charakter, der Wechselwirkung der allgemeine Wille, der Notwendigkeit die Nötigung, der Wirklichkeit die intellektuelle Zufriedenheit, der Möglichkeit das Sehnen nach dem allgemeinen Willen und intellektueller Zufriedenheit als Grundlage a priori des Rechts: hier würde sich für das spekulative Konstruktionsvermögen ein ergiebiges Entfaltungsfeld auftun. Daß aber die Strukturabbildung der reinen theoretischen Vernunft und der „Objektivität" als ihrer spezifischen Leistung auf reine praktische Vernunft (jede weniger extreme Analogisierung wäre allzu gewagt) und die Deutung von deren spezifischer Wesensart als „wohlgeordnete Freyheit" (so Kants eigener Ausdruck in der Reflexion 7202)[1] über den Buchstaben der kritischen Hauptwerke hinausginge, müßte sie nicht einmal so sehr beunruhigen, würde doch dafür die Synthese von Freiheit (Autonomie) und Glückseligkeit und deren noch umfassendere Synthese mit dem Prinzip der ursprünglich-synthetischen Einheit der Apperzeption in Sicht gebracht, auf deren Fehlen bei Kant der ethische Empirismus seinen Superioritätsanspruch gegenüber der Ethik der Reinheit mit stützt und zu deren Herstellung Kant auch in der Tat die „Postulate" der praktischen Vernunft sogleich bemühte bzw. zu der er überhaupt nicht gelangt ist.[2] Die Schwäche jeder analogisierenden Theorie reiner praktischer Vernunft wäre allerdings die Voraussetzung, reine theoretische Vernunft als Grundlage und Ausgangspunkt nehmen zu können, als sei nicht auch dieses Vermögen bzw. seine Darstellung in der „Kritik der reinen Vernunft" seit jeher begründeten Fragen und Zweifeln ausgesetzt gewesen. Wie die Aporetisierung des Empirismus in der Ethik, seine Hinausführung auf Expertokratismus als handlungstheoretisches Komplementärstück der Aporetisierung des erkenntnistheoretischen Empirismus in der „Transzendentalen Dialektik" des Kantischen Hauptwerkes (seine Hinausführung bzw. die Hinausführung seines auch der traditionellen metaphysica specialis zugrundeliegenden Objektivismus auf Antinomien), an die Voraussetzung von Freiheit und Gleichheit gebunden ist, so setzt das analogisierende Bemühen um reine praktische Vernunft nichts weniger als die Möglichkeit von so etwas wie Transzendentalphilosophie und insbesondere deren Grundannahme des reinen Selbstbewußtseins voraus. Führen wir uns das Ausmaß dieser Voraussetzung vor Augen, indem wir einige Hauptpunkte aufzählen, die im Vordergrunde der Kant-Kritik stehen oder stehen könnten: 1. das Fehlen einer radikalen Reflexion auf die Möglichkeitsbedingungen der „Kritik" selbst als der Frage nach den Möglichkeitsbedingungen von Erfahrungserkenntnis und spezieller Metaphysik, das Fehlen also einer Philosophie der Philosophie oder eines aus seiner Mitte und der Mitte aller Erkenntnis heraus sich selbst vollkommen durchsichtigen Philosophierens; 2. der Psychologismus-Verdacht als Folge der Aufstellung der „Notwendigkeit", die schon vom Wort her auf nur fühlbare Not oder ein Sich-Genötigt-Fühlen zurückweist, als Kriterium der Apriorität und Reinheit. Wäre dieses Kriterium ein unverbrüchlicher Index der Apriorität bzw. Reinheit, so erübrigte sich ja auch alles „Deduzieren", alles Nachweisen der Legitimität eines vermuteten Apriori; der methodologisch naive Transzendentalismus hätte Recht, der da glaubt, durch Analyse der Erfahrung Transzendentales ermitteln zu können; 3. der Irrationalismus-Einschlag im Zusammenhange der Ding-an-sich-Lehre und die kategorialtheoretische Inkonsequenz insbesondere im Zusammenhange der Lehre von der Affektion; 4. der Dualismus der Erkenntnispfeiler Ding an sich und transzendentales Subjekt als Verbot der Frage nach ihrem gemeinsamen Ursprung oder auch nur nach ihrer Konnexion; 5. die Rätselhaftigkeit des Seins- und Erkenntnismodus des reinen Selbstbewußtseins, der eine Kennzeichnung mittels der Begriffe des Ansichseins und der intellektuellen Anschauung (auch von Äußerungen Kants her) zu verlangen scheint und doch im Unklaren belassen wird; 6. der Dualismus von Sinnlichkeit (Rezeptivität) und Verstand (Spontaneität), der genauso für den philosophischen Systemwillen unbefriedigend wirkt, zumal die Formen der Sinnlichkeit im Gegensatz zu den reinen Verstandesbegriffen lediglich einen Standpunkt des Menschen definieren sollen, so daß die Erkenntniskritik entgegen den erklärten Anforderungen Kants an alle Theorie reiner Vermögen von einem bloßen Faktum, von der Zufälligkeit der menschlichen Natur abhängig wird. Dem entspricht es dann aber auch, daß die Formen der Sinnlichkeit und die Formen des Verstandes als Strukturzüge des transzendentalen Subjekts nicht mit derselben Stringenz erwiesen werden, indem die Ableitung der reinen Formen der Anschauung es lediglich zu einer „Erörterung" bringt. Der Bezug der Sinnlichkeit zum Subjekt als urprünglicher Einheit bleibt ungeklärt, obwohl auch die Sinnlichkeit mit Raum und Zeit Formen der Bestimmbarkeit enthält, also auch eine Hinordnung auf das Bestimmungsvermögen, d. i. eben die ursprünglich-synthetisierende Apperzeption oder das Subjekt; 7. die Nicht-Ableitung der Kategorien, die nur im Prinzip, nicht aber ihrem Inhalt nach auf die ursprünglich-synthetisierende Einheit der Apperzeption zurückgeführt werden; 8. die transzendentale Zufälligkeit des Konkreten oder die Unzulänglichkeit des transzendentalen Subjekts und seiner Einheitsgründe, für die Einheit der wirklichen Objekte bzw. für die Notwendigkeit des tatsächlichen Objektbewußtseins aufzukommen. Warum ist es genau diese Erfahrungswelt, warum sind es gerade diese Objekte, mit denen wir es zu tun haben bzw. die unsere transzendentale Subjektivität tätigt (konstituiert)?; 8. die Aussparung einer ganzen Dimension der Subjektivität mit der Nichtthematisierung der Möglichkeitsbedingungen der Intersubjektivität und ihrer sprachlichen Vermittlung.

Reihen wir aber ebenso einige Schwierigkeiten aneinander, die Kants Ethik hinterlassen hat, damit sich der bezeichnete Ertrag der Analogisierung von Apperzeption und Autonomie auch von der Seite der praktischen Philosophie her gebührend relativiert: 1. Die innere Prinzipienproblematik der reinen praktischen Vernunft. Wie kann die Annahme von Freiheit gerechtfertigt werden? Wie muß der Wille gedacht werden, wenn er den Ansprüchen sowohl der reinen Vernunft wie auch der Sinnlichkeit ausgesetzt ist? Muß der Wille nicht noch als eigenes Vermögen neben der praktischen Vernunft, der das Sittengesetz aufstellenden Vernunft, vorausgesetzt werden? Wäre Freiheit also eine Eigenschaft nicht so sehr der praktischen Vernunft, sondern des Willens? Wären praktische Vernunft als Ursprung des Sittengesetzes, Wille, reiner Wille und empirischer Wille zu unterscheiden? Eine Vierheit praktischer Grundvermögen, die doch allzu geeignet erscheint, die Einheit des praktischen Subjekts aus dem Blick zu bringen. Muß aber nicht der Wille von der praktischen Vernunft unterschieden werden, wenn er auch böser Wille, ein gegen das Sittengesetz der praktischen Vernunft opponierender Wille zu sein vermag? Wie kann der Wille, wenn die Maxime als solche bzw. das Vermögen der Grundsatzbildung bereits seine Vernünftigkeit dokumentiert, in seinen Maximen, als vernünftiger Wille, der Vernunft entgegentreten? Wie vereinbart sich mit dem abstrakten Charakter des Sittengesetzes, diesem formalen Prinzip der Sittlichkeit, das nichts als den Gedanken der Universalität und Universalisierbarkeit, der formalen Tauglichkeit der Maxime zur Vernünftigkeit enthält, die Vielfalt der moralischen Vorschriften? Ermöglichen die weiteren Formeln des Kategorischen Imperativs wirklich seine konkrete Anwendungsfähigkeit, oder wird nicht vielmehr — von gewissen naturmetaphysischen Implikationen der „Naturformel" noch ganz abgesehen — seine Anwendung von Kant mehr der persönlichen Intuition anheimgegeben? 2. Das Verhältnis von reiner praktischer Vernunft und der empirischen Natur des Menschen, speziell das Verhältnis von Sittlichkeit und Sinnlichkeit, Sittlichkeit und Glückseligkeit. Wie ist das Verhältnis des intelligiblen und des phänomenalen Charakters zu denken? Im Sinne eines Eingreifens oder eines gänzlichen Hervorbringens oder vielleicht auch nur einer zusätzlichen, nicht-realen Sinngebung? Bewirkt der intelligible Charakter etwas oder besteht er lediglich in einer bestimmten Art der Gesinnung, in einer bestimmten Geistesart? Wie ist das Verhältnis des intelligiblen Charakters zum freien Willen zu denken? Etwa im Sinne eines intelligiblen Determinismus oder Fatalismus? Kann ich nur so frei handeln, von der Sinnlichkeit und ihren Antrieben frei handeln, wie es meinem intelligiblen Charakter entspricht, der nicht in meiner Gewalt steht? Entspricht es der Einheit des Menschen, wenn Kant die Moralität vom Glücksstreben des Menschen und seiner sinnlichen Natur im Prinzip trennt? Ist nicht das Ergebnis ein Herrschaftsverhältnis von Vernunft und Sinnlichkeit, das alle Schönheit der Seele ausschließt, der wir doch im Leben begegnen? Führt Kant mit den Glückseligkeitstheorien der Moral eine wirklich ernsthafte Auseinandersetzung? Oder polemisiert er nicht nur, indem er einen ungebührlich vereinfachten ethischen Empirismus zur Zielscheibe nimmt, einen Empirismus, der Klugheit und Tugend (Weisheit) nicht zu unterscheiden vermag? Kann die Berücksichtigung der Glücksbedürftigkeit des Menschen im Sinne der „Postulaten"-Lehre als theoretisch-vollwertige Konstruktion anerkannt werden?

Was aber vom analogisierenden Verfahren der Sicherstellung reiner praktischer Vernunft gilt, die Abhängigkeit von der *Voraussetzung* der Reinheit, trifft a fortiori auf den dritten Weg zu, d. i. die allgemeine reine Vernunfttheorie, und zwar zumal dann, wenn man sie etwa nach dem Muster der „Wissenschaftslehre" des Jenaer Fichte anlegen wollte: als ausdifferenzierende kategorialtheoretische Analyse und Dialektik eines theoretisch-praktisch-prädisjunktiven Ich oder vernünftigen Selbstbewußtseins überhaupt, das den Grundwiderspruch seines Wesens von Unendlichkeit (Sich-Setzen) und Endlichkeit (Notwendigkeit des Entgegensetzens eines Nicht-Ich) in endlos-unendlichem theoretischem und praktischem Streben nach totaler Unendlichkeit durch sich selbst für sich selbst aushaltbar macht. Fichte zwar scheint diesen Systementwurf nicht zuletzt auch in der Überzeugung unternommen zu haben, mit einer solchen Ursprungstheorie des Ich der vorphilosophischen Idee der Freiheit im Philosophieren Rechnung zu tragen, es liegt aber auf der Hand, daß mit einem solchen Rekurs das Philosophieren dem persönlichen Glauben überantwortet wird, ein Standort, der wohl zu allen Zeiten den

Vorwurf der Unwissenschaftlichkeit auf sich ziehen dürfte und den man gewiß nur nach peinlichster Prüfung aller sonstigen diskutablen Wege zulassen wird.[3] Daß allerdings die späteren Ich-Theorien bzw. egologischen oder egologisch anhebenden Vernunftstheorien weniger fraglos in Betracht zu ziehen seien als Fichtes Selbstverständigung über den Glauben an menschliches Freiseinkönnen, dies jedenfalls kann kaum behauptet werden. Sie scheinen zwar, wie im Falle der „transzendentalen Phänomenologie" E. Husserls und der „Monadologie" W. Cramers, mit dem Ausgang von Fakten — der Intentionalität bzw. Produktivität des erlebenden Bewußtseins — dem zugleich beschreibenden und deutenden Vorgehen Fichtes überlegen zu sein, doch sind auch diese Konzeptionen belastet mit vielen Bedenklichkeiten.

Husserls Eidetik der Noesis-Noema-Struktur des transzendentalen Subjekts (Ego) lebt aus der dreifachen Vorentscheidung für Eidos, Subjektivität (Egoität) und Transzendentalität und weiß überdies den Eindruck nicht zu verhindern, daß hier transzendentaler Idealismus und Wesenheiten-Platonismus um die Prägung der Theorie auf verwirrend-unentscheidbare Weise konkurrieren.

Cramers Egologie, der (wie ihre Vorlage, die Philosophie R. Hönigswalds) weniger bekannte und gewürdigte Entwurf, rechnet sich den Namen einer „Ursprungsphilosophie", der manchem Zeitgenossen als Schimpfname nur geläufig ist, mit Recht als Ehrennamen an. Sie will in die Struktur des Ich als des Ursprungs alles seinen Erlebens und erlebnisbestimmten Tuns hineinleuchten, hält es zugleich bzw. im Verfolg dieser Analysen aber auch für notwendig, solche Egologie als Theorie der Erlebnis-Produktion und Aktivität des Ich mit einer Monadologie als Theorie auch vorichlicher Erlebnis-Produktion bzw. Aktivität einerseits sowie einer Ontologie und Philosophie des Absoluten andererseits als Theorie der Grundlagen und Beziehungen des Monadischen zu umrahmen.[4] Es ist dies das Leibnizsche Vermittlungsmodell von Subjektivität und Transzendenz, das auf ihre Weise schon Jacobi, Herbart und der spätere Fichte in der Gegenwendung zu Kants transzendentalem Idealismus restaurierten und das hier mit Ergebnissen Husserls und Heideggers bereichert wird. Schier endlos aber ist die Zahl der Fragezeichen, die dieser Entwurf herausfordert. Die Monadologie mutet, wenn sie bereits der Monade als solcher die Fähigkeiten des Für-sich-Seins, des „Sich-Erlebens", des „Sich-Spürens" und des „Deutens" beilegt, wie eine Quasi-Egologie an. Sie gibt Vorichlichem Züge wie Sich-Beziehen und Sich-Äußern, die Reflexionsstruktur bezeugen und gar nicht anders denn als Momente des Denkens bzw. geradezu als Denk-Anteile am Erleben gedacht werden können. Die Ultra-Theorie andererseits unterscheidet den kontingenten und den urhebenden Ursprung, den sie als Prinzip aller Prinzipien, Bestimmendes aller Bestimmtheit und „insofern" als die „Bestimmtheit-selbst", Selbstbestimmung, absolute Freiheit und Schöpfer deutet. Sieht man nun aber selbst von allem Nicht-Nachvollziehbaren und Spekulativ-Gewagten ab, das der Charakterisierung des Vorichlichen und Überichlichen anhaftet: die Egologie als solche, die doch am ehesten noch Halt an Zugänglichem finden müßte, gibt zu den allergrößten Bedenken Veranlassung. Sie nämlich verbindet mit der Erlebnis-Produktions-Theorie als Theorie nicht zuletzt auch der „Transzendenzproduktion" des Ich, die selbst den Sinneseindruck als Produkt zu erklären versteht, die These, den „Dingen", deren Wissen und ganzes Wesen gemäß monadisch-ichhaften Strukturgesetzen produziert werde, entspreche im Prinzip oder in grundsätzlicher Möglichkeit gleichgeartetes Ansichseiendes, Wahrhaft-Transzendentes; die Beschaffenheit des Gegenstandes der äußeren Erfahrung sei „zwar erzeugt, aber rezeptiv gegeben" (Theorie des Geistes, Nr. 77). Dabei jedoch argumentiert sie, sofern sie überhaupt in diesem Kontext Gründe beibringt, ihren wiederholten und nachdrücklichen Versicherungen entgegen mit nichts anderem als dem bloßen Faktum, daß wir im Selbstwissen uns und im sonstigen Wissen auch noch vieles andere „außer" uns, wie es an sich ist mitzuwissen *meinen*. Als sei es nicht gerade die Problematisierung dieses Faktums (dieses Ansichseins, dieses Meinens), die mit und seit Kant den Kern der transzendentalen Frageweise zu bilden habe. Als genüge es, die Tätigung des Für-Transzendent-Gehaltenen aufzuweisen, um den Titel „Transzendentalphilosophie" für solche Ich-Analyse beanspruchen zu dürfen. Als sei das Für-Transzendent-Gehaltene nicht vom Als-Transzendent-Gewußten zu unterscheiden. Als sei die Aufgabe, die Rationalität (Wahrheit, Gültigkeit) solcher Transzendenz- und Wissensproduktion zu sichern, bereits mit dem Aufweis von Strukturgesetzen des zeithaft erlebenden und auch Tanszendenz erlebenden Ich erfüllt. Als sei Transzendentalphilosophie nichts weiter als Erlebnis- und Denkpsychologie, deren Überbaubarkeit durch Ontologie, Kosmologie und spekulative Theologie allerdings kein Problem darstellt.

Für eine sich als Transzendentalphilosophie mißverstehende Theorie der Seele hat solches Weiterphilosophieren indessen rückwirkende Folgen. Denn ist erst einmal die Transzendenz-Produktion als transzendent-wahr vorweg beglaubigt, so kann es gar nicht ausbleiben, daß auch Welt, Zeit und Raum und der den Monaden eigene Organismus den Status transzendenter Prinzipien gewinnen, daß zwei Ordnungen (O1 und O2) unterschieden werden und die Erkenntnistheorie auf dem Begriff der „Deutung" aufgebaut wird, auf den Begriffen des „Deutens auf …" und des „Deutens als …", deren Anwendbarkeit ja in der Tat das Vorliegen von Zeichen, Signalen, Buchstaben, Hieroglyphen, Spuren, Indices und damit das Vorhandensein einer zweiten

Ordnung als Zusammenhang von bereits Geordnetem voraussetzt. Nun heißt Erkennen, im Buch („Kontext") der Welt und der Schöpfung zu lesen, der Sache nach also nichts anderes, als das eigene Dasein und die Mannigfaltigkeit der Erscheinungen unter den Aspekten von Gehalt, Sinn und Bestimmung (Determination wie Destination) zur Eindeutigkeit zu bringen: das Undeutliche „Ein-deuten" (Cramer): der Psychologismus involviert über den theologischen Ontologismus den erkenntnistheoretischen Hermeneutismus. Erkennen wird Interpretieren, Erkenntnis als „bestimmender" Abschluß und Überwindung des bloßen Interpretierens (des Deutens) erscheint doch auch nur in der Terminologie der Interpretation faßbar („Ein-deuten").[5] Wie aber die Frage nach den Möglichkeitsbedingungen der Erkenntnis, auf die Kant mit der transzendentalidealistischen Identitätslehre antwortete, mit der Frage nach den Grundlagen des Erkenntnislebens verwechselt und allen besonders in der „Theorie des Geistes" danach klingenden Formulierungen und auch der gerade so lautenden Kant-Kritik Cramers zum Trotz (vgl. a. a. O. Nr. 67) im Grunde also gar nicht gestellt wird, so unterbleibt auch die authentische Frage nach den transzendentalen Möglichkeitsbedingungen des Handelns, die Frage nämlich nach den Rationalitätsprinzipien des praktischwerdenden Ich: Wie kann geistige Produktion Natur verändern und auf ihre allereigenste Weise, die eine Reduktion aufs Erkennen ausschließt, Richtigkeits- und Gültigkeitsprinzipien durchsetzen? Auch so wird nicht gefragt. Es wird vielmehr wieder nur ein Geschehen thematisiert (auch wieder entgegen allen ausdrücklichen Versicherungen und Abgrenzungen). Wie zunächst vom Erlebnisgeschehen und speziell vom Erkenntnisleben, so wird jetzt vom Trieb oder der Nötigung zur Selbsterhaltung ausgegangen, angefangen bei der Ursorge ums tägliche Brot, dem aktiven „Streben" nach den Subsistenzmitteln, das der Monade als solcher bereits notwendig sein soll. Die Monade als Energie verbrauchende Realität soll im Ursprung „Aktivität", das Ich aber begreifendes Bewußtsein der Aktivität sein und *als solches*, als zu Begriffen und damit gedanklichen Übergriffen fähig, die Freiheit der Entscheidung besitzen: ein Physizismus, Naturalismus und Passivismus im terminologischen Gewande der transzendentalen Philosophie der Freiheit, der mit dem Psychologismus, Ontologismus und Hermeneutismus der Fundamental-Egologie trefflich zusammenstimmt.

Gegenüber der Egologie W. Cramers, dem in der Gegenwart ungeachtet aller (hier einseitig herausgezogenen) Fraglichkeiten überragenden Beispiel dieser Richtung bzw. gegenüber ihrem „proton pseudos", das Ich vermöge als für sich Ansichbestimmtes und also um Ansichbestimmtheit Wissendes auch von anderem Ansichbestimmtem Wissen zu gewinnen, legen sich zumindest die folgenden Fragen nahe: Wie soll sich anderes für das Ich, für das Wissen des

Ich, darstellen, wenn nicht gemäß den Wissenskategorien des Ich, eines Ich, das doch nicht von sich behaupten wird, alles andere oder auch nur ein anderes sei mit Notwendigkeit so, wie es selbst sei, etwa ein Subjekt von Gedanken bzw. ein Etwas mit Qualitäten, ein in sich dem Ich ein Nicht-Ich Entgegensetzendes bzw. ein in dieser Art ungleichgewichtiger oder auch ein gleichgewichtiger Wechselbedingungszusammenhang? Wenn die Aufgabe der Transzendentalphilosophie darin besteht, „Kategorien der Subjektivität" zu erforschen, muß dieser Ausdruck nicht zuerst als genitivus subiectivus und dann erst als genitivus obiectivus gelesen werden? Und scheint es auch noch so unleugbar, daß sich von seiner eigenen existentiellen Angewiesenheit und Bedürftigkeit her dem Ich zumindest die Existenz von anderem bekunde, ist diese Folgerung wirklich zwingend? Könnte ihr nicht eine Verwechselung der „Endlichkeit" im Sinne von Unvollkommenheit und des Bewußtseins solcher Unvollkommenheit mit „Endlichkeit" im Sinne des räumlichen Bildes der Begrenztheit zugrundeliegen, das in der Tat ein Trans der Grenze hinzuzudenken verlangt? Muß also nicht über den allgemeinen Gedanken der Unvollkommenheit hinaus auf ein Gegebenes, Faktisches rekurriert werden können, wie es im Falle der Mitsubjekte ja auch möglich ist, um dem Bild der Grenze überhaupt eine ausweisbare Anwendungsfähigkeit zu verschaffen? Sollen die über Angewiesenheit und Bedürftigkeit des Ich, über Transzendenz und Kontingenz Philosophierenden angesichts dieser Ambiguität der „Endlichkeit" nicht eingestehen, daß sie ein Bild gebrauchen, einer Vorstellungsweise vertrauen, eine Begrifflichkeit benutzen, für die sie sich aus einem vorphilosophischen Glauben heraus entschieden haben? Sollten sie nicht von vornherein zugeben oder es sich wenigstens bewußt machen, daß ihr Philosophieren, wie schon Descartes' Meditationen, *zwei Anfänge* kennt: einen ersten Anfang mit einer Analyse des Ego bzw. der Freiheit der Monade und den absoluten Anfang mit der Idee des allgründenden Transzendenten? Und sollte nicht auch dieser absolute Anfang selbst zugleich der erste Anfang sein, damit nicht der Eindruck entsteht, er sei erschlossen worden?[6]
Gegenüber Fichte und Cramer, den überhaupt überragenden Egologen, aber könnte gefragt werden: Was wirklich enthält das Ich-Bewußtsein in phänomenologisch-sorgfältiger und vorsätzlich-deutungsfreier Analyse? Enthält es nicht lediglich so etwas wie den Selbstbezug als Sich-auf-sich-Beziehen, paradoxe Identität von Identität und Differenz, ein schlichtes Sich-Setzen oder Setzen des Sich-Setzens, vielleicht auch ein Sich-Setzen-als-Sich-Setzen? Sind am Ich-Bewußtsein als solchem also nicht lediglich die Prinzipien des Setzens und des Entgegensetzens (des Habens und der Habe, der Identität und der Differenz), nicht aber auch schon der Gedanke des Nicht-Ich bzw. das Prinzip der Nicht-Ich-Setzung aufzuweisen, so wahr das Prinzip

des „Nicht" bzw. des „Gegen" durch die Struktur und Wirklichkeit des reinen Ich bereits gesättigt wird? Beruht also nicht der Gedanke des Nicht-Ich und das Prinzip der Nicht-Ich-Setzung, aus der Sicht der bloßen Ich-Phänomenologie, auf einer *Anwendung* des „Nicht" bzw. des „Gegen" und damit auf Erfahrungen, von denen immer gesagt werden kann, daß wir nur glauben, sie zu machen? Und verhält es sich nicht auch mit diesem Glauben so, daß selbst er, der die Fähigkeit zu Wahrheit und Irrtum voraussetzt, doch darum keineswegs den Transzendenzgedanken oder auch nur den Nicht-Ich-Gedanken aufzwingt, weil ja durchaus auch dafür, für die Möglichkeit solchen geltungsdifferenten Glaubenkönnens, die Ich-Urdifferenz von Sich-Setzen und Entgegensetzen und das zufolge des verklammernden Prius des Sich-Setzens (der Identität) entfachte *Streben* nach immer reinerem Sich-Setzen (reinerer Reinheit) aufkommen könnte? Die Erkenntnisdifferenz „Wahr-Falsch" wie auch die Handlungsdifferenz „Gelingend-Scheiternd", die Möglichkeit von wahren Gedanken und die Möglichkeit erfolgreichen Handelns, würden sich in diesem Falle aus der ursprünglichen Identität des Sich-Setzens und dem Streben nach fortwährender Annäherung des Entgegensetzens an solches Sich-Setzen als spezielle Formen der innerichlichen Urrelation und Urdynamik erklären, aus solchen Spezifizierungen aber auch, die aus der eigentümlichen theoretisch-praktisch-prädisjunktiven Natur des Ich allein ihrerseits abgeleitet werden könnten (als Aspekte des *Strebens* in Anwendung des Prinzips der Entgegensetzung auf das Setzen selbst). So wie das Ich faktisch existiert, hat es allerdings Veranlassung genug, das Prinzip (seine Setzungsart) der Entgegensetzung oder des „Nicht" mit allen Folgeprinzipien wie Streben, Wahrheit und Tat (Erfolg) auch über sich hinausgehend anzuwenden. Diese Anwendung indessen, die es sich faktisch gestattet, stellt die Reflexion als notwendige Grundform der strebenden Verichlichung (und selbst damit auch schon aus dem theoretisch-praktischen Doppelaspekt des Ich heraus zu Denkendes) vor die Frage nach den Bedingungen der Möglichkeit solchen Hinausgehens und solcher Anwendung. So etwas wie Transzendentalphilosophie wird notwendig, aus dem Reflexionswesen und also aus der Selbstbedürftigkeit und dem Ichstreben des Ich heraus, die das nichtichliche Andere (mit der einen Ausnahme des anderen Ich), um es in seiner Struktur und vielleicht sogar auch in seinem Dasein gültig setzen zu können, als ichliches Nichtich setzt.

Ob sich aus dieser Bindung der Möglichkeit des Nicht-Ich-Wissens an die Identität seiner Möglichkeitsbedingungen mit den Möglichkeitsbedingungen des Nicht-Ich; ob sich aus solchem „transzendentalem Idealismus" (sei er nun vollständig oder nur partiell) eine Grenzbestimmung des weiteren wissenschaftlichen Philosophierens ableiten läßt, wie es Kant mit seiner Einschränkung auf das bloße Analysieren ichimmanenter Möglichkeitsbedingungen des Nicht-Ich-Wissens annahm, dies erscheint auch abgesehen von der theoretizistischen Reduktion des transzendentalen Idealismus auf eine Wissenslehre statt seiner Konzeption als Theorie des Setzens, die auch der praktischen Philosophie Wissenschaftlichkeit zugestehen könnte, allerdings fraglich. Denn soviel dürfte in jedem Falle, auch in dem des vollständigen transzendentalen Idealismus, immerhin des Fragens wert und damit Sache der Philosophie sein: die Grundlagen des Ichwesens, die Grundlagen des intersubjektiven Verhältnisses und die Prinzipien des Zusammenhanges des Ich-Gewirkten, des im Erkennen und Handeln von ihm Getätigten, mit dem (im konstitutionstheoretischen Sinne) nicht-ichlichen Nichtich, das die beiden ersten Fragen zu denken aufgeben. Die Philosophie, will sie überhaupt ihren aus dem Wesen des Ich selbst ergehenden Auftrag der Prinzipienforschung als theoretischer Vollendung des Sich-für-Sich-Setzens des Ich gewissenhaft wahrnehmen, kann sich der Aufgabe nicht entziehen, diese Fragen in präziser Weise zu formulieren und Modelle ihrer möglichen Bearbeitung und Beantwortung zu entwerfen. Die Nachprüfung, ob nur eines dieser transzendenzmetaphysischen (nicht: transzendent-metaphysischen) Modelle auch nur eine Spur Wahrheit birgt, muß ihr allerdings versagt sein, wenn anders es richtig bleiben soll, daß die Möglichkeitsbedingungen des Nicht-Ich-*Wissens* zugleich (die) Möglichkeitsbedingungen des Nicht-Ich sind.

Wäre der am ehesten geeignete Weg der Grundlegung der praktischen Philosophie aus allgemeiner Vernunfttheorie, so wird man angesichts all dieses Prekären einer Ursprungstheorie des handelnden Subjekts fragen, denn also der kritische Vergleich der Rationalitätstypen bzw. -typologien der Empirie und der Reinheit im Hinblick auf ihre Bewährung an den Rationalitätsarten? Er wäre, wie sich versteht, insbesondere an den Rationalitätsarten Urteil, Befehl und Frage durchzuführen. Speziell die Urteilsanalyse aber, die sich mit Existenz- und Beschreibungsbehauptungen, mit Tunlichkeits-, Nützlichkeits- und Moralaussagen zu beschäftigen hätte, würde sogleich auch ihrerseits auf das grundlegende Problem der Erkenntnis bzw. Wahrheit geführt werden und in diesem Betracht mindestens vier Auffassungen erörtern müssen, denen ebensoviele Auffassungen des praktischen Urteils entsprächen: 1. die naiv-realistische Auffassung, die extreme Korrespondenztheorie, der als Kriterium der Urteilsrationalität die Wahrnehmung genügt; das wahre Urteil gilt ihr als Artikulation von Wahrnehmungen, 2. die extreme pragmatistisch-behavioristisch-konventionalistische Auffassung, die uneingeschränkte Gebrauchstheorie der Bedeutung und Konsensustheorie der Wahrheit; für sie ist Kriterium der Urteilsrationalität die sprachkonforme Korrektheit, 3. eine Mischung dieser beiden Auffassungen, die den Korrespondenzgedanken und die Relativität der Bedeutung zusammenbringen möchte, 4. die transzendentalphilosophische Konstitutionstheorie, gleichsam eine internalisierte Korrespondenzauffassung (eine *Konvergenz*auffassung), die das Urteil als Synthesis von Bedeutungen gemäß subjekteigener und subjektsursprünglicher Notwendigkeit deutet, darüber hinaus aber auch als Kriterium seiner Rationalität sensuelle Inhaltserfülltheit (die Empfindung bzw. ihr Substrat als Realitätsanzeiger) zuzulassen vermag. Diese Auffassung — sie könnte sogar der Subjektsursprünglichkeit der Wahrheit wegen sowohl der Gebrauchstheorie wie der Konsensustheorie ein relatives Recht zugestehen, beide in sich aufheben — würde für den Bereich des Sprachhandelns einen Primat der Illokution bzw. der Performanz über die Proposition nahelegen und aus der Sicht der Theorie des Sprachhandelns bzw. in deren Terminologie denn auch geradezu die Bezeichnung „transzendentale Performationstheorie" erlauben.

Die zugehörigen Auffassungen des praktischen Urteils aber wären die folgenden: 1. die Deutung des Praktisch-Normativen, wie es im praktischen Urteil intendiert wird, als Lebensbewältigungsform (Naturalismus); 2. die Reduktion des praktischen Philosophierens auf Sprachanalyse, z. B. auf Metaethik (Linguismus); 3. ein verworrenes Mixtum aus Metatheorie und normativer Theorie; 4. die Deutung des Praktisch-Normativen als höherer (auch in sich wohl wieder gestufter) Modus der Selbstkonstitution des Subjekts (transzendentale Praxeologie).

Fügen wir wenigstens die möglichen Ergebnisse einer Ausdehnung dieser Betrachtungsweise auf die Problematik der Befehle hinzu, so ergibt sich die folgende Übersicht:

Theoretisches Urteil	*Praktisches Urteil*	*Befehl*
Naive Korrespondenztheorie	Naturalismus	Keine Anerkennung eigener Rationalität: Dezisionismus, Autoritarismus, Natur „recht" des Stärkeren
Konsensustheorie	Linguismus	Soziologischer Institutionalismus (eine Mischung von Naturalismus und Konventionalismus): Normierung des Befehls aus dem Way of Life
Mischform	Mischform	Sonstige Mischformen

Theoretisches Urteil	Praktisches Urteil	Befehl
Transzendentalphilosophie i. e. S. (Egologie der Erkenntnis)	Transzendentale Praxeologie (Egologie der Handlung)	Transzendentale Praxeologie (Ein Teilgebiet der Egologie der äußeren Freiheit als eines Teilgebietes der Egologie der Handlung; der Befehl als Rechtsfigur: Normierung des Befehls aus der Idee der bürgerlichen Gesellschaft

Ob ein durchgeführter kritischer Vergleich der Anwendung der Rationalitätstypen bzw. -typologien auf die Rationalitätsarten für das Problem der Annehmbarkeit reiner praktischer Vernunft, ja überhaupt der reinen Vernunft, Bedeutung zu gewinnen vermag, kann einer solchen skizzenhaften und schematischen Vorüberlegung nicht entnommen werden. Soviel jedoch dürfte sich gleichwohl bereits daran zeigen: Vorwürfe wie die der Simplifizierung, Asymmetrie und Inhomogenität sollte die Transzendentalphilosophie jedenfalls nicht in größerem Maße als der Empirismus auf sich ziehen. Und die Auseinandersetzung der Idee der reinen theoretischen und praktischen Vernunft mit dem Empirismus sollte weitergeführt werden.

Anmerkungen

Anmerkung zum Vorwort

1 Zu den Bemühungen Kants, auch der praktischen Philosophie die Sicherheit a priori demonstrierter Wissenschaftlichkeit zu verschaffen, und zum Nachhall dieser Bemühungen in seinem schließlichen Verständnis des für alle praktische Philosophie grundlegenden „Sittengesetzes" als „Faktum der reinen Vernunft" s. die problemanalytisch-historischen Untersuchungen von Dieter Henrich: Der Begriff der sittlichen Einsicht und Kants Lehre vom Faktum der Vernunft, in: G. Prauss (Hrsg.), Kant. Zur Deutung seiner Theorie von Erkennen und Handeln, 1973, S. 223—254; Die Deduktion des Sittengesetzes. Über die Gründe der Dunkelheit des letzten Abschnittes von Kants ‚Grundlegung zur Metaphysik der Sitten', in: A. Schwan (Hrsg.), Denken im Schatten des Nihilismus. Festschrift für Wilhelm Weischedel, 1975, S. 55—112.

Anmerkungen zu 1

1 Zitation nach der Ausgabe der „Philosophischen Bibliothek", Bd. 33, S. 51.

2 Zu weiterer Orientierung s. Helmut Fahrenbach, Ein programmatischer Aufriß der Problemlage und systematischen Ansatzmöglichkeiten praktischer Philosophie, in: M. Riedel (Hrsg.), Rehabilitierung der praktischen Philosophie, Bd. I, 1972, S. 15—56. Fahrenbach entwirft das Ideal einer Praxeologie, die aus der Idee des Menschen als des zu Freiheit, Verantwortung, Kommunikation und Solidarität bestimmten Wesens alle aktuellen Wissenschaften des Menschen in sich vermitteln und fundieren würde. Die Wissenschaft, welche die „Bestimmung des Menschen" selbst zu thematisieren hätte und die man sich kaum anders denn als *transzendentale* Theorie wird denken können (als Theorie der subjektseigenen und subjektsursprünglichen Möglichkeitsbedingungen des Handelnkönnens, als Theorie reiner praktischer Vernunft), diese Wissenschaft nimmt im Fahrenbach'schen Entwurf allerdings keinen erkennbaren Platz ein.

Anmerkungen zu 2

1 Zum Begriff der Aufklärung: Geht man vom Wort aus, wie es seit der Mitte des 18. Jahrhunderts im Deutschen verbreitet ist, so fällt zunächst auf, daß es sich bei diesem Wort um ein Bild handelt, damit aber um einen unscharfen, der Position, die doch „aufhellen" will, nicht ganz angemessenen Titel. Eine Position, die aufklären will, so könnte man das Wort geradezu gegen sich selbst ausspielen, sollte nicht im Bilde der Aufklärung bezeichnet werden. Versucht man eine Ausdeutung des Bildes, so gehören zur Aufklärung mindestens die folgenden Faktoren: 1. eine Dunkelheit oder auch ein Halbdunkel, 2. ein Licht, 3. ein Lichtträger, ein Subjekt, ein Täter, der aufklärt („Aufklären" ist im Gegensatz zum „Aufklaren" des Wetters transitiv). Charakteristisch für Begriff und Standpunkt der Aufklärung ist nun die Paradoxie, daß alle drei Faktoren in einer Größe zusammenfallen, identisch sind. Diese Paradoxie schlägt sich auch in paradoxen Formulierungen der Aufklärungsphilosophie nieder, etwa im Hobbes'schen „homo homini deus — homo homini lupus" oder in der berühmten Antwort Kants auf die Frage, was Aufklärung sei: „Aufklärung ist der Ausgang des Menschen aus seiner selbstverschuldeten Unmündigkeit". Die Unmündigkeit

wird nicht aufgehoben, aus ihr wird nicht herausgeführt, sondern ebender Unmündige, der sich (schuldhaft) darin begeben hat, befreit sich auch von ihr. Aufklärung wäre also nicht so sehr Belehrung oder Information über die Welt, sondern Reflexion, habituelle Reflektiertheit. Aufklärung wäre ein Standpunkt des Insichgehens, ein Philosophieren im Blick auf den Menschen selbst. Aufklärung wäre nicht naive Weltzugewandtheit, keine frühe und natürliche Einstellung, sondern eine spätere und künstliche. Sie setzte eine Einstellungsänderung, ein Sichumstellen von der Weltverlorenheit zum Selbstbezug voraus. Darauf ginge das Interesse der Aufklärung: auf Selbstfindung, Selbstvergewisserung, Selbstbestimmung. Das Selbst also müßte als problematisch, prekär, bedroht, im Verlust begriffen oder weitgehend bereits verloren diagnostiziert sein, mit einem Wort: als unfrei. Aufklärung wäre im Gegenzug zu solchem Selbstverlust der Versuch des Menschen, Herr seiner selbst zu sein. Aufklärung wäre Negation der Selbstverlorenheit und als solche Negation der Selbstnegation Affirmation der Selbstheit. Aufklärung wäre ein Philosophieren, das sich leiten ließe vom Interesse an menschlicher Selbstbefreiung im Theoretischen und Praktischen. Dem Aufklärungsstandpunkt würde die Überzeugung zugrundeliegen, der Mensch sei nicht mehr oder noch nicht Herr seiner selbst, er sollte und könne dies aber sein. Aufklärung würde die Möglichkeit des Selbstbesitzes des Menschen voraussetzen und die Bedingungen der Möglichkeit solcher Selbstaneignung und solchen Selbstbesitzes aufweisen wollen. „Aufklärung" rechnet also mit immanenten Gegenkräften des Menschen, mit seiner Unmenschlichkeit, aber auch mit der Kraft der Selbstdurchsetzung als dem Vermögen selbstgestaltender Sichvermenschlichung. Worin die Unmenschlichkeit (Entfremdung) gesehen wird, und wie die Selbstaneignung gedacht wird, darin unterscheiden sich allerdings die Aufklärungsphilosophien, und zwar so sehr, daß eine Aufklärungsphilosophie selbst wieder als Verlust, Wesensverstellung des Menschen erscheinen kann, einer anderen Aufklärungsphilosophie so erscheint. Die eine Aufklärung (die der Vorsokratiker) kämpft gegen den Mythos im Namen des Logos. Eine andere (die der Neuzeit) kämpft auf theoretischem Gebiet gegen okkulte Qualitäten, Dogmatismus der Theologie und Philosophie im Zeichen der geometrischen Methode und der mathematischen Naturwissenschaft, auf praktischem Gebiet gegen Autoritarismus, Privilegien, Repression, Intoleranz und Nationalismus im Namen der Menschenrechte und des Fortschritts. Wieder eine andere Aufklärung kämpft gegen den Verlust des gesellschaftlichen Wesens des Menschen unter Berufung auf die Gesetzmäßigkeit der Geschichte. So kann es auch zu ihrer Distanzierung von der Epoche der „Aufklärung" kommen, wenn Engels schreibt, sie sei der vorletzte Schritt zur Selbsterkenntnis und Selbstbefreiung der Menschheit gewesen, der aber als der vorletzte darum noch einseitig im Widerspruch stecken blieb (die Philosophie der Epoche der Aufklärung war bloße Philosophie, Reflex des gesellschaftlichen Prozesses im Medium des Denkens als einem Medium der Entfremdung vom gesellschaftlich-materiellen Wesen des Menschen, und sie war Ausdruck einer bloß politischen Emanzipation, einer im Medium der Entfremdung verbleibenden Auflehnung gegen die Entfremdung). Vgl. W. Oelmüller, Was ist heute Aufklärung?, 1972; Marx-Engels-Werke, Bd. 1, S. 550.

2 Daß wir es für unmöglich halten, auch Hegel noch der Geschichte einer Aufklärung über Autonomie zuzuordnen, hat seinen Grund im Hegelschen Universalis-

mus. Diese Voraussetzung seines Philosophierens kommt in den bekannten Sätzen der „Vorrede" zur „Rechtsphilosophie" bzw. zur „Phänomenologie des Geistes" zum Ausdruck: „Was vernünftig ist, das ist wirklich, und was wirklich ist, das ist vernünftig". Und: „Das Wahre ist das Ganze. Das Ganze aber ist nur das durch seine Entwicklung sich vollendende Wesen." Denn diese Sätze besagen: Hegels Philosophieren stellt sich in den Standpunkt des Ganzen, des Absoluten. Das Ganze aber wird von Hegel gedacht als Vernunft, die sich auf ihre Vollendung hin entwickelt, was bedeutet: die sich zur absoluten Einheit von Substanz und Subjekt, Ansichsein und Fürsichsein, zu einem absoluten Sichwissen in der Philosophie hin entwickelt. Gegenstände wie Recht, Staat und Moral müssen sich in dieser universalsystematischen Perspektive als Manifestationen des Prozesses darstellen, den das Absolute (die Vernunft, die Idee, der Geist) mit dem Ziel absoluten Sichwissens durchläuft. Im absoluten Sichwissen oder Beisichselbstsein aber, das nichts Fremdes und Andersartiges mehr außer oder neben sich weiß, besteht für Hegel auch das, was „Freiheit" genannt werden kann. Recht, Moralität und Sittlichkeit wären also zugleich Manifestationen des Sich-zu-sich-selbst-Befreiens der Vernunft: das Recht als „Dasein der Freiheit in einer äußerlichen Sache" (Eigentum), die Moralität als Dasein der Freiheit in der Gesinnung (Innen- und Selbstbestimmung, Gewissen), die Sittlichkeit als Vermittlung von objektiver und subjektiver Freiheit (Familie, bürgerliche Gesellschaft, Staat).

Für die individualistischen und liberalistischen Lehren vom Staat als Menschenwerk hat Hegel von dieser seiner Auffassung des Staates als der Versöhnung des Substantiell-Allgemeinen und des Subjektiven her nur Kritik übrig. Zu den Lehren vom Naturzustand und staatsbegründenden Vertrag bemerkt er („Enzyklopädie", § 502), diesen Konstruktionen liege die falsche Auffassung zugrunde, nach welcher der Staat „eine Beschränkung der Freiheit und eine Aufopferung natürlicher Rechte" bedeute, während in Wahrheit Freiheit wie Recht nur unter der Bedingung des Staates denkmöglich sei. Auch Rousseaus Prinzip der „volonté générale", dieses scheinbar universelle Prinzip, habe den Staat noch nicht auf die Grundlage des „an und für sich Vernünftigen" der Einheit von objektivem und subjektivem Willen gestellt. Vielmehr habe auch Rousseau den gemeinsamen Willen nur als das Gemeinschaftliche des individuellen Wollens verstanden. Auch Rousseau habe atomistisch und partikularistisch gedacht und die wahre Idee des Staates verfehlt, die Idee des Staates als „substantielle(r) Sittlichkeit, mit welcher die Freiheit des für sich seienden Selbstbewußtseins identisch ist" („Rechtsphilosophie", § 258, „Enzyklopädie", § 552). Über den Gedanken der Volkssouveränität heißt es, er gehöre „zu den verworrenen Gedanken, denen die *wüste* Vorstellung des *Volkes* zugrundeliegt" („Rechtsphilosophie", § 279). Was aber schließlich Kants (und Fichtes) Grundlegung der Staatslehre aus reiner praktischer Vernunft bzw. dem Kategorischen Imperativ angeht, so fällt sie unter Hegels Kritik, sie beginne mit einer „Idee", einer reinen Vernunftbestimmung, bringe es aber durch die Deutung der Idee als bloßes „Sollen" zu keinem wahrhaften Begreifen von Recht und Staat, zu keiner Einsicht in das, was ist, das Wirkliche. Statt die wahre Wirklichkeit in ihrer Vernünftigkeit zu begreifen, wie es die Aufgabe der Philosophie sei, setze sie nur dem, was sie für das Wirkliche halte, ein Ideal entgegen („Enzyklopädie", § 53, 54, 60).

3 Es handelt sich bei der Reihung Hobbes-Locke-Rousseau-Kant nicht um eine Auswahl. *Spinozas* „Ethik" kann nicht Aufklärung über Autonomie sein, weil sie in ihren grundlegenden Teilen gar nicht auf den Menschen, sondern auf die eine allbegründende Substanz „Deus sive Natura" bezogen ist. Wie die Menschen denken und wirken, dies ist durch die immanente Notwendigkeit der göttlichen Natur bestimmt, durch die Ordnung und Konnexion der Dinge und durch die Ordnung und Konnexion der Ideen. Was wir sind, wie wir denken und handeln, ergibt sich mit geometrischer Notwendigkeit aus unserer Stellung innerhalb der „natura naturata". Das Freiheitsbewußtsein ist Illusion und erklärt sich aus unserer Unwissenheit, aus der Nichterkenntnis der uns determinierenden Ursachen, die wir uns auf diese Weise beschönigen. Moralisches Handeln, so scheint es, muß für eine solche Position in Fatalismus, Ergebenheit und allenfalls Toleranz aufgehen. In Wirklichkeit allerdings ist Spinozas Ethik komplexer. Neben dem Ideal fatalistischer Ergebenheit und milder Toleranz findet sich in ihr eine Art Gegentendenz, eine Art Voluntarismus, ein Ideal der entschlossenen Selbst- und Machtbetätigung. Und zwar sind es zwei zusätzliche ontologische Thesen, die diese Erweiterung nach sich ziehen: der allgemeinontologische Satz: „Jedes Ding strebt, soviel an ihm ist, in seinem Sein zu beharren" und die Annahme der Anthropo-Ontologie von „Affekten" und der Möglichkeit der Überwindung von Affekten durch andere, stärkere Affekte. Aus diesen zusätzlichen Thesen ergibt sich die i.e.S. ethische Folgerung: moralisches Handeln bestehe in einem Leben oder Sich-im-Sein-Erhalten nach der Maßgabe vernünftiger Nutzenserwägung. Der Mensch strebt, wie jedes Seiende, nach Selbsterhaltung, und er vermag sich zu erhalten, indem er mit Hilfe seiner Erkenntniskraft gegen die verderblichen Affekte das für ihn von Natur aus Gute (Nützliche) realisiert. Es steht allerdings nicht zu erwarten, und die Erfahrung bestätigt diese Vermutung, daß jemals alle Menschen von sich aus („freiwillig") nach der Vernunft leben werden, so wenig auch damit zu rechnen ist, daß ein vernunftgemäß lebender Mensch zu jeder Zeit nur der Erkenntnis des Natur- und Ordnungsgemäßen folgen wird. Und so wird auch Spinoza auf die Unterscheidung von „Naturzustand" und „Staat" geführt. Affektive Vernunftverwirklichung gegenüber dem Ansturm der Affekte setzt gesellschaftlich-verabredeten und gesellschaftlich-wirksamen Zwang voraus. Angst vor eigenem Schaden muß einen davon zurückhalten, anderen zu schaden. Selbst eine Willkürherrschaft wäre nach Spinoza (wie nach Hobbes) immer noch vorteilhafter als politische Herrschaftslosigkeit. Größten Nutzen wird den Menschen allerdings die Demokratie bringen. Sind ohnehin widersinnige, naturwidrige, schädliche Gesetze kaum zu befürchten, weil die Machthabenden erkennen werden, daß liberales Regieren in ihrem eigensten Interesse liegt, so wird es nachgerade ausgeschlossen sein, daß der demokratische Staat auf solche Widersinnigkeiten verfällt. Denn es ist höchst unwahrscheinlich, daß die Mehrheit einer großen Versammlung sich auf Widersinniges, ja Vernunftwidriges, einigen wird.
Sieht man allein auf die Bestimmung von Staatsursprung und Staatszweck, so scheint Spinoza weitgehend die praktisch-politische Philosophie von Hobbes zu reproduzieren. Zweck des Staates ist auch nach ihm die „Freiheit" der Menschen, nicht die Herrschaft über Menschen. Die Herrschaft gilt ihm nur als Mittel, die einzelnen von gegenseitiger Furcht zu befreien, damit sie in Sicherheit leben und ihr natürliches Recht zu sein und zu wirken ohne Schaden für sich

und andere wahrnehmen können. In Wahrheit aber steht Spinoza mit seinem praktisch-politischen Denken im größten Gegensatz zu Hobbes. Denn grundverschieden ist die Auffassung von Freiheit, die beide ihrem Staatsentwurf zugrundelegen. Während bei Hobbes der Freiheitsbegriff recht unbestimmt bleibt und nur zu vermuten ist, daß Freiheit für ihn mit dem äußerlichen Sich-Betätigen des homo oeconomicus weitgehend zusammenfällt, besteht für Spinoza die Freiheit des Menschen in der bestimmtesten Weise darin, die Welt und sich selbst „sub specie aeternitatis" zu erkennen, d. h. im Lichte der Ewigkeit oder unter dem Gesichtspunkt der göttlichen Weltordnung. In solcher Einsicht aber besteht auch das höchste Glück des Menschen, denn mit ihr verbindet sich notwendigerweise Liebe zu Gott, jene Liebe, mit der Gott sich in den Menschen selber liebt. Ein höheres Glück aber als Teilhabe am göttlichen Leben und Lieben ist nicht denkbar. Und da durch Erkenntnis eine Beherrschung der Affekte möglich wird, und nur auf diese Weise möglich ist, so kann für Spinoza schließlich auch die Tugend mit der Erkenntnis zusammenfallen: eine Koinzidenz von Erkenntnis, Liebe, Glück und Tugend, die bei Hobbes keine Entsprechung hat und beweist, daß die weitgehende Einordnung Hobbes'scher Lehrbestandteile in Spinozas „Ethik" nur dem Buchstaben nach geschieht, während der Geist der praktischen Philosophie Spinozas von seiner Metaphysik des Absoluten bestimmt ist, die ein Autonomie-Denken ausschließt.

Daß *Hume* nicht berücksichtigt wird, hat seinen Grund darin, daß sich zwar auch bei ihm der Dualismus der Affekte und der Vernunft findet und er auch gelegentlich (in Zusammenhang mit der Tugend der Gerechtigkeit als einer eher „rationalen" Tugend) vom „natürlichen Gesetz" und vom ursprünglichen „Vertrag" spricht, im Ganzen aber als die wichtigste Grundlage der Moral bei ihm das „moralische Gefühl" der „Billigung" bzw. „Mißbilligung" fungiert (in enger Analogie zum Gefühl des „Gefallens" bzw. „Mißfallens", der Geschmacksgrundlage). Sache der Vernunft ist für Hume bloß die Mittelbestimmung beim Handeln, Sache des Gefühls aber die Auswahl der Zwecke, so daß sich als Rangordnung der obersten Moralprinzipien ergibt: Nützlichkeit auf der Grundlage von Selbst- und Menschenliebe (vgl. Anhang I zur „Enquiry concerning the Principles of Morals" von 1751; Übers. Eine Untersuchung über die Principien der Moral, Hamburg 1972).

4 Man kann bei Hobbes fundamentalphilosophische, wissenschaftstheoretische und politische Motive unterscheiden, die ihn dazu gebracht haben, die Staatslehre mit der Lehre von einem „Naturzustand" beginnen zu lassen. 1. Der Nominalismus („das Allgemeine existiert nur als Name"), den Hobbes vertrat, verlangte einen Ansatz mit den Individuen, verbot jede Art von Universalismus. Den Staat etwa als Organismus zu verstehen, zu dem sich die Individuen wie Glieder verhalten, oder als Substanz, an der sie wie Eigenschaften wechseln, war auf diese Weise von vornherein ausgeschlossen. Die Körperphilosophie, die von Nominalismus als solchem nicht implizierte Gleichsetzung des Einzeldinges mit „matter in motion" (die wegen der von Hobbes angenommenen Subjektivität des Raumes aber ihrerseits durchaus keinen „Materialismus" impliziert), verlangte einen Ansatz mit den materiellen Bedürfnissen der Individuen, den Ausgang von ihrem Erhaltungs- und Glücksstreben (Streben nach dem „ersten" und dem „größten" Gut), schloß damit den Idealismus aus, die Deutung des Staates als Gegenstand, Manifestation oder Postulat reiner Vernunft. 2. Die geometri-

sche Methode (ratiocinatio und computatio) als analytisch-synthetischer Aufbau eines Reiches von Namen am Leitfaden abgestufter Allgemeinheit und insofern eine Verfahrensweise in Analogie zum Addieren und Subtrahieren verlangte wiederum die Konstruktion des Staates mit den Individuen und ihren elementaren Naturbestimmtheiten, schloß die Annahme okkulter Qualitäten aus. Die Wissenschaftlichkeit der praktisch-politischen Philosophie schien gebunden an die Rationalität eines Konstruierens und Experimentierens. Daher das Experiment der Staatsvernichtung (vergleichbar dem Experiment der Weltvernichtung zu Anfang der rein definitorischen „Ersten Philosophie" in „De Corpore"), daher der Aufbau des Ganzen des Staates aus Teilen bzw. die Theorie seines transparenten Selbstaufbaus durch die Teile, die Ablehnung der politischen Prädestinationslehren mit ihrer Annahme einer naturalen oder supranaturalen Naturdifferenz von Herrschenden und Beherrschten (Thrasymachos, Platon, Aristoteles, Filmer), daher auch der fiktive Charakter des Naturzustandes und sein methodisches Fungieren als indirekter Beweis: im Bild eines realen Widerstreits, des bellum omnium contra omnes, soll ein logischer Widerspruch demonstriert werden, die Unvereinbarkeit einer nichtstaatlichen (nicht: vorstaatlichen) Daseinsweise mit den Grundbedingungen des Systems, als das der Mensch aufgefaßt wird. 3. Die politische Denkweise des Liberalismus schließlich, die Auffassung vom Staat als bloßer Spielregelungs- und Schutzanstalt des freien Treibens der Individualkräfte, verlangte genauso wieder seine Negation als schicksalhaft Vorgegebenes und seine Zurückführung auf den Willen der Individuen.

5 Vgl. F. Tönnies, Einführung zu: Hobbes, Naturrecht und allgemeines Staatsrecht in den Anfangsgründen, 1926, S. 9; L. Strauss, Hobbes' politische Wissenschaft, 1965, S. 144; B. Willms, Die Antwort des Leviathan, 1970, S. 107.

6 Vgl. J. W. N. Watkins, Hobbes' System of Ideas, 1965, S. 76 f.

7 1. Die hier skizzierte Rekonstruktion der Hobbes'schen Naturrechtsethik, nach der Geltungskraft und Verpflichtungscharakter des natürlichen Gesetzes der zugleich natürlichen und instrumentellen Vernunft des Individuums entstammen, stellt nicht nur die Kantische Disjunktion von instrumenteller und moralischer Vernunft in Frage, sie bedeutet auch eine Distanzierung von der theologischen Hobbes-Interpretation bei Taylor, Warrender und Hood (Vgl. A. E. Taylor, The ethical doctrine of Hobbes, jetzt in: „Hobbes-Studies", ed. by K. C. Brown, Oxford 1965; Howard Warrender, The political philosophy of Hobbes. His theory of obligation, Oxford 1957 u. ö.; F. C. Hood, The divine politics of Thomas Hobbes, Oxford 1964). — Taylors These lautet: Hobbes' Ethik ist unabhängig von seiner egoistischen Psychologie; sie ist eine strenge Deontologie. Alle Verpflichtung (auch die positiv-rechtliche) ist wesentlich Verpflichtung durch das natürliche Gesetz, das seinerseits die Verpflichtungskraft aus seinem göttlichen Ursprung bezieht. Hobbes selbst habe ja gesagt („De cive", Kap. 3 Ende, „Leviathan", Kap. 15 Ende), „Gesetz" heiße das natürliche Gesetz zu Recht nur auf Grund seiner Herkunft von Gott, dem höchsten Gesetzgeber. Taylor folgert: Gesetzescharakter besitzen die natürlichen Gesetze nur kraft ihres göttlichen Ursprungs. Abgesehen davon sind sie bloße Theoreme. Die Verbindlichkeit der natürlichen Gesetze beruht also mit ihrem Gesetzescharakter in ihrem göttlichen Ursprung. Atheisten haben keinen Grund, die natürlichen Gesetze und mit ihnen die (von ihnen postulierten) positiven Gesetze als verbind-

lich anzusehen. — Die kritische Stelle der „Taylor-These", formuliert man sie als Schlußfolgerung, ist ihre zweite Prämisse. Denn Taylor übersieht die Möglichkeit, daß zwischen dem Theorem-Charakter und dem Gesetzescharakter des natürlichen Gesetzes seine *moralische Normativit*ät als assertorisch-hypothetischer Imperativ liegen könnte. Dieser Charakter aber genügt Hobbes in der Tat, um das „natürliche Gesetz" als moralische Norm zu qualifizieren.

Warrender stimmt mit Taylor darin überein, daß auch nach ihm die Verbindlichkeit des Hobbes'schen natürlichen Gesetzes an seinem göttlichen Ursprung hängt. Auch nach ihm gilt daher Hobbes' natürliches Gesetz nicht für Atheisten. Warrender ergänzt die Taylor-These allerdings dadurch, daß er noch stärker den Unterschied zwischen Verbindlichkeitsgrund und Motivation der Pflichterfüllung betont (bei einem nicht-nur-vernünftigen Wesen müssen Motive die Moralität mit bedingen): Das Motiv der Befolgung der positiven Gesetze ist Interesse an Leben, Überleben und Wohlleben. Das Motiv der Befolgung des natürlichen Gesetzes ist Interesse an ewigem Heil („eternal salvation"). Das Interesse aber begründet in keinem Falle die Verpflichtung; es fügt ihr nur eine unerläßliche Gültigkeits-Bedingung („condition of validation") hinzu. Hobbes war nach Warrender, gegen den wir dieselbe Kritik wie gegen Taylor richten, „essentially a natural-law philosopher (S. 323). Denn Hobbes führte die moralische und politische Verpflichtung als solche nicht etwa auf die Autorität und Dezisionsgewalt des Souveräns und auch nicht auf die lebenspraktische Notwendigkeit des Friedens (auf die theoretisch-praktisch kalkulierende Vernunft) zurück, sondern auf ewige und unveränderliche natürliche Gesetze als göttliche Befehle.

Hood geht über das Bemühen, die Hobbes'sche Verpflichtungstheorie in der Idee des natürlichen Gottesreiches zu fundieren, noch hinaus. Für ihn ist Hobbes ein Vertreter der traditionellen christlichen Staatsauffassung, die im Staat ein Mittel des Heils und der Erlösung sieht. Die Autorität des Souveräns leite sich für Hobbes unmittelbar von Gott, nicht von den Menschen her. Durch seinen Versuch, christliches Gedankengut in die Sprache des Szientismus, Materialismus und Naturalismus zu übersetzen, habe allerdings Hobbes die christliche Ethik verraten und wieder preisgegeben. Auch Hood, ja er am allerwenigsten, bringt es zu keinem Verständnis der Hobbes'schen Aufklärung über Autonomie als einem Präskriptivismus der zugleich natürlichen (durch ihr eigenes Licht hinreichend erleuchteten) und instrumentellen Vernunft des Individuums.

2. Die hier entworfene Verteidigung der Logik der Hobbes'schen Ethik bzw. der logisch-möglichen Identifizierung der Moralsätze mit hypothetischen Imperativen deckt sich mit der gegenwärtigen (im Kantischen Wortsinne) „neonaturalistischen" Argumentation von Ph. Foot u. a. nur insoweit, als, abkürzend gesprochen, Hobbes' Ethik des aufgeklärten Egoismus einige teleologische Gemeinsamkeiten mit dem Hume'schen Naturalismus und Utilitarismus des moralischen Gefühls aufweist. Die unter dem Einfluß Kants zur „unquestionable truth" gewordene Gleichsetzung von hypothetischen Imperativen mit nichtmoralischen Sätzen erklärt sich nach Ph. Foot aus dem „psychologischen Hedonismus" Kants, der gefühls-(wunsch-, interessen-)geleitete Imperative nur als egoistisch motivierte Vorschriften zu deuten gewußt habe und dem daher, weil er den ethischen Egoismus zu Recht verschmähte, nur der Ausweg geblieben sei, das moralische Sollen in einem „Gesetz" zu verankern und beiden „a magic force"

aufzugeheimnissen (vgl. Philippa Foot, Morality as a system of hypothetical imperatives, in: Philosophical Review, 81, 1972, S. 305—316, bes. S. 305, 313, 314). — Da die Schwierigkeiten des Teleologismus und insbesondere des teleologischen Utilitarismus, dessen menschenfreundliche Oberfläche trügerisch sein könnte, im letzten Kapitel noch ausführlicher erörtert werden, mag hier die Beobachtung genügen, daß der Neonaturalismus eine besondere Mühe damit hat, den Phänomenbereich der *Pflicht* und des Bewußtseins der Pflicht zu deuten — er möchte das Pflichtbewußtsein auf den Zwang zurückführen, der Gefühlen als solchen eigen ist — und daß er denjenigen, der mit Gefühlen nicht zufrieden ist und nach *Gründen* der Notwendigkeit moralischen Verhaltens fragt, ohne Antwort läßt. Wir halten aus diesen und den später dargelegten Erwägungen heraus diese Art Naturalismus, den Utilitarismus des moralischen Gefühls und *seine* Rehabilitierung hypothetischer moralischer Imperative, nicht für fähig, mit der Ethik der reinen praktischen Vernunft und des Kategorischen Imperativs in Konkurrenz zu treten.

8 Was bindet also die Hobbes'schen Individuen an den Staat? Nicht einfach die Macht der Machthabenden, denn ein auch noch so weitgehender aktueller Machtbesitz verbürgt unter der Voraussetzung eines von Individuum zu Individuum gleichen unendlichen Machtstrebens und ihrer allseits gleichen Machtbefähigung keine Macht auf Dauer. Der Staat aber und insbesondere die Staatsmacht sind auf Dauer angelegt. Was ermöglicht also Dauer der Staatsmacht, wenn der bloße Umfang der Macht hierzu nicht ausreicht? Bei Hobbes ist es ein psychologischer Mechanismus: das Wissen eines jeden um die wenigstens ein Mal geäußerte Staatswilligkeit (Staatsunterwürfigkeit) der anderen verbunden mit dem Nichtwissen um ihre Staatstreue. Ist der natürliche Zustand des Krieges eines jeden gegen jeden durch eine gemeinsam verabredete oder auch vereinzelte, in jedem Falle aber erkennbare Unterwürfigkeitserklärung (Hobbes nennt sie in beiden Fällen „Vertrag"; vgl. „Leviathan", Kap. 20, 21, 26) verlassen, so gibt es nur noch zufolge des Verhaltens des Souveräns einen Weg zurück in den Naturzustand. Nur freiwillige oder von außen erzwungene Herrschaftsniederlegung des Souveräns kann den Staat beenden, welch ein politisches Wollen der Bürger in Form eines contrarius actus. Die Hobbes'schen Individuen fesseln sich mit einer bloßen Staatsunterwürfigkeitserklärung, die nicht einmal verbal sein muß, an die recta ratio und an die Verwirklichung des naturrechtlich-moralischen Gebotes der Staatszugehörigkeit; der Hobbes'sche Staat beruht auf einem innerlich-vernünftigen Selbstzwang der Menschen zu äußerem Vernünftigsein. — Genau dieser psychologische Mechanismus der Staatsmachtstabilisierung aber erklärt im übrigen die logische Möglichkeit des naturrechtlichen Kontraktualismus, die immer wieder mit dem Vorwurf des hysteron proteron, der petitio principii oder auch im populären Bilde des sich am eigenen Schopf aus dem Sumpfe ziehenden Münchhausen in Frage gestellt wird (vgl. z. B. W. Röd, Naturrecht und geometrischer Geist, 1970, S. 45). So etwas wie ein Vertrag, insbesondere aber der Staatsgründungsvertrag als pactum mutuae fidei, sei unter Naturzustandsbedingungen nachgerade undenkbar, könne doch mit Treu und Glauben nicht gerechnet und der Staat als Garant der Wirksamkeit von Verträgen per definitionem nicht vorausgesetzt werden. Das Fehlerhafte dieser Kritik liegt nicht in einer Fehlbeurteilung des Naturzustandes hinsichtlich der Möglichkeit einer rein naturrechtlich-moralischen Verpflichtung in foro externo, wie ihr H. Warren-

114

der entgegenhält (Hobbes' political philosophy, 1957 u. ö., S. 44, vgl. S. 167). Eine rein naturrechtlich-moralische Verpflichtung in foro externo ist unter gewissen Bedingungen, nicht aber im Falle eines langfristigen Groß-Projekts wie der Staatserrichtung denkbar. Der Fehler liegt in einer Verkennung der Funktionsweise des Vertrags. Das gegenseitig-gemeinsame oder auch einseitig-gemeinsame Staatsunterwerfungsversprechen braucht nur zu erfolgen, um auch schon den Staat zu erzeugen und damit selbst als vollgültiger Vertrag bzw. vertragsanaloge Rechtshandlung (förmliche Verschenkung der ursprünglichen Rechtsfülle) wirksam zu werden: beim government by institution mit der abschließenden Herrscherwahl, beim government by acquisition auf der Stelle. Das staatsgründende Versprechen hat die Besonderheit, Wort und Tat eins werden zu lassen, mit seiner Erfüllung zwangsläufig verknüpft zu sein, ja diese seine Erfüllung aus sich, von sich, durch sich hervorzubringen, es ist schöpferisch und in dieser Hinsicht, als selbsttätige Erzeugung der Existenzfähigkeit der Menschen, für Hobbes mit jenem „Fiat" oder „Laßt uns den Menschen machen", „das Gott bei der Schöpfung aussprach" („Leviathan", Einleitung). Daß es aber zu einem Staatsgründungsversprechen (in nicht-metaphorischer Sprache: der Staatswilligkeit) der Menschen kommt, dafür garantiert ihre faktische Unterwerfungsbereitschaft angesichts des außerstaatlichen Krieges aller gegen alle (in nicht-metaphorischer Sprache: das Fehlen jeglicher vernünftigen Alternative). Die „logische" Kritik am Hobbes'schen Kontraktualismus entspringt also einer unangemessenen Betrachtungsweise, einer perspektivischen Verkürzung auf die rechtlich-normative Problematik der Gültigkeit und Verbindlichkeit des Staatsgründungsaktes, während die Vertragskonstruktion bei Hobbes selbst um Normativität und Faktizität, Vernunft und Trieb, Recht und Macht zentriert ist und in dieser allerdings komplexen Weise sowohl Vertragsschluß und Vertragseinhaltung wie auch überhaupt den Rechtscharakter der gegenseitig-gemeinsamen oder vereinzelt-gemeinsamen staatsgründenden Vereinbarung ohne inneren Widerspruch darzutun vermag. Vgl. J. G. Fichte, Grundlage des Naturrechts, 1796/97, § 17 (Fichte-Gesamtausgabe Bd. I, 4, 1970, S. 13 ff); Richard Schottky, Untersuchungen zur Geschichte der staatsphilosophischen Vertragstheorie im 17. und 18. Jahrhundert, Phil. Diss. München 1962, S. 28 f; P.-C. Mayer-Tasch, Thomas Hobbes und das Widerstandsrecht, 1965, S. 43 ff.

9 Gerade die Schilderung des Naturzustandes als Prozeß und die Deutung der Vernunft als instrumentelle Vernunft lassen allerdings die Konstruktion in einigen Punkten fragwürdig erscheinen. Denn wie vereinbart sich mit dieser Schilderung bzw. Deutung z. B. die Rede vom „natürlichen Recht aller auf alles"? Der Rechtsbegriff ist bei Hobbes an den Vernunftbegriff gebunden („was nicht gegen die Vernunft ist, nennen die Menschen *Recht* oder jus oder untadelige Freiheit im Gebrauch unserer eigenen natürlichen Macht und Fähigkeiten"), heißt es schon in den „Elements of Law natural and politic" von 1640 („Naturrecht und allgemeines Staatsrecht in den Anfangsgründen", 1926, Kap. 14, Art. 6); wie kann also das ius (omnium ad omnia) Erklärungsfaktor der Naturzustandsentwicklung noch vor der Mobilisierung der Vernunft sein? Aber angenommen, dies sei denkmöglich und der Rechtsbegriff sei nicht nur wegen des Versäumnisses einer expliziten Phaseneinteilung bei Hobbes „von Anfang an" Moment des Naturzustandes: wie ist dann die Rede vom ius „omnium" zu ver-

stehen? Wäre nicht das Recht auf alles vielmehr den „modesti" vorzubehalten, die sich zunächst mit einer bloßen Verteidigung ihrer Interessen zufriedengeben und allein durch das Auftreten von „feroces" (Machtlüsternen) in einen allgemeinen Angriffskrieg getrieben werden — auf Grund ihrer Vernunfteinsicht in das Verderbliche eines ungebrochen-unmittelbar vernünftigen Verhaltens? In Wirklichkeit fällt allerdings auch das Verständnis für die Möglichkeit dieses Klassengegensatzes, dieser Extreme des Machtverhaltens, im Hinblick auf den vernunftblinden anfänglichen Naturzustand schwer, werden doch die modesti als solche Individuen eingeführt, die einander Gleichheit zugestehen und auf die Notwendigkeit dieses Zugeständnisses durch Erfahrung und Reflexion (Überlegung) geführt werden (vgl. „Elements...", Kap. 14, Art. 2). Das Maßhalten der Maßvollen ist nicht Apathie, sondern Tugend. Man wird nicht als Maßvoller geboren, so wie alle Menschen allerdings von Natur (auf Grund ihrer elementaren Natur) dem Gesetz eines unendlichen irrationalen Machtstrebens unterliegen (vgl. dagegen Macpherson, Die politische Theorie des Besitzindividualismus, 1967, S. 59). Das Maßhalten ist Vernunfttugend, nicht Naturanlage. Schon der körperphilosophische Ansatz mit „matter in motion" verlangt diese Annahme. Die Maßvollen unterdrücken ihr leidenschaftliches Machtstreben, das ihnen von Natur aus nicht weniger eigen ist als den Maßlosen, indem sie es auf vernünftige Grenzen beschränken. Die Vernünftigkeit der Maßvollen beginnt nicht erst mit ihrem Übergang zur Maßlosigkeit unter dem Zwang der von den Maßlosen geprägten Lebenssituation; bereits ihrem ursprünglichen Maßvollsein liegt Vernunft zugrunde (vgl. L. Strauss, Hobbes' politische Wissenschaft, 1965, S. 20 f). In nichtmetaphorischer Sprache: Motorik, Antriebsleben, Temperament, die elementare Natur des Menschen bringen nichts zuwege, was Vernunft und Moral auch nur ähnlich sähe. Zwischen Natur und Kunst gibt es keine Übergänge. Die Vernunft erscheint als das ganz Andere der Natur, auch wenn sie, als instrumentelle Vernunft, mit der Errichtung und Verwaltung eines Reiches der Natur abgefunden und ihr ein Reich reiner Vernünftigkeit zu konstituieren nicht zugetraut wird. Freilich, wenn Vernunft und Maß in dieser Weise verstanden werden, so bleibt die Rede vom ius omnium ad omnia im Hinblick auf den Gesamt-Naturzustand unverständlich. Müßte es nicht so sein, daß Maßvolle wie Maßlose ihr Recht erst erwerben müßten, es also nicht von Natur aus besäßen? — Genau die Hobbes'sche Anbindung des ius naturale an die recta ratio setzt allerdings die beliebte und selbst von W. Röd in „Naturrecht und geometrischer Geist", 1970, S. 27, formulierte Kritik ins Unrecht, Hobbes leite Rechtsätze aus Tatsachenaussagen ab, indem er die Tatsache des Selbsterhaltungstriebes mit dem Recht identisch setze, alle geeignet erscheinenden Mittel der Selbsterhaltung anzuwenden. Röd zwar bringt diesen Einwand aus der rechtspositivistischen Position vor, welche die Denkmöglichkeit von „Recht" und „Gesetz" auf das Vorhandensein positiver Normen, einer staatlichen Rechtsordnung zurückführt (vgl. a.a.O., S. 56), doch kann diese Besonderheit hier vernachlässigt werden. Es genügt zur Zurückweisung der Kritik die Feststellung, daß das natürliche ius ad omnia bei Hobbes nicht einfach aus dem Selbsterhaltungstrieb abgeleitet wird, als direkte und von selbst einleuchtende Folgerung, sondern vielmehr hervorgeht aus einem vorgegebenen Rechtsbegriff und dessen Anwendung auf das Phänomen des Selbsterhaltungstriebes. Hobbes sagt nicht einfach: weil die Menschen von Natur aus nach Erhaltung (und Wohlbefinden) streben,

116

haben sie das „Recht" auf Erhaltung und alle ihr dienlichen Mittel. Er definiert vielmehr zuerst den Begriff des Rechts als „untadelige Freiheit im Gebrauch unserer eigenen natürlichen Macht und Fähigkeiten" und folgert dann aus der Tatsache, daß so etwas wie die instrumentelle Vernunft das Selbsterhaltungs- und Genußstreben nicht nur nicht verbietet, sondern geradezu gebietet, auf ein gegenseitiges ius omnium ad omnia. — Die Gegenseitigkeit eines solchen im Prinzip auf alles beziehbaren und demnach durch keine entsprechende korrelative Pflicht eingeschränkten Rechts führt zwar bei Hobbes selbst, bei seiner Art der Einführung des „natürlichen Rechts", zu einer absolut ungebräuchlichen Begrifflichkeit und Ausdrucksweise, doch läßt sich auch diese begriffliche Anomalie wieder daraus erklären, daß Hobbes selbst noch keine explizite Phaseneinteilung des Naturzustandes vornimmt. Denn vor dem Hintergrund einer solchen Einteilung könnte die sonst vermißte Korrelativität von Recht und Pflicht so wiederherzustellen sein, daß gerade das „omnium" im ius omnium ad omnia oder auch das „uniuscuiusque" im ius uniuscuiusque contra unumquemque sie anzeigte. Ist nämlich die Phase der mobilisierten Vernunft, wie man annehmen darf, durch die drei Menschenklassen der Maßvollen, der Maßlosen und der großen Mehrheit der in statu rectae rationis nascendi Befindlichen geprägt, so gewinnt das „omnium" bzw. „uniuscuiusque" den Sinn, den Anspruch auf jene Anerkennung von Gleichheit auszudrücken, welche die Maßlosen wider ihr besseres Vermögen nicht gewähren. Die zum Recht aller auf alles korrelative Pflicht wäre die Pflicht der Maßlosen bzw. der in der Gefahr der Maßlosigkeit Stehenden (und das ist jeder), allen (jedem) das Recht auf alles anzuerkennen, d. h. sich vernünftig und nicht maßlos zu verhalten. Vom Recht aller auf alles läßt sich also insofern sinnvollerweise reden, nur fällt die Möglichkeit solchen Redens geradezu mit dem ersten notwendigen Schritt zur allseitigen Aufgabe des Rechtes auf alles und insofern mit dem Unmöglichwerden bzw. Sich-selbst-Unmöglichmachen solchen Redens zusammen. Anders dargelegt: das „Recht eines jeden auf alles" entbehrt so wenig einer korrelativen Pflicht, daß es im Grunde nur eine Pflicht ist, nämlich die der Vernünftigkeit des Umgangs, welche die Begrifflichkeit und Sprache des Rechts ermöglicht. Die Vernunftfolgerung der Notwendigkeit des Friedens durch vertragsmäßiges Sich-Vertragen, diese „Pflicht" könnte sich gar nicht artikulieren, nähme sie nicht die komplementäre Begrifflichkeit des „Rechts" und, unter der Voraussetzung der Gleichheit aller in einem unendlichen Machtstreben, den Begriff eines „Rechtes aller auf alles" zu Hilfe.

Verkennt man die Hobbes'sche Konjunktion des Rechts- mit dem Vernunftbegriff, weil man im Prinzip der Selbsterhaltung Hobbes' „singuläres Prinzip" sieht (so S. Gehrmann, Naturrecht und Staat bei Hobbes, Cumberland und Pufendorf, Phil. Diss. Köln 1970, S. 65), so sind wenigstens die weiteren Mißverständnisse nicht ganz unerklärlich, Hobbes' Begriff des „Rechtes auf alles" meine zugleich ein bloßes Recht auf alle Vernunft- und Nützlichkeitshandlungen wie auch ein totales Recht auf alles Handeln überhaupt einschließlich des vernunft-, nutzens- und naturgesetzwidrigen Verhaltens und es sei daher bei Hobbes die Tendenz zu einer „radikalen Trennung" von Recht und Sittlichkeit, eine „ethische Aushöhlung des Rechts" festzustellen (S. 7, 80, 100, 114).

10 Vgl. P.-C. Mayer-Tasch, Thomas Hobbes und das Widerstandsrecht, 1965, S. 102.

Willms möchte Hobbes „als einen der ersten Theoretiker der subjektiven Autonomie" (S. 95 f) würdigen, er unterwirft aber Hobbes praktisch-politisches Denken von vorneherein dem Hegelschen Passepartout-Schlüssel der in Zwang und Schrecken umschlagenden subjektiven (abstrakten, revolutionären, geschichtlich-leeren) Freiheit. Aus Hobbes' praktisch-politischer Philosophie wird auf diese Weise (und dank einiger Zutaten an „possessivem Individualismus" und Schmitt'scher Liberalismus-Kritik) eine in Begriffen vorgenommene Selbstdarstellung des „homo oeconomicus" als des „bürgerlichen Subjekts" am Anfang jenes schicksalhaften und verhängnisschweren Weges, an dessen Ende „das Kapital" über den „Leviathan" siegte und für den Frieden jetzt der Preis der Gleichheit, Gerechtigkeit, Billigkeit und Nächstenliebe bezahlt wird. Was Autonomie ist und wohin Autonomie führt, steht einer solchen von außen kommenden, ein Schema auf immer neue Beispiele anwendenden Betrachtungsweise im vorhinein fest. Für den Versuch, aus Hobbes' Autonomie-Theorie der instrumentellen Vernunft heraus vernunfttheoretische Aufschlüsse zu erarbeiten, läßt sie daher ungeachtet ihres universellen Anspruches durchaus Raum.

Die im Zeichen der Kantischen Gleichsetzung von Autonomie und Reinheit der Vernunft traditionelle Einschätzung des Hobbes als *Heteronomie*-Denker hat mit neuen Argumenten K. H. Ilting zu bekräftigen versucht. Ilting ist in seinem Hobbes-Aufsatz von 1964/65 (Hobbes und die praktische Philosophie der Neuzeit, Philos. Jahrb. 72, S. 84—102) bemüht, Hobbes in die skotistisch-ockhamistische Tradition des Nominalismus und Voluntarismus zu stellen, er möchte Hobbes aber auch als Begründer der neuzeitlichen praktischen Philosophie, der Grundunterscheidung von theoretischer und praktischer Philosophie und des Primats der praktischen Vernunft würdigen: die Denkgrundlage der praktischen Philosophie war seit Hobbes nicht mehr die Naturteleologie des Aristoteles und der christlichen Theologie, sondern der freie Wille des Individuums, wenn auch so, daß dabei die Partikularität des Willens über die Objektivität der Vernunft triumphierte. — Diese Hobbes-Sicht ist nicht frei von Verzerrungen. So wird mit Ilting insbesondere die Bedeutung verkannt, die der Vernunft bei Hobbes zukommt. Ilting sieht bei Hobbes nur die Prinzipien: Wille, Selbsterhaltungstrieb, Macht und Entscheidung als irrationales Geschehen. Er setzt sich darüber hinweg, daß Hobbes von dictamina rectae rationis spricht; er kann nicht erklären, wie Hobbes überhaupt Verbindlichkeit zu denken vermag. So erscheint Hobbes, der Begründer der praktischen Philosophie des individuellen freien Willens, am Ende als Denker der Unfreiheit, ja als unaufrichtiger Irrationalist und Zyniker: „Die Vernunft hat in der von Hobbes begründeten Tradition der praktischen Philosophie, die erst von Kant gebrochen wurde, keine eigene Kraft, irgendeine Wirkung in der Realität hervorzubringen. Ursprung und Bestand des Staates sind bei Hobbes auf die unwiderstehliche Gewalt der Furcht vor einem unnatürlichen Tode gegründet." — „Daher verläßt er sich in seinem System der praktischen Philosophie letztlich darauf, daß die Unfreiheit das absolute Faktum menschlichen Daseins ist. Allein diese Meinung macht den kaum verhüllten Zynismus und die mühsam versteckte Unaufrichtigkeit seiner Darlegungen verständlich und erträglich" (a.a.O,. S. 100, 101). — In Iltings „Einleitung" zur Hobbes-Monographie von Tönnies (1971) werden diese Interpretation und dieses Fehlverstehen weitergeführt. Hobbes, so wird hier dargelegt, sei mit dem Versuch, den Determinismus seiner Naturphilosophie mit dem

Normativismus seiner praktisch-politischen Philosophie zu vereinbaren, in ein so offensichtliches Dilemma geraten, daß schon mehrere Äquivokationen hätten herhalten müssen, um es zu verbergen. Er habe den Ausdruck „Freiheit" mit der ambivalenten Bedeutung versehen: faktisches Nicht-behindert-Sein und Bereich aller Handlungen, die erlaubt sind. Er habe in seiner Naturrechtslehre den Begriff der Norm angesichts der Reduktion des komplementären Freiheitsbegriffs auf bloßes materielles Nicht-behindert-Sein nur darum benutzen können, weil er hier unter Normen („natürlichen Gesetzen") zugleich theoretisch-deklarative Sätze über das Tatsächlich-Vermögliche bzw. -Unmögliche wie praktisch-präskriptive Sätze über Gebotenes, Verbotenes und Nicht-Verbotenes (Erlaubtes, Rechtmäßiges) verstanden habe. Er habe wie das Prinzip Recht so auch das Prinzip Pflicht auf das Prinzip Macht (Vermögen) reduziert und damit im Ganzen den naturalistischen Fehlschluß vom Tatsächlichen aufs Normative begangen. Denn die Verpflichtung ergebe sich bei und für Hobbes aus defizitärer Macht bzw. ihrem Korrelat, der Furcht. Da aber die in dieser Weise für den Naturzustand vorgenommene Gleichsetzung von Macht und Recht, defizitärer Macht und Pflicht, auch im Hinblick auf den Staat weitergelte, drohe der Staat im Naturzustand, gegen den er doch Schutz bieten sollte, zu versinken (man fühlt sich an die These Mayer-Taschs vom „lupus intra muros" erinnert). Ja, es erscheine bereits der Übergang vom Naturzustand zum Staat durch so etwas wie den staatsgründenden Vertrag problematisch, sei doch nach Hobbes der Sinn von Vertragsschlüssen durch das Vorhandensein einer von Vertragsbrüchen abschreckenden Macht bedingt (die schon erörterte Problematik der Logik der Vertragskonstruktion). Letzter Ursprung aller dieser Verwirrungen der Hobbes'schen Naturrechtslehre des Staates aber, so heißt es auch hier wieder, sei die Fundamentalposition des Nominalismus und Voluntarismus. Sie habe ausgeschlossen, was Hobbes für möglich gehalten habe: die Konzeption eines allgemein verbindlichen Naturrechts auf der Grundlage der Prinzipien der Natur der Sache und der recta ratio (orthos logos). — Dieser Interpretation wäre zumindest das Folgende entgegenzuhalten: 1. Sie ist in dem Irrtum befangen, Hobbes' Determinismus gelte im Ganzen für seine Anthropologie wie für seine Naturphilosophie. In Wahrheit begrenzt Hobbes in seiner Anthropologie den Determinismus auf die Sphäre der „Leidenschaften" und „Begierden", indem er das Prinzip Körper durch das Prinzip Vernunft (Sprache und Methode) ergänzt und in diesem Bund die Vernunft als zugleich abhängig-unabhängige Führungsinstanz einsetzt. Ja, es ist sogar der Determinismus bereits vom Begriff des Körpers her relativiert, insofern dessen Definition mit dem Merkmal der Transzendenz dasjenige der Räumlichkeit verbindet und auf diese Weise, der Hobbes'schen nominalistischen Auffassung vom Raum entsprechend, im Grundbegriff der Naturphilosophie selbst Subjektivität zur Geltung bringt. Hobbes benötigt also keine Pseudo-Freiheit, um den Rechtsbegriff konstruieren zu können. Der Rechtsbegriff ist bei ihm als Begriff von einem nicht-vernunftwidrigen (einem sprachlich geregelten und methodischen) und in diesem Sinne von der Vernunft erlaubten Handeln an den Vernunftbegriff und damit an ein überdeterministisches Prinzip gebunden. Wenn Ilting eine Ambivalenz des Begriffs der Freiheit bei Hobbes beanstandet, so verwechselt er den Hobbes'schen Begriff des Rechts (Bereich der erlaubten Handlungen) mit der Hobbes'schen Begriffsbestimmung der Freiheit als äußeres Nicht-behindert-Sein, was sich aber folgerichtig aus dem Dogma ergibt, daß Vernunft als instrumentelle Vernunft einer Autonomie schlechterdings nicht fähig sei. 2. Hobbes bringt keine Äquivozität in seinen Begriff des natürlichen Gesetzes, denn er verwendet diesen Begriff gar nicht als Abbreviatur für eine theoretisch-deklarative Aussage. Wenn er ihn als „Theorem" und „Schlußfolgerung hinsichtlich dessen, was zu tun und zu unterlassen ist", bestimmt, so will er anzeigen, daß dieses „Gesetz" in seiner ursprünglichen Bedeutung gar kein Gesetz in Korrelation zu einem Gesetzgeber, sondern eine Norm darstellt, die in der autonomen Vernunft der Menschen entspringt. Hobbes' „natürliches Gesetz" ist ein assertorisch-hypothetischer Imperativ auf der Grundlage von Theoremen zur Zweck-Mittel-Rationalität des Erhaltungs- und Glücksstrebens einerseits, einer triebhaft-vernunftmäßigen Notwendigkeit des Sich-selbst-Nötigens zu solchem Vernünftigsein andererseits. 3. Hobbes führt die Verpflichtung so wenig auf defizitäre Macht zurück, daß er sie vielmehr als jene Selbstnötigung sinnlich-vernünftiger Wesen zum Vernünftigsein auffaßt, die zwar das Fehlen einer garantierten Übermächtigkeit zur Veranlassung hat, als sprachlich geregelter und organisierter Selbstzwang (zu Sprachregelung und Organisation) jedoch eine neue und höhere Daseinsweise aus eigener Kausalität gründet. Indem sich solche Selbstdisziplinierung der irrational-rationalen Wesen zur Rationalität mit der Selbsteinhegung ins Politische vollendet, hat aber genauso der Staat seine Grundlagen in vernünftigem Wollen, in praktischer Vernunft. Er beweist auch diesen seinen Ursprung aus sprachlich geregelter und organisierter Entscheidung, nämlich damit, daß er sich durch sein Tun (Sprachregelung und Organisation) und durch sein Bestehen dem Wechselspiel der Neigungen seiner Bürger und den Wechselfällen ihrer individuellen Macht überlegen zeigt. 4. Ursprung aller Verwirrungen ist bei Ilting die uneingeschränkte Gleichsetzung des Hobbes'schen Nominalismus mit Voluntarismus, die hieraus verständliche Gleichsetzung des Nominalismus mit Irrationalismus (als der Negation von so etwas wie „orthos logos" und „Natur der Sache"), sowie schließlich die Gleichsetzung der instrumentellen Vernunft mit dem Trieb und insofern auch wieder mit Irrationalität. Der Hobbes'sche Nominalismus aber fällt mit Voluntarismus und Irrationalismus aus dem einen und identischen Grunde keineswegs zusammen, daß er das Allgemeine und mit ihm das Prinzipielle nicht negiert, sondern nur seine Seinsweise in den Bereich des Denkens und der Sprache verlegt. Es gibt für Hobbes so etwas wie Ordnung, Gesetz, Natur der Sache, absolute Wahrheit; man hat zumindest so etwas vorauszusetzen. Es kommt aber nur im Denken und in der Sprache, im denkenden Sprechen und sprechenden Denken vor: als die natürliche Ordnung der Begriffe bzw. Namen, als Begriff bzw. Titel der Sache, als Übereinstimmung mit den Dingen und mit den Gesetzen des Denkens bzw. der Sprache. Die Definition, Ziel und Mittel der Erkenntnis, ist als solche nicht Sache der Konvention und souveränen Dezision, sie wird es vielmehr erst in jenen Bezirken der allgemeinen Namen, an deren Festlegung ein lebensunmittelbares Interesse besteht (gerecht, ungerecht, gut, böse, Eigentum, Ehre). Hier erst ist ein Schieds-Richter vonnöten, der potentiellen Streitigkeiten durch die Verordnung von Namensunterschieden (Definitionen) vorbeugt. Daß aber dieser Schiedsrichter als künstlicher Repräsentant der recta ratio eingesetzt wird; daß die Parteien (und jedes Individuum als solches und es allein ist Partei) ihn und seine Verordnungen sich selbst verordnen, beweist seine Vernunftmäßigkeit und zugleich wie kaum eine andere Institution die Befähigung der instrumentellen Vernunft zur Autonomie.

11 Mayer-Tasch (Thomas Hobbes und das Widerstandsrecht, 1965) stellt die Teleologie der Hobbes'schen Staatslehre auf den Kopf, indem er von „absolutistischer Grundkonzeption" und „individualistischem Vorbehalt" spricht, als sei nicht gerade Hobbes' Grundkonzeption eine individualistische Verhältnisbestimmung von Staatszweck und Staatsmacht. Doch von dieser Fehldeutung und einer Reihe weiterer Mißverständnisse kann hier abgesehen werden (z. B. der herabwürdigenden Qualifizierung des Hobbes'schen Rechtes auf Widerstand als „Wolfsrecht" oder der Rede von einem „zerfallenden Staat", den es zufolge der Gleichsetzung des Wirklichen mit dem Vernünftigen für Hobbes nicht gibt. Denkbar ist für und bei Hobbes allein ein kranker, nicht aber ein todkranker Staatskörper). Wichtiger erscheint im Zusammenhang der Funktionalität des Widerstandsrechtes etwas anderes, nämlich dies, daß Mayer-Tasch wie Hobbes sich auf eine rein juridische Betrachtungsweise beschränken (obgleich gerade Mayer-Tasch in dem anderen Zusammenhange der Logik der Vertragskonstruktion gegen deren Kritiker Hobbes' normativ-faktische Doppelperspektive zur Geltung bringt, s. hier S. 116). Hobbes glaubt mit der Einräumung des bloßen natürlichen Rechtes auf Widerstand für Liberalität im gewaltenkonzentrischen Staat zu sorgen; Mayer-Tasch nimmt an, daß Hobbes mit eben diesem Rechtszugeständnis ein Auflösungsmoment in seinen Staat hineintrage. Beide übersehen gleicherweise die gänzliche Bedeutungslosigkeit solchen Rechts für die politische Praxis: Hobbes' Widerstandsrecht vermag sich weder als Garantie der Verwirklichung individueller Freiheit noch als deren Hemmnis auszuwirken. Dem Individuum nämlich wird einerseits der natürliche Rechtsvorbehalt eingeräumt, den Gehorsam gegenüber staatlichen Befehlen in gewissen Situationen verweigern zu dürfen, andererseits aber wird größte Sorge dafür getragen, daß Recht und Macht des Staates auch in diesen Situationen unantastbar bleiben. In „De Cive", Kap. 6, ist dieser Widersinn mit Händen zu greifen, wenn es nämlich heißt: „Wenn mir also befohlen wird, mich selbst zu töten, so bin ich nicht verpflichtet, dies zu tun. Denn durch diese Weigerung wird das Recht der Herrschaft nicht nutzlos gemacht, da vielleicht andere bereit sind, das zu tun, was ich verweigere, wenn man es ihnen befiehlt..." „Ebensowenig braucht man seinen Vater zu töten, mag er unschuldig oder schuldig und durch das Gesetz verurteilt sein, da andere dies auf Befehl tun werden..." (Zit. nach der Übersetzung „Vom Menschen . Vom Bürger, Hamburg ²1966, S. 140). Daß die Hobbes'schen Individuen einerseits dem Souverän gegenüber auf dem Recht bestehen, weder all seine Befehle auszuführen noch auch die Ausführung seiner Befehle durch andere in allen Fällen hinzunehmen; daß sie ihm andererseits aber das Recht zubilligen, ihnen und allen anderen alles zu befehlen, dies bedeutet angesichts des Begriffs vom Menschen und der Funktionsweise der Staatsmacht bei Hobbes, daß die Hobbes'schen Individuen dieselbe Selbstverteidigung der für sie elementaren Güter, die sie sich mit der einen Hand gegenüber dem Staat vorbehalten, mit der anderen Hand an ihn preisgeben.

12 Vgl. H. Welzel, Naturrecht und materiale Gerechtigkeit, ⁴1962, S. 102; J. Habermas, Theorie und Praxis, ⁴1971, S. 4. 72, 74.

13 Nicht die Theorie vom Staatszweck und die Theorie von der Staatsmacht befinden sich bei Hobbes in einem Widerspruch, sondern seine Souveränitätslehre einerseits, seine Anthropologie, Methodologie und Wissenschaftstheorie andererseits. Der politische Optimismus der Souveränitätslehre wirkt befremdlich im

Vergleich mit dem anthropologischen Pessimismus, ihre bloße Vertrauenshaltung steht in auffälligem Kontrast zum Ideal des geometrisch-zwingenden Ableitens, und es paßt schlecht zum Rationalitäts- und Wissenschaftlichkeitsanspruch der Hobbes'schen politischen Philosophie, daß sie für Zufall, Beliebigkeit, Willkür, Privatheit und Natürlichkeit so viel Raum hat. Die Rationalisierung (Entmythisierung, Entwirrung, Aufklärung) beschränkt sich auf das Politische, läßt den Menschen selbst im Privaten, in der Egozentrik und im Egoismus zu Hause sein, in der Irrationalität seines Machtstrebens. Die Rationalität des Politischen soll die Irrationalität des Privaten nur einhegen, sein Überwuchern verhindern. Der Staat als Gehege ist das politische Ideal, besitzt doch ein Gehege nur die Bedeutung, Mittel zur Erhaltung des Natur- und Wildwüchsigen zu sein (vgl. Hobbes' eigenes Bild des Flusses, „De Cive" Kap. 13, Art. 15). Die Trennung von Rationalität des Politischen und Irrationalität des Menschlich-Privaten aber erweist sich an der Person des Souveräns als undurchführbar. Das Widerstandsrecht wie die Verpflichtung des Souveräns auf den Staatszweck rechnen von vornherein mit einem allzu irrationalen, wenig konstruktionsgerechten Verhalten. Zwar genügt eine nur minimale Entsprechung des Souveräns zum Staatszweck, um Staatszweck und Staatsmacht ihrerseits in volle Entsprechung zu versetzen, denn die Konstruktion ist so angelegt, daß auch ein nahezu totalitärer Staat noch von ihr abgedeckt wird: genau dies aber erweckt den Eindruck einer Behelfs- oder Notlösung, und zwar nicht zuletzt auch darum, weil ausgeschlossen werden kann, daß der Machttheoretiker Hobbes auf dem Gipfel seiner Theorie der Macht die Versuchungen der Macht übersehen habe.

14 Die Disproportioniertheit und in diesem Sinne Zwiespältigkeit von Hobbes' Staatsdenken wirft Licht auf die Vielfalt seiner Deutungen. 1. Carl Schmitt hat Hobbes den ersten reinen „Dezisionisten" und zugleich „den größten Vertreter des dezisionistischen Typus" genannt (Vgl. Über die drei Arten des rechtswissenschaftlichen Denkens, 1934, S. 28, 29; Der Leviathan in der Staatslehre des Thomas Hobbes, 1938, S. 82). Der treffendste Ausdruck dezisionistischen Denkens sei der Satz des Hobbes' (aus der lateinischen Fassung des „Leviathan"): Authoritas, non veritas facit legem. Bei Hobbes selbst besitzt dieser Satz zwar nicht den von C. Schmitt (und auch B. Willms) unterstellten Sinn, es sei Kultur, den Frieden mehr zu lieben als die Wahrheit (s. Willms, Die Antwort des Leviathan, 1970, S. 131). Denn für Hobbes ist Kriterium der Wirklichkeit des Souveräns seine Vernünftigkeit (Veritas autem facit auctorem legum, so könnte man den Hobbes'schen Satz fortführen); den einem wahrheitsgleichgültigen oder gar -feindlichen Souverän zu verdankenden „Frieden" will er nur als Waffenstillstand gelten lassen. Die Grundlage für eine solche Beurteilung aber ist in der Tat in der Hobbes'schen Theorie gegeben, sofern sie auf der „anderen" Seite des Zwiespalts zu einer mehr autoritären als autorisierten Ordnung tendiert und einer Koinzidenz von souveräner Entscheidung und Willkür Vorschub leistet. Dies aber ist ein Ergebnis, das bei der Schilderung des Naturzustandes und beim Übergang zur eigentlichen Staatslehre nicht zu vermuten war. Schmitt unterschlägt die naturgesetzliche Legitimation der Herrschaft bei Hobbes, das Mandat des Herrschers seitens der friedenswilligen Individuen, das Ausgehen der Souveränität von der Unterwürfigkeit der Menge. Er überspringt die zweite Phase des Naturzustandes, wenn er meint, der Übergang aus dem anarchischen Zustand werde „nur" durch die Entstehung eines souveränen Willens bewirkt.

Oder vielmehr er läßt außer acht, was diese Entstehung selbst bewirkt: Vernunft und Moralität der Individuen unter dem Einfluß ihrer Affekte, Furcht und Hoffnung. Dies ist der „absolute Anfang", nicht das Entscheiden des Souveräns. Vernunft und Moralität der Individuen bilden den Ansatz zu jener formalen Ordnung, die der Souverän mit konkretem Inhalt erfüllt.

Wir nehmen an, daß die Kritik, die v. Krockow gegen Schmitt richtet, das gleiche besagt (Vgl. Christian Graf von Krockow, Soziologie des Friedens, 1962, S. 66). Schmitts Berufung auf Hobbes sei illegitim. Denn für Schmitt sei souverän, wer über den Ausnahmezustand entscheide. Für Hobbes aber seien es die Einzelnen, die über die Gegebenheit des Ausnahmezustandes befinden: „Eine genaue Umkehrung der Positionen! Und in diesem Sinne ist Hobbes' Staatslehre etwas völlig anderes als Schmitts Diktaturprinzip."

2. Die Qualifizierung des Hobbes'schen Staates mittels des Attributs „total" oder „totalitär", wie sie insbesondere J. Vialatoux vorgenommen hat, weicht von seiner Kennzeichnung als „autoritär" dadurch ab, daß sie weniger den Rechtsgrund als den Umfang der Betätigung der souveränen Entscheidungsgewalt ins Auge faßt (Vgl. J. Vialatoux, La Cité de Hobbes. Théorie de l'Etat totalitaire, 1935). Auch diese Deutung aber erscheint vom Hobbes'schen Zwiespalt her nicht unverständlich, so sehr sie andererseits an Hobbes' Konstruktion vorbeizielt. Denn enthält auch der Leviathan-Staat in sich nicht die Notwendigkeit, eine Entwicklung zum Totalitären hin zu nehmen — und wirklich totalitär kann er nicht werden, solange er überhaupt als Staat besteht —, so steht er jedoch ohne Zweifel in der Gefahr, als Apparat willkürlicher und nahezutotalitärer Machtanwendung mißbraucht zu werden, weil auf die konstruktiven Vorrichtungen, die ihn vor einer solchen Entwicklung bewahren sollen, kein Verlaß ist.

3. Stützten sich die beiden skizzierten Interpretationen einseitig auf das Ergebnis der Staatskonstruktion bei Hobbes (auf die „andere" Seite des Zwiespalts), so orientiert sich ihr Verständnis als *Theorie und Reflex des frühen bürgerlichen Kapitalismus* einseitig an der offensichtlichen Zielbestimmung sowie an der Logik des naturrechtlichen Individualismus. So haben den „Leviathan" F. Tönnies und neuerdings Macpherson und v. Krockow interpretiert. Nach Tönnies bemerkte Hobbes „das Emporkommen der kommerziellen Gesellschaft, der wilden Konkurrenz, der kapitalistischen Ausbeutung". Mit dem Leviathan-Staat habe er diese Vorgänge unter die Kontrolle der Vernunft bringen, dem Neuen die Voraussetzungen seines Gedeihens verschaffen und zugleich Auswüchsen, wie Ausbeutung und Pauperismus, vorbeugen wollen. Der Souverän habe bei Hobbes die Bestimmung, zu garantieren, daß an die Stelle des kriegerischen Wettbewerbs ein friedlicher Wettbewerb trete (Ferdinand Tönnies, Thomas Hobbes, 1896, Nachdruck der 3. Aufl. 1971; C. B. Macpherson, The political Theory of possessive individualism. From Hobbes to Locke, 1962, Übers.: Die politische Theorie des Besitzindividualismus, 1967). — C. B. Macpherson bemerkt über Hobbes in der „Einführung" zu seinem Werk „The Political Theory of Possessive Individualism": „Wenn auch seine Folgerungen kaum liberal genannt werden können, so waren seine Postulate doch höchst individualistisch." Der Zwiespalt, der hier nachgewiesen werden sollte, ist damit angedeutet. Für Macpherson selbst begründet allerdings gerade dieser Zwiespalt die Bedeutung der Hobbes'schen politischen Philosophie. Nach ihm hat Hobbes mit

seiner politischen Konstruktion genau die beiden wesentlichen Seiten getroffen, die eine „Eigentumsmarktgesellschaft" (possesive market society) aufweist, d. h. eine Gesellschaft, die „im Gegensatz zu einer auf Tradition und ständischer Ordnung beruhenden Gesellschaft keine autoritative Verteilung von Arbeit und Belohnung kennt, und in der es im Gegensatz zu einer Gesellschaft unabhängiger Produzenten, die nur ihre Produkte auf den Markt bringen, sowohl einen Markt für Erzeugnisse als auch einen Markt für Arbeit gibt" (1967, S. 62). Die beiden Seiten einer solchen durch Vermarktung der Arbeit geprägten Gesellschaft seien die Freiheit der individuellen Entscheidung über Art und Umfang des Tätigwerdens und eine gerade aus der Konstellation der individuellen Entscheidungen hervorgehende, rückwirkende Herrschaft des Marktes und des Staates als der Organisation des Marktes: „Hobbes erfaßte sowohl die Freiheit als auch den Zwangscharakter der Eigentumsmarktgesellschaft" (1967, S. 125). Wir gehen nicht näher auf die Fragwürdigkeit der Begründung dieser Interpretation ein, die sich auf die Behauptung stützt, Hobbes habe mit den Verhaltensweisen seiner Naturzustandsindividuen statt vermeintlicher anthropologischer Konstanten nur die spezifischen Verhaltensweisen seiner frühbürgerlich-kapitalistischen Zeitgenossen beschrieben, und die sich insofern recht dogmatisch ausnimmt, als sie weder aus einer behaupteten Kenntnis des wahren Wesens des Menschen heraus (wie die vergleichbare Kritik bei Rousseau im 2. Discours) noch von einer ausdrücklichen Zurückführung der vermeintlichen „Natur" des Menschen auf das jeweilige „Ensemble der gesellschaftlichen Verhältnisse" (wie bei Marx in der 6. These über Feuerbach) her gewonnen ist. Wir begnügen uns mit der Feststellung, daß die soziologisch-historische Interpretation, die im Gegensatz zur theologischen Interpretation den Hobbes'schen Zwiespalt nicht wegzuargumentieren versucht, sondern ihn zugibt und (als Wirklichkeitsreflex) sogar würdigen möchte, das unverhältnismäßige und potentiell geradezu marktfeindliche Übergewicht nicht beachtet, das Hobbes' Konstruktion dem Zwang des Marktes bzw. seiner Legalisation ermöglicht.

4. Ganz im Sinne des Hobbes-Bildes, das Tönnies und Macpherson zeichnen, sieht v. Krockow in seiner „Soziologie des Friedens" das Charakteristische der Hobbes'schen politischen Philosophie in einer „großen geschichtlichen Allianz von absolutem Staat und Wirtschaftsbürgertum" (S. 33). Hobbes sei weder ein Advokat des Totalitären oder ein Staats-Mythologe noch gar ein Freund-Feind-Dezisionist, sondern ein nüchterner Denker, der sich bemühe, jene Zone der Sicherheit zu schaffen, die das Bürgertum „zur Entfaltung seiner materiellen wie ideellen Kräfte" benötigte (S. 68). Krockow weist die gewöhnliche liberale Kritik am „Leviathan" mit der Begründung zurück, Totalitarismus, Staatsvergottung oder irgendein kollektivistisches Dogma habe Hobbes ferngelegen. Dies bekräftige insbesondere das von Hobbes zugestandene Widerstandsrecht und die mit der Unterscheidung von fides und confessio vorgenommene Legitimierung der Innerlichkeit als einer unangreifbaren Burg persönlicher Entscheidung. Dank diesem „starken und lebenskräftigen Ideal" gehöre dem Individuum das erste wie das letzte Wort in Hobbes' Staatskonstruktion (S. 73). — Auch diese Hobbes-Interpretation aber muß sich die Kritik gefallen lassen, daß sie das Verhältnis von Ziel und Resultat, Sagen und Tun, Begriff und Realität der politischen Freiheit bei Hobbes nicht problematisiert. So kann sie annehmen, die

Liberalität der Leviathan-Lehre bereits mit der Abwehr unangemessener extrem-liberaler Einwände verteidigt zu haben.

15 Daß Freiheit über das Eigentum an der eigenen Person, Leib und Leben hinaus insbesondere in Form des materiellen Eigentums den Staatszweck bei Locke bestimmt, ergibt sich aus der Tendenz seiner Gesamtlehre. Mit „Stellen" ist es nicht zu belegen, auch nicht mit der Bemerkung in § 139 des „Second Treatise of Government", ein militärischer Befehlshaber dürfe ungeachtet seiner absoluten Gewalt über das Leben seiner Soldaten ihnen keinen Heller von ihrem Vermögen nehmen, wie W. Euchner angenommen hat (in der Einleitung zu seiner Ausgabe der „Zwei Abhandlungen über die Regierung", 1967, S. 35 und in ‚Naturrecht und Politik bei John Locke', 1969, S. 202 ff) Denn es geht aus dem Kontext hervor, daß Locke in diesem Zusammenhang nicht so sehr eine absolute Grenze des Staates festlegen als vielmehr den sinnvollen Gebrauch der absoluten Staatsgewalt auf die Bedingung entsprechender jeweiliger Ausnahmesituationen eingrenzen will. Situationen sind daher durchaus denkbar, in denen es nach Locke im Hinblick auf die Erhaltung der Gesamtgesellschaft, die bisweilen sogar über das Selbsterhaltungsrecht des Individuums gestellt wird (vgl. Second Treatise, §§ 134, 135), für den Staat zugleich zweckmäßig und naturrechtlich-moralisch geboten wäre, das Privateigentum von Bürgern über die gesetzlich vorgeschriebenen Abgaben hinaus anzutasten, ja Bürger zu enteignen (vgl. S. T., § 138).

16 Das hier skizzierte Locke-Verständnis folgt der Interpretation, die Macpherson in seiner „Politischen Theorie des Besitzindividualismus" ausgeführt hat. Unverständlich, ja angesichts der Würdigung Lockes als *Vermittler* des frühbürgerlichen Kapitalismus und der traditionellen Naturrechtsmoral widersinnig erscheint allerdings bei Macpherson die wiederholte Rede von einer „Aufhebung" („Transzendierung") der naturrechtlich-moralischen Eigentumsschranken zufolge der Einführung des Geldes und der kapitalistischen Wirtschaftsweise (vgl. a.a.O., 1967, S. 225, 229, 241; vgl. auch W. Euchner 1967, S. 29; 1969, S. 89, 90). Sie mag allerdings daraus zu erklären sein, daß Macpherson den Inhalt der Eigentumsschranken zunächst von absolut uncharakteristischen, ja irreführenden „materialistischen" Erläuterungen Lockes selbst her bestimmt („so viel, wie man selbst zu nutzen vermag", „für andere gleich viel und Gutes übriglassen"). — Die Unterstellung einer weiteren Eigentumsschranke „aufgrund der Arbeit" („nur so viel, wie man mit eigener Arbeit erwerben kann"), wird von Macpherson zu Recht zurückgewiesen (a.a.O., S. 241 ff, vgl. Euchner, 1969, S. 84 f). Andererseits wird bei ihm aber auch nicht deutlich, daß Locke in der Tat eine dritte Eigentumsnorm kennt: das naturrechtlich-moralische Zugeständnis (und als solches eher das Gegenteil einer Schranke), daß man so viel erwerben und genießen darf, wie man kann. Die Annahme einer dritten „Schranke" der Eigentumsbildung dürfte auf eine Verwechslung der trivialen physischen Schranke, die diese Zugeständnis-Norm voraussetzt, mit der Norm selbst zurückgehen. Daß Macpherson diese Norm (die vielleicht sogar als Gebot aufzufassen ist) übergeht, fällt allerdings nicht ins Gewicht. Denn Locke bindet ihre Gültigkeit an die beiden Voraussetzungen einer geringen Bevölkerungsdichte und eines Überangebots der Natur, an Voraussetzungen also, die unter den Bedingungen der bürgerlich-kommerziellen Gesellschaft schon nicht mehr erfüllt waren (vgl. S. T., § 36).

17 Die an sich sinnvolle Frage „Rousseau in den Spuren von Hobbes?", der eine bejahende Antwort nur unter der angedeuteten, weitgehenden Einschränkung angemessen erscheint, wird bei P.-C. Mayer-Tasch in „Autonomie und Autorität" (1968) auf einen nicht genügend differenzierenden Vergleich hinausgeführt: „Wie Rousseau die Identität von Gemein- und Mehrheitswillen, so vermutet Hobbes die Identität von Herrscherwillen und naturgesetzlicher Norm. Und nach der Lehre beider Denker verliert die Legislativinstanz bei mangelnder Normentsprechung zwar ihre ideelle, nicht aber ihre eigentliche politische Entscheidungslegitimität" (S. 117, Vgl. S 52). Schon die Parallele „Identität von Herrscherwillen und naturgesetzlicher Norm" — „Identität von Gemein- und Mehrheitswillen" ist eine unzulässige Vereinfachung. Ihr nämlich liegt die Ansicht zugrunde, die Mayer-Tasch an anderer Stelle (S. 44) auch zu begründen versucht, die volonté générale nehme bei Rousseau die Stelle des traditionellen Naturgesetzes ein. Dabei wird übersehen, daß Rousseau sowohl dem von Hobbes begründeten neuzeitlichen Naturrechtsansatz wie dem aristotelisch-stoisch-christlichen Naturrechtsdenken verpflichtet ist. Es sei erinnert an die Prinzipien „amour-de-soi-même" und „commisération", die zur „maxime de la bonté naturelle" als oberstem Naturrechtsansatz führen (anderen mit Wohlwollen zu begegnen, soweit es mit der eigenen Erhaltung und dem eigenen Glück verträglich ist; vgl. 2. Discours, in „Schriften zur Kulturkritik", Philos. Bibl. Bd. 243, ²1964, S. 177); es sei ferner erinnert an die Idee eines objektiven Normensystems göttlichen Ursprungs (Du Contrat Social II, 6), das die Menschen im Naturzustand nicht zu realisieren wußten, als deren Realisation aber der durch die staatsbedürftigen und staatswilligen Individuen mit Macht ausgestattete allgemeine Wille, also der Staat, zu würdigen ist. — Unzutreffend erscheint auch die Feststellung, mangelnde Normentsprechung des Souveräns hebe seine eigentliche politische Entscheidungslegitimität nicht auf. Denn mag auch diese Feststellung auf Hobbes' Souveränitätslehre in einem gewissen Umfange zutreffen (obwohl bei fehlender Normentsprechung der Hobbes'sche Souverän nachgerade zu bestehen aufhört), so ist doch bei Rousseau eine solche Bereitschaft, den Staatszweck der Staatsmacht im Interesse der Funktionsfähigkeit des Staates weitgehend zu opfern, völlig ausgeschlossen. Für Rousseau besitzt die Legislative, die gesetzgebende Volksversammlung, nur dann die Würde der Souveränität, wenn ihre Entscheidungen „tous les caractères de la volonté générale" aufweisen (C. S. IV, 2). Ein legitimer Spielraum zwischen optimaler Liberalität und Beinahe-Totalitarität des Souveräns ist bei Rousseau undenkbar. Rousseaus Staatsentwurf sieht zwar für den extremen staatlichen Notstand so etwas wie eine Diktatur vor, einen chef suprême, der „alle Gesetze zum Schweigen bringt und für einen Augenblick die oberherrliche Gewalt aufhebt"; die Ermächtigung eines solchen Diktators aber soll vom Volke selbst vorgenommen werden, und es geht auch seine Macht keinesfalls so weit, daß sie ein Gesetzgebungsrecht, also Übernahme der Souveränität, einschlösse. Auch die Führer (guides, chefs), die in Gestalt einer Quasi-Exekutive nicht entbehrt werden können, bleiben nur so lange im Amt, als es das Volk für opportun hält. Ja, selbst das prohibitive, zwischen Volk und Regierung im Zweifelsfalle vermittelnde „Tribunat" und der auf Grund höherer Einsicht und anerkannter Untadeligkeit als Volkserzieher und zur Abfassung der staatlichen Grundgesetze berufene „Legislateur" ändern nichts am Monopol des Volkes auf die legislative Gewalt und

damit auf die Souveränität. Es fehlt im Rousseauschen Staat des souveränen Volkes nicht an Institutionen, die zur Führung des Volkes bestimmt sind; es fehlt nicht an Führern, denen sogar in ähnlicher Weise wie schon bei Platon das Recht zugesprochen wird, die Dinge dem Volke nicht nur zu zeigen, wie sie sind, sondern sie ihm bisweilen auch so darzustellen, wie sie ihm erscheinen sollen: aufgrund dieser Gegebenheiten aber von einer möglichen Diskrepanz zwischen ideeller und politischer Entscheidungslegitimität der Legislative zu sprechen (oder gar vom Totalitarismus eines Führerstaates, wie es bei H. Weinstock in der „Einleitung" zu seiner Reclam-Ausgabe des „Contrat-Social" geschieht), geht an der Substanz der Souveränitätslehre Rousseaus vorbei. Die Souveränität liegt beim Volk allein und seinen Mehrheitsbeschlüssen, und sie liegt bei ihm nicht nur in einem bloß formellen Sinne, der mit inhaltlicher Verfälschung der volonté générale und tatsächlicher Unterdrückung des Volkes kompatibel wäre — so wie allerdings bei Hobbes die Legitimität des Souveräns von einer weitreichenden Illiberalität seiner politischen Praxis unberührt bleibt. Bei Rousseau ist einem Mißverhältnis von Staatszweck und Staatswirklichkeit dieser Art dadurch vorgebeugt, daß der legislative Volksbeschluß und damit die Existenz des Staates unter das Kriterium gestellt wird, alle Merkmale des allgemeinen Willens aufweisen zu müssen. Genau diese Koinzidenz der inneren Vernünftigkeit und der äußeren Wirklichkeit des Politischen, die Reduktion der äußeren Wirklichkeit des Politischen auf Moralität, die Reduktion des Staates auf die moralisch-praktische Vernunft der Bürger, ist andererseits Grund genug, Rousseaus praktisch-politischer Philosophie den Status einer Aufklärung über menschliches Freiseinkönnen nur im Hinblick auf ihre Intention zuzugestehen.

18 Zu Kants ebenso origineller wie problematischer Verarbeitung Hobbes'scher, Locke'scher und Rousseau'scher Theoreme (Naturzustand und Naturrecht, Eigentum und Staat, Assoziations- und Subjektionsvertrag, Ursprung und Anfang des Souveräns bzw. des Staates) vgl. R. Saage, Eigentum, Gesellschaft und Staat bei Immanuel Kant, 1973, S. 31—53; auszugsweise abgedruckt in: Zwi Batscha (Hrsg.), Materialien zu Kants Rechtsphilosophie, 1976, S. 206—233.

19 Vgl. Über den Gemeinspruch: Das mag in der Theorie richtig sein, taugt aber nicht für die Praxis, Akad.-Ausg. Bd. VIII, S. 297; Metaphysik der Sitten, Akad.-Ausg. Bd. VI, S. 371.

20 Vorarbeiten zum ewigen Frieden, Akad.-Ausg. Bd. XXIII, S. 165; vgl. Metaphysik der Sitten, Akad.-Ausg. Bd. VI, S. 318 f.

21 Über den Gemeinspruch . . ., Akad.-Ausg. Bd. VIII, S. 300.

22 Die Umkippung der Vertragstheorie Kants aus der zunächst für sie maßgebenden Begrifflichkeit der naturrechtlichen Sitten- und Freiheitsmetaphysik in ein Gewirr von Rechts- und Machtstaatsgedanken stellt die Kant-Interpretation, sofern sie sich das Bewußtsein dieser Unstimmigkeit nicht selbst durch Textgläubigkeit, Vorentschiedenheit gegenüber jedweder außergesetzlichen Gewalt oder durch soziologistische Reflex-Paradigmen (der Theorie-Widerspruch als Widerspiegelung gesellschaftlicher Gegensätze und Tendenzen) verstellt, vor eine recht komplexe Aufgabe. Denn so einfach dürften die Dinge gewiß nicht liegen, daß Kant mit der Ablehnung außergesetzlicher Gewalt nur der preußischen Regierung gefallen und zu Diensten sein wollte. Oder daß es gerade der Ansatz mit der transzendentalen Freiheitsidee wäre, der ihn so hinnahmebereit

gegenüber gesellschaftlicher Unfreiheit habe werden lassen (Vgl. H. Marcuse, Ideen zu einer kritischen Theorie der Gesellschaft, [3]1969, S. 95; dieser Hypothese ist einfach entgegenzuhalten, daß gerade die äußere gesellschaftliche Unfreiheit bzw. die Vernunft-Notwendigkeit ihrer Verhinderung von Kant zum Anlaß genommen wurde, der Ethik die Metaphysik des Rechts und des Staates anzufügen). Aber auch die subtilere Erklärung genügt nicht, die W. Haensel mit der These einer „Bedeutungsverschiebung der Idee des reinen Willens" in die Kant-Forschung gebracht hat: an den entscheidenden Argumentationsstellen (wie „Metaphysik der Sitten", S. 371 ff nach der Akad.-Ausg., Bd. VI) werde aus dem vereinigten Willen als der Einheit der vernünftigen Willen eine *Einheit überhaupt,* die sich natürlich bereits mit der Zusammenfassung unter einem machtstarken Willen realisieren lasse. Der authentische Gedanke des allgemeingesetzgebenden Willens aber ziele nicht bloß auf allgemeine Gesetzgebung, sondern genauso auf einen der Idee der Freiheit bzw. Gleichheit entsprechenden *Inhalt* der Gesetze. Kant löse also mit seiner Ablehnung der außergesetzlichen Gewalt die Verbindung von Rechtssicherheit und Rechtsrichtigkeit, von der sein Rechts- und Staatsentwurf ursprünglich bestimmt sei (vgl. W. Haensel, Kants Lehre vom Widerstandsrecht, 1926, S. 64—68; s. auch G. Dulckeit, Naturrecht und positives Recht bei Kant, 1932, S. 60 f). Diese Erklärung ist unzureichend, weil sie ja die Frage sofort heraufruft, was es denn wohl in der Anlage bzw. in den Prämissen der Theorie Kants sei, das diesen „Fehler" bedingt habe.

Vielleicht sind in diesem Betracht die folgenden Faktoren von Bedeutung: 1. Begriffliche Ungenauigkeit bei der Abgrenzung von „Souveränität" (Herrschaftsgewalt des kollektiv-allgemeinen Willens des Volkes) und „Souverän" (Oberhaupt, Repräsentant des Volkes bzw. ein solches Gremium als machtbesitzendes Vollstreckungsorgan des Willens des Volkes), „Souverän" und „Regent" (administrative Vollstreckungsinstanz der Gesetzgebung des Souveräns), „Widerstand" (außergesetzliche Gehorsamsverweigerung bzw. Einflußnahme auf den Souverän=Oberhaupt oder auch den Regenten) und „Revolution" (extra- und antikonstitutionale Aktivität, die aber im Gegensatz zur puren „Anarchie" in sich das Ziel einer neuen Staatsform oder Verfassung verfolgt). Was für die Frage des Rechtes auf Widerstand Belang hat — etwa die Möglichkeit seiner verfassungsmäßigen Legitimität — kann für die Frage des Revolutionsrechtes absolut auszuschließen sein. Und was für das Verhältnis von Souverän und Regent gilt — insbesondere die notwendige Differenz und Nichtübertragbarkeit der Funktionen — muß nicht für das Verhältnis des Volkes zum Souverän= Oberhaupt gelten. Das Volk kann die Gesetzgebung, die souveräne Kardinalfunktion, einem Parlament überlassen, das es auf diese Weise ermächtigt. Kants Texte vermitteln den Eindruck, daß er a) wie schon Hobbes Souveränität (Souveränität des Ganzen) und Souverän=Oberhaupt (Organ-Souveränität) so weitgehend identifiziert, daß ein Widerstand gegen den Souverän=Oberhaupt als das in sich widersprüchliche Beginnen einer Zerstörung des Rechts im Namen des Rechts erscheint, und daß er b) den Unterschied Souverän=Oberhaupt und Regent so wenig institutionell konkretisiert, daß dann auch der Widerstand gegen die Regierung nur „Aufruhr" und „Rottierung" sein kann; 2. eine weitgehende Ungeklärtheit des Zentralbegriffs des „allgemeinen Willens", die zur Folge hat, daß als Subjekt der Staatlichkeit so Verschiedenes wie die geschichtliche Einheit der im Staatsbejahen übereinstimmenden Individuen, eine unwaldelbare (oder als solche zumindest auch denkbare) überindividuelle Wesenheit und schließlich der zufällige Anbieter der den Staatswillen allererst zum Staat selbst vervollständigenden Macht in Frage kommt; 3. (vielleicht zugleich auch eine Erklärung der Mängel der politischen Subjektstheorie) die Verquickung der reinen Vernunftidee des Staates mit einer naturteleologischen Geschichtskonstruktion auf der Grundlage der (selbst durchaus nicht bloß regulativen) Unterscheidung „Ordnung der Vernunft" — „Ordnung der Natur", die als solche, insbesondere aber auch wegen der Zusatzprämisse einer radikalen Schwäche der „Natur" des Menschen den Primat des zweiten Ordnungs-Prinzips nahelegt (s. die „Vorarbeiten zum Ewigen Frieden", Akad.-Ausg. Bd. XXIII, S. 169). So kann sich die Konsequenz ergeben, die ja so besonders unerträglich wirkt, daß die Revolution zugleich als unrechtliches Handeln vernünftiger Subjekte und als Naturereignis (ja Naturveranstaltung) beurteilt wird und die Sophistikation möglich wird, das Produkt unrechtlichen Handelns, die neue Verfassung, sub specie naturae sive providentiae zum Gegenstand einer rechtlich-praktisch-vernünftig gebotenen Anerkennung zu erheben: eine erfolgreiche Revolution schafft verbindliche Rechtsverhältnisse, und es ist sogar der ideale Staat bzw. der Übergang zur idealen Staatsform, bei der die Gesetze und nicht mehr „Oberhäupter" herrschen, allein von Revolutionen zu erhoffen.

23 Metaphysik der Sitten, Akad.-Ausg. Bd. VI, S. 341.

24 Dies erscheint auch aus dem Grund fraglich, daß angesichts der Kantischen Substitution der Revolution durch einen Staatsreformismus „von oben" seine Unterscheidung von forma imperii und forma regiminis und seine Forderung des „Republikanismus" als der Staatsform (Verfassung) der „Republik" Vorschub leistender Regierungsart auf die Konsequenz hinauslaufen würden, den nichtrepublikanischen Souveränen nachgerade eine Pflicht zur Revolution bzw. zumindest zur Vorbereitung der Revolution (von oben oder gar von unten) anzusinnen, eine Annahme, die Kant ausdrücklich ausschließt (vgl. „Metaphysik der Sitten", Akad.-Ausg. Bd. VI, S. 340).
Zu Kants Äußerungen über die „Republik" vgl. den affirmativen und aktualisierenden Beitrag von I. Fetscher, Immanuel Kant und die Französische Revolution, in: Zwi Batscha (Hrsg.), 1976, S. 269—290, bes. S. 276—282. S. aber auch die Nachweise der Unbestimmtheit bzw. zumindest Ungreifbarkeit der Republik-Auffassung Kants bei H. Mandt, Historisch-politische Traditionselemente im politischen Denken Kants, a. a. O., S. 292—330. Kants persönliches Staatsideal war nach G. Vlachos (La pensée politique de Kant, 1962, S. 505) die durch eine Volksvertretung mit ihrerseits sehr begrenzten Rechten limitierte Monarchie, nicht einmal die gemischte Monarchie.

25 Die Kant-Kritik hat es leicht gehabt, die Inhomogenität der Prinzipienstruktur: Freiheit (als Mensch), Gleichheit (als Untertan) und Selbständigkeit (als standesbedingte empirische Qualifikation zum Aktiv- und Vollbürger) darzutun. Vgl. z. B. M. Riedel, Herrschaft und Gesellschaft, in: Zwi Batscha (Hrsg.), 1976, S. 125—148, bes. S. 137 ff. Wenig verständlich erscheint allerdings der Versuch, Kants Rückfall in die traditionelle Naturbetrachtung des Staates als solchen dadurch in Frage zu stellen, daß man verlangt, die übrigen Begriffe des Kontextes, also wohl auch Freiheit und Gleichheit, hermeneutisch dem Bürgerbegriff anzupassen; vgl. G. Bien, Revolution, Bürgerbegriff und Freiheit, a. a. O., S. 99. Sollte nämlich diese Forderung besagen, auch die Begriffe Freiheit und

Gleichheit seien wie die „Selbständigkeit" mit der Begrifflichkeit des Aktiv-
und Passivbürgers bzw. mit der entsprechenden Kategorialität zu verschmelzen;
wie die Abhängigkeit, so seien auch Unfreiheit und Ungleichheit in einem relativen Sinne dem Gedanken der Staatlichkeit vermittelbar und zu vermitteln, so
wäre dies ein Umgang mit dem Kantischen Postulat der Selbständigkeit, den
man als blind für dessen Kern und Wahrheitsgehalt und geradezu als seine Per-
vertierung bezeichnen müßte. Denn nicht in der Forderung nach Selbständigkeit
als solcher, die doch nur die beiden grundlegenden Forderungen im Blick auf die
gesellschaftlich-ökonomische Sphäre konkretisiert, ist ja die Inkonsequenz zu
sehen, deren Vorwurf man Kant nicht ersparen kann, sondern in der Verbindung dieses Postulats mit der Klassenbegrifflichkeit des Bürgers bzw. überhaupt
einfach nur in der Einführung der letzteren Begrifflichkeit in den „Staat in der
Idee". Zur wahren und aktuellen Bedeutung der Kantischen Forderung der
„Selbständigkeit" s. K.-H. Volkmann-Schluck, Politische Philosophie, 1974, S.
108 f, 118 ff. — Die tatsächlich einschneidende Empirisierung des „Staates in der
Idee" geschieht denn auch nicht im Umkreis der „Selbständigkeit" bzw. der
Bürgerbegrifflichkeit, sondern in demjenigen der Gewaltenteilung als Prinzips
der Repräsentation und damit der „Republik". Und genauso hat auch Kants
Versuch, seinen apriorischen Staatsentwurf der Freiheit, Gleichheit und Selbständigkeit mit seiner teils bloß empirischen, teils bloß geschichtsmetaphysisch-
konstruktiven Theorie der antagonistischen Gesellschaft zu einer Einheit zu
bringen, nicht etwa, wie man vermuten könnte, im Zusammenhange der Bürger-
begriffs-Distinktion seinen Ort, sondern u. a. dort, wo Kant, wie schon Platon für
die „Gold-, Silber- und Erzhaltigen", die Forderung nach einer Gleichheit der
Chancen, dem Abhängigkeitsstatus zu entkommen, und damit nach einer Durch-
lässigkeit der gesellschaftlichen Ungleichheitsräume zugunsten von Selbständigkeit und Gleichheit erhebt, eine Forderung bzw. Position, deren Ungegründet-
heit man trotz aller seitdem betriebenen „Liberalismus"-Kritik schon aus dem
Grunde nicht als feststehend ausgeben sollte, weil diese Forderung bzw. Position
an den „Liberalismus" als dessen ausschließliches Korrektiv gar nicht gebunden
ist.

26 Idee zu einer allgemeinen Geschichte in weltbürgerlicher Absicht, Akad.-Ausg.
Bd. VIII, S. 20.

27 Kritik der praktischen Vernunft, Akad.-Ausg. Bd. V, S. 61.

Anmerkungen zu 3

1 Vgl. Thomas Hobbes, Leviathan, hrsg. v. I. Fetscher, 1966, S. 5.

2 Vgl. Roland Dubischar, Grundbegriffe des Rechts. Eine Einführung in die
Rechtstheorie, 1968, S. 64.

3 Zit. nach Erik Wolf, Das Problem der Naturrechtslehre. Versuch einer Orientierung, [3]1964, S. 6.

4 Dubischar, a. s. O., S. 27 f.

5 Vgl. Hans Kelsen, Reine Rechtslehre, [2]1960, S. 353 f.

6 Diese Rechtsauffassung ist so wenig selbstverständlich, daß sie in der zweiein-
halbtausendjährigen Geschichte der Naturrechtslehre nur in dem angegebenen
Zeitraum von etwa 150 Jahren vorgeherrscht hat. Der vergleichbare revolutionäre Kosmopolitismus und Individualismus der mittleren bzw. jüngeren Sophi-

stik (Antiphon, Lykophron, Alkidamas bzw. Kallikles und Thrasymachos) hat sie genauso wenig erreicht, wie Platon und Aristoteles, sofern bei beiden der Wert des Menschen nach seiner funktionalen Leistung für die Polis berechnet wird und der Rede von Freien und Gleichen, wo sie geführt wird, die Einschränkung einer doppelten Bedeutung der Gleichheit hinzutritt (die Unterscheidung von numerischer und proportionaler Gleichheit). Im Naturrechtsdenken der Stoa schließlich hat zwar die Ablösung der Entgegensetzung (der Sophistik) von Physis und Nomos durch den Gegensatz von Nomos und Thesis, also die Ineinssetzung von Allnatur, Weltschicksal, Weltvernunft und Gesetz, zum ersten Male das „Pathos Naturrecht" (E. Bloch) gelingen lassen (in Weiterführung der schon in der Sophistik vorgenommenen Identifizierung des physei dikaion mit einem nomos agraphos), genau dieser kosmo-logische Pantheismus hat aber auch verhindert, daß die Freiheit des Individuums als Ursprung und Zweck von irgendetwas Positivem überhaupt anerkannt werden konnte.

7 S. Hans Ryffel, Grundprobleme der Rechts- und Staatsphilosophie, 1969, S. 91—99.

8 S. Wilhelm Weischedel, Recht und Ethik. Zur Anwendung ethischer Prinzipien in der Rechtsprechung des Bundesgerichtshofs, 1956.

9 S. Gustav Radbruch, Rechtsphilosophie, 71970, „Anhang", S. 353.

10 S. W. Maihofer (Hrsg.), Naturrecht oder Rechtspositivismus?, 1966, S. 2.

11 Zit. nach H. Welzel, Naturrecht und Rechtspositivismus, in: W. Maihofer (Hrsg.), Naturrecht oder Rechtspositivismus?, 1966, S. 322.

12 S. Hans Kelsen, Die philosophischen Grundlagen der Naturrechtslehre und des Rechtspositivismus, 1928, S. 75 f.

13 S. Ders., Reine Rechtslehre, 21960, S. 9.

14 S. Kelsen, 1928, S. 12—14; 1960, S. 196—227.

15 S. Kelsen, 1928, S. 66—68.

16 S. a. a. O., S. 13, 19; 1960, S. 203, 332.

17 Kelsen 1928, S. 65.

18 S. Hans Welzel, Naturrecht und materiale Gerechigkeit, 41962, S. 185.

19 S. Kelsen, 1928, S. 69; 1960, S. 396.

20 S. Kelsen, 1928, S. 68, 71; 1960, S. 39, 49 f.

21 Vgl. Kelsen, 1928, S. 32 — Die Lehre von der Grundnorm wirkt wie der verzweifelte Notbehelf eines Rechtsdenkers, der aus erkenntniskritischen Gründen „Positivist" sein, d. h. seine Rechtsbetrachtung auf Tatsachen und ein Menschenwerk-Recht beschränken will, der andererseits aber, als „Kritizist", die Rückführbarkeit des Sollens auf Seinsverhältnisse von vornherein ausschließt. Die beiden Forderungen nämlich reimen sich nicht zusammen, was daran deutlich wird, daß der Inhalt der Grundnorm zwar rein faktisch ist, auf eine historisch erste Verfassung und einen außergewöhnlich erfolgreichen Imperator geht, die normative Kraft der Grundnorm aber auch aus nichts anderem als aus dieser faktischen Besonderheit herkommt. Soll aber der Inhalt der Grundnorm nur dieser sein: es müsse eine Grundnorm angenommen werden, so erhebt sich die Frage, welche Grundnorm im konkreten Fall anzunehmen sei. Und verweist dann die Antwort auf Phänomene wie die historisch erste Verfassung und die

faktische Wirksamkeit einer prima-facie-Rechtsordnung, so ruft sie nur die neue Frage hervor, was denn eigentlich die normative Qualifikation von so etwas wie der historisch *ersten* Verfassung und einer *ungewöhnlichen* Befehlswirksamkeit ausmache. Daß Juristen i. a. nicht so fragen, dürfte allerdings richtig sein; aber haben nur sachverständige Kenner des positiven Rechts als solche ein Urteil über Rechtsprobleme?

Der bisher beschriebene Eindruck, es verlaufe sich Kelsens „juristischer Positivismus" in einem Irrationalismus des Begründens oder vielmehr der Begründungslosigkeit, sofern die Lehre von der Grundnorm ihre eigene Grundlage in einer rein subjektiven Entscheidung für Wert und Gültigkeit des positiven Rechts, in einem dezisionistischen Glauben besitze, dieser Eindruck ist freilich noch unvollständig. Eine (wenn auch kryptische) Begründungstheorie des positiven Rechts läßt sich bei Kelsen durchaus finden. Nach ihm nämlich ergibt sich der *Inhalt* des Rechts aus Interessen- und Machtkämpfen (1928, S. 67 f), so daß die Folgerung zumindest nicht abwegig sein dürfte, er verstehe das Recht überhaupt als Kompromißausgleich widerstreitender Interessen- und Machtbestrebungen nach dem physikalischen Modell des Kräfteparallelogramms. Mit dem Naturalismus der Grundnormlehre würde diese Auffassung auch zusammenstimmen. Ob sie allerdings genauso mit ihr als Imperator-Ideologie und Naturrechtslehre des Stärkeren vereinbart werden kann, ist in dem Maße zweifelhaft, als Ausdrücke wie „Gruppen-Interessen", „Ausgleich" und „Gleichgewichtszustand" (a. a. O.) eher der entgegengesetzten Sprache der Naturrechtslehre der Gleichheit und interessengesellschaftlichen Gleichverteilung von Freiheitsräumen entnommen zu sein scheinen. Kelsens an wissenschaftlicher Rationalität und „Wertfreiheit" ausgerichtete Theorie, heißt dies dann aber, wäre in dreifacher Hinsicht irational: unter der schon an sich brüchigen Oberfläche des „kritischen Positivismus" blickte ein hierzu wie auch wiederum in sich widersprüchlicher Gebrauch von Kategorien der physizistischen und liberalen Naturrechtsdoktrinen heraus.

22 S. Kelsen, 1928, ebenda.

23 S. Kelsen, 1928, S. 38; vgl. 1960, S. 435.

24 Rudolf Stammler, Die Lehre von dem richtigen Rechte, ²1964, S. 56.

25 S. Helmut Coing, Die obersten Grundsätze des Rechts. Ein Versuch zur Neubegründung des Naturrechts, 1947; Heinrich Hubmann, Naturrecht und Rechtsgefühl, in: Archiv f. d. civilistische Praxis, 153. Bd., 1954, S. 297—331. Zit. nach: Naturrecht oder Rechtspositivismus?, hrsg. von Werner Maihofer, 1966, S. 339—383.

26 H. Coing, 1947, S. 70.

27 ebenda.

28 S. a. a. O., S. 58.

29 S. Max Scheler, Der Formalismus in der Ethik und die materiale Wertethik. Versuch der Grundlegung eines ethischen Personalismus, ⁴1954, S. 496, Anm. 1.

30 S. Nicolai Hartmann, Zur Grundlegung der Ontologie, 1935, S. 21 f („Metaphysik der Werte").

31 Hans Welzel, Naturrecht und Rechtspositivismus, in: Maihofer (Hrsg.), 1966, S. 324 f.

32 Vgl. Adolph Leinweber, Gibt es ein Naturrecht? Beiträge zur Grundlagenforschung der Rechtsphilosophie, ²1970, passim.

33 Vgl. Gerald Grünwald, Zur heutigen Kritik am überpositiven Recht, 1971.

34 S. Thomas Hobbes, The English Works of Thomas Hobbes of Malmesbury, hrsg. von G. Molesworth, 1839—1845, Bd. III, S. 706; John Locke, The Second Treatise of Government, § 103.

Aber wird nicht der Naturrechtsgedanke dadurch entbehrlich, daß das, was er zu leisten vorgibt, ebensogut vom Prinzip der „Natur der Sache" geleistet wird, also von der Maßgeblichkeit jener unabänderlichen Faktoren des Individual- und Soziallebens, wie Geburt, Kindheit, Jugend, Alter, Geschlechterdifferenz und -verbindung? Ja, eignet sich dieses Prinzip nicht in noch höherem Maße zu der Funktion, die der Naturrechtsgedanke beansprucht: Richtungsweiser für die Konkretion des Rechts in seiner Erzeugung, Anwendung und Dogmatisierung zu sein, sofern nämlich die Natur der Sachen aus den Sachen selbst hervorleuchtet bzw. mit wissenschaftlichen Methoden daran zum Vorschein gebracht werden kann, mit den Sachen entsteht und vergeht und im Gegensatz zum starren Kanon unwandelbarer Naturrechtsnormen also auch Anpassungsfähigkeit und Dynamik des Rechts verbürgt? Und gewährleistet nicht dieses Prinzip, auf geradezu paradoxe Weise, außer der größeren Gerechtigkeit auch ein höheres Maß an Rechtssicherheit, sofern die Hinwendung zur Sache zugleich eine Unterordnung unter „Sachzwänge" bedeutet und der Versuchung vorbeugt, der das Naturrechtsdenken jederzeit ausgesetzt ist: persönliche oder historische Normenvorstellungen zu verabsolutieren und der positiven Rechtsordnung als allgemeingültige Inhalte aufzuzwingen? Besitzt die Rechtstheorie also nicht im Prinzip der „Natur der Sache" den Stein der Weisen, der die Rechtsmomente Abstraktheit und Dynamik, Lückenhaftigkeit und Richtigkeit, Sicherheit und Gerechtigkeit zu idealer Einheit vermittelt? Hat man nicht Hans Welzel zuzustimmen, der den wissenschaftlich legitimen Kern der Naturrechtsproblematik im Prinzip der „sachlogischen Strukturen" sieht: „in den sachlogischen Strukturen stecken die materialen Bindungen des Gesetzgebers, die die Naturrechtslehren meist vergeblich gesucht hatten. Naturrecht ist nicht *außerhalb* des positiven Rechts oder *über* ihm zu finden, sondern steckt als immanente Grenze *in ihm selbst* darin, wir müssen nur den Blick dafür öffnen. Nicht indem wir unsere Wünsche in ein ideales Reich projizieren, .. sondern indem wir in mühseliger Arbeit den sachlogischen Gesetzlichkeiten nachspüren, die gewebeartig das ganze positive Recht durchziehen und ihm einen festen, jeder Willkür entzogenen Halt geben" (Naturrecht und Rechtspositivismus, in: Maihofer (Hrsg.) Naturrecht oder Rechtspositivismus, 1966, S. 337. Vgl. „Naturrecht und materiale Gerechtigkeit", ⁴1962, „Rückblick"). Welzel selbst unterscheidet allerdings nicht nur zwei Klassen von „immanenten materialen Prinzipien", eine den Gesetzgeber nur relativ bindende und eine ihn absolut bindende „Natur der Sache", er setzt außerdem die letztere Klasse sachlogischer Struktur-Normativität mit nichts Geringerem identisch, als mit der „sittlichen Autonomie des Mitmenschen" und der „Menschenwürde". Wenn es sich aber so verhalten soll; wenn dies unter dem Ausdruck „sachlogische Struktur" mit zu verstehen sein soll, so werden wieder, jetzt aber in der umgekehrten Richtung, Fragen aufgeführt. Denn: ist die „sittliche Autonomie des Mitmenschen" wirklich etwas im positiven Recht Darinsteckendes? Oder befindet sich dieser Maßstab des positiven Rechts *ursprüng-*

lich nicht vielmehr außerhalb von oder über ihm, insofern die immanente Richtigkeitstendenz des positiven Rechts hier von der Ethik her gedeutet wird, nach dem Vorbild der Kantischen Grundlegung des Rechts innerhalb einer „Metaphysik" der „Sitten" (das Recht als im „Kategorischen Imperativ" des inneren und äußeren Vernünftigseins implizierte — „darinsteckende" — äußere Vernünftigkeit und Freiheit)? Sollte man es also nicht vielmehr vermeiden, zu den „*sach*logischen Strukturen" auch so etwas wie die sittliche Autonomie des Menschen und seine Würde zu rechnen? Ist nicht deutlich, daß mit solchen Prinzipien ein ethischer Maßstab an das positive Recht gelegt und auf diese Weise der legitime Kern der Naturrechtsauffassung noch *innerhalb ihrer selbst* herausgeschält wird? Besteht nicht die Bedeutung des Prinzips der „Natur der Sache" allein darin, zu Richtigkeit und Gerechtigkeit des Rechts in der Art einer conditio sine qua non beizutragen, während seine jeweils maßgebliche und jeweils charakteristische Prägung aus Richtigkeits- und Gerechtigkeits-Ideen erfolgt, durch solche Faktoren also bestimmt wird, wie sie die Naturrechtslehre qua Rechtsethik zum Thema hat?

Die weitergehende Frage aber, ob das Normative und mit ihm das positive Recht nicht seinen Ursprung im Irrationalen oder jedenfalls außerhalb der praktischen Vernunft habe, etwa in sozialer oder biopsychischer Zweckmäßigkeit — es wäre so gesehen nicht mehr als etwa ein Ideologie-Instrumentarium der herrschenden Gesellschaftsklasse bzw. eine Art Ideologie der allbeherrschenden Natur, ein Hilfsmittel der Machtstabilisierung (der Ursprünglich-Mächtigen, wie die marxistische Ideologiekritik annimmt, oder der Ursprünglich-Schwachen, wie die vergleichbare antike Theorie voraussetzt; s. Platon, Georgias 482c—484c, Politeia 358c—360d) bzw. eine überichliche Internalisierung natürlicher äußerer Autorität aus Furcht vor der Ödipus-Versuchung und als Erbe des Ödipus-Komplexes —, diese Frage dürfte überhaupt nur zu traktabel sein, daß man auf die anthropologischen Prämissen solcher Genealogien des Normativen, der Moral und des Rechts reflektiert. Diese nämlich scheinen ein uneingeschränkter utopischer Infinitismus bzw. ein uneingeschränkter idealloser Finitismus zu sein, beides aber extreme Zerrbilder des Menschen als unendlich-endlichen Vernunftwesens.

35 S. Johannes Thyssen, Zur Rechtsphilosophie des Als-Seins, in: Archiv für Rechts- und Staatsphilosophie, Bd. 43, 1957, S. 87 ff, desgl. in: Die ontologische Begründung des Rechts, hrsg. von Arthur Kaufmann, 1965, S. 328—340; Staat und Recht in der Existenzphilosophie, in: Archiv für Rechts- und Staatsphilosophie, Bd. 41, 1954—55, S. 1—8.

36 S. Erich Fechner, Naturrecht und Existenzphilosophie, in: Archiv für Rechts- und Staatsphilosophie, Bd. 41, 1954—55, S. 305—325, desgl. in: Maihofer (Hrsg.), 1962, S. 384—404, bes. S. 402; ders., Rechtsphilosophie. Soziologie und Metaphysik des Rechts, 1956, S. 261. Werner Maihofer, Naturrecht als Existenzrecht, 1963; vgl. ders., Recht und Sein. Prolegomena zu einer Rechtsontologie, 1954, S. 98.

37 Viele Fragen bleiben zu beantworten, die wir zunächst nur aufwerfen können. Wenn in dem Ausdruck „Bestimmung des Menschen" der Gedanke angedeutet ist, daß so etwas wie eine Grundnormierung, eine oberste Normativität als invariante absolute Grundlage der je geschichtlich-konkreten Normensetzung, unentbehrlich erscheint, soll nicht wieder dem Relativismus und damit dem Ver-

zicht auf eine Begründung des Normativen stattgegeben werden, so ist damit nur soviel entschieden, daß ein deterministisches Verständnis der „Bestimmung" ausfällt. Die „Bestimmung" meint ein Vernünftigsein-Sollen, nicht irgendeinen Zwang, Vernunftwesen zu sein. Aber handelt es sich um (normative) „Bestimmung von außen" oder um reine „Selbstbestimmung"? Entwerfen wir uns zur Vernünftigkeit, indem wir ein Bild realisieren, das uns vorgehalten wird, oder entwerfen wir uns in absoluter Freiheit auf Vernunft hin? Nur dies wird vorausgesetzt: daß wir uns entwerfen, daß wir auf Vernünftigkeit und Menschenwürde verzichten können.
Wie aber wäre der Ursprung des Normativen auszudenken? Was wäre denkbarer Geltungsgrund des Sollens? Worauf soll man das Sollen zurückführen, wenn man es in seiner praktisch-vernünftigen Eigengültigkeit anerkennen möchte, es unerklärt aber nicht gelten lassen kann? Man könnte auf das Kantische Schema der Zurückführung des Sollens auf Willensverhältnisse zurückgehen. Das Paradigma ist dabei die Befehlssituation: B soll, weil A will. B muß allerdings die Befehlsgewalt von A anerkannt haben, er muß A als Imperator gelten lassen, als solchen selbst wollen. B muß einverstanden sein mit dem Sollen, das sich für ihn aus dem Wollen von A ergibt; er muß das Wollen von A in diesem Sinne selbst wollen, so daß das Sollen, das an ihn ergeht, in gewisser Weise von ihm selbst ausgeht. Wenn aber in analoger Weise „Selbstbestimmung" strukturiert sein soll, wie soll das Gefälle höheren und niederen Wollens und das Einverständnis des niederen Wollens mit dem gebietenden Wollen, woraus in diesem Falle ein reines Sollen, eine absolute Grundnormierung entspringen soll, gedacht werden? Ist ein Analogon von der doppelt-negativen Struktur: eigenes Wollen entgegen eigenem Gegenwollen, das so etwas wie den „hypothetischen" Imperativ durchaus erklären mag, auch hier möglich? Ist die Formel der intraindividuellen Sollensbegründung „Sollen ist Wollen entgegen einem Gegenwollen" hier anwendbar? Resultiert der Imperativ inneren und äußeren Vernünftigseins, die Grundnorm einer Philosophie der Selbstbestimmung, in der Tat aus dem Behauptungswillen reiner praktischer Vernunft gegenüber Vernunftlosigkeit und Widervernunft, durch die sie sich gefährdet weiß und der sie sich als Norm entgegenhält? Und bedeutet dann reine praktische Vernunft soviel wie empirisch-unbedingte (nichtinstrumentale, nichtglücksbezogene) Vernunft, oder ist die Differenz des Fundamental-Normativen und des Relativ-Normativen eine solche noch innerhalb der instrumentellen Vernunft?
Angenommen aber, die Bedeutung des Ausdrucks „Bestimmung des Menschen" wäre geklärt, der Ursprung des Normativen aufgehellt: Wie soll man sich so etwas wie die „begriffliche Idealbildung des positiven Rechts" als Verfahren denken? Wird man sich mit einer Repräsentationstheorie oder gar mit einem Als-ob-Konventionalismus zufriedengeben müssen, der eine „Realerklärung" mittels des Prinzips des „Abrichtens" und eine entsprechende Ideologiekritik geradezu herausfordert? Oder ist bereits der Versuch als solcher verfehlt, sich unter der „begrifflichen Idealbildung" des positiven Rechts etwas Genaueres zu denken, weil mit diesem Gedanken „nur" eine notwendigerweise wenig bestimmte, gleichwohl aber unentbehrliche transzendental-regulative „Idee" der Rechts-Region getroffen wäre?
Nicht unangezeigt darf schließlich auch der Aspekt dieses Naturrechtsverständnisses bleiben, der darin besteht, daß die Frage nach den Prinzipien Gerechtig-

keit, Gleichheit und Freiheit als Minimalbedingungen richtigen Rechts nicht weiter ins Inhaltliche verfolgt worden ist. Bleibt überhaupt noch ein möglicher Sinn dieser Prinzipien, wenn man ihre Konkretion der Geschichte überantwortet? Welchen Sinn von der Gerechtigkeit z. B. behält man zurück, wenn man ihre Auslegung in den Forderungen „Jedem das Gleiche", „Für jeden das Gleiche (an Glücksbeförderung)" und „Jedem nach seinen Bedürfnissen, jeder nach seinen Fähigkeiten" der geschichtlich-relativen Konkretion zuschlägt? Bleibt die Forderung „Jedem das Seine"? Soll man dieser Forderung, wie auch den Vernunftsetzungen Gleichheit und Freiheit, einen bloß trans-historischen oder (in der Art eines strengen Apriorismus) einen wahrhaft extra-historischen Status zuschreiben (praktische Vernunft also insoweit der Geschichtlichkeit entziehen)? Wären Apriorität und Aposteriorität des Normativen zu vermitteln oder „nur" ein Gegensatz innerhalb homogener Aposteriorität? Solange solche Fragen nicht einmal im Ansatz beantwortet sind, kann die hier entwickelte Konzeption, wie sie ja auch von Anfang an vorgegeben hat, nur als Problemanalyse gelten.

Anmerk. zu 4

1 Bei W. K. Frankena, dessen Versuch einer Fundierung der analytischen Ethik in normativer Ethik zu den bemerkenswertesten Beispielen neuerer analytischer Ethik gehört, verknüpft sich mit der normativ-ethischen Fundierungsabsicht in genauso charakteristischer Weise das Bestreben, traditionelle Problemstellungen, Begriffe und Begriffssysteme, insbesondere aber solche Philosopheme zu konservieren, die von der Ethik Kants entwickelt oder beeinflußt wurden. (Vgl. William K. Frankena, Analytische Ethik, 1972, Kapitel 1). So will Frankena z. B. die empirisch-deskriptive Betrachtungsweise der Moral von der normativen Ethik unterscheiden, Moral und Klugheit voneinander abgrenzen, Ethik als spezielle Wissenschaft neben Psychologie und Soziologie gelten lassen, ja sogar den Begriff der Freiheit im Sinne von „Autonomie" aus der Tradition übernehmen. In allen diesen Fällen aber, in denen Frankena „der traditionellen Sicht unseres Gegenstandes" folgen möchte, ist der Traditionalismus relativ, wird die Substanz der traditionellen Philosopheme aufgelöst, bleibt die Übereinstimmung mit der Ethik-Tradition der „reinen" praktischen Vernunft oberflächlich. Dafür die folgenden Belege: 1. Die Unterscheidung der „deskriptiv-empirischen" Untersuchungsart vom „normativen Denken" scheint in der Art Kants zwei Dimensionen der Moralbetrachtung entgegenzusetzen, Empirismus und Normativismus, deskriptiv-empirische Analyse und nichtdeskriptiv-nichtempirische Analyse. In Wahrheit aber ist nur eine Dimension in den Blick genommen, die Dimension der sinnlich-affizierten Vernunft, auf deren eigenstem Gebiet zwei Betrachtungsweisen gegenübergestellt werden, die deskriptiv-empirische Analyse und die nichtdeskriptiv-empirische Analyse. Moral wird nämlich als normativ-regulierende Institution der Gesellschaft gedacht, eine Perspektive daher von vorneherein angelegt, die entschieden und eindeutig „empirisch" ist (wenn auch vielleicht nicht ebenso entschieden und eindeutig „deskriptiv") und eine andere Differenzierung als die zuletzt genannte gar nicht zuläßt. 2. Frankena versteht die Moral als „regulatives soziales System", als „Unternehmen der Gesellschaft". Sie sei „in ihrem Ursprung, ihren Sanktionen und ihren Funktionen eine soziale Erscheinung". Konsequenterweise dürfte also für ihn so etwas wie

„Ethik" nur als Subdisziplin möglich sein, als Zweig insbesondere der Soziologie und Psychologie. Frankena aber hält es für möglich, Ethik als „normative Theorie" durchaus neben Anthropologie, Geschichtswissenschaft, Psychologie und Soziologie zu begründen. Bezeichnend ist allerdings auch hier wieder die Art, in der er dieses traditionelle Ethik-Verständnis aufbewahrt. Die Substanz nämlich der traditionellen normativen Ethik, die Frage nach der *Gültigkeit* normativer Urteile und des Normativen überhaupt als Frage nach Realität und Struktur einer moralisch-praktischen *Vernunft,* verliert dabei jede Bedeutung. Nur ein Merkmal bleibt vom traditionellen Ethik-Begriff als Begriff einer Prinzipien-Analyse der moralisch-praktischen Rationalität noch übrig: das Moment des Prinzipiellen bzw. des Allgemeinen. Daß eine Untersuchung „allgemeine Fragen" der Moral oder auch die Moral im allgemeinen behandelt, dieser Umstand soll sie bereits zur „Ethik" qualifizieren. Als ob nicht auch eine allgemeine Moral-Soziologie oder -Psychologie möglich wären. Wie im Falle des Moralverständnisses soll auch hier, im Problemzusammenhange des Ethik-Verständnisses, eine nur periphere Berührung mit der Tradition die analytische Ethik als deren Erbin und Erbwalterin ausweisen. 3. Obwohl der Grundansatz der Ethik als allgemeiner Institutionen-Soziologie und -Psychologie dem Kantischen Ethik-Prinzip der „Autonomie" nicht günstig zu sein scheint, will Frankena gerade auch diesen Begriff rehabilitieren. Der substantielle Gehalt des Freiheitsbegriffes soll allerdings wohl kaum jene Unbedingtheit der Selbstbestimmung sein, die Kant mit dem Ausdruck „Autonomie" verband. Nein, es soll bereits Rationalität überhaupt (eine rationale Einstellung) Selbständigkeit, Freiheit und Autonomie verbürgen. Als könne eine „rationalere Einstellung" nicht gerade auch zum Bewußtsein des Nicht-Freiseins oder zu einem irrenden Freiheitsbewußtsein führen. Und als sei der Umkehrschluß möglich: Irrationalität = Unfreiheit, Rationalität = Freiheit. 4. Frankena arbeitet 6 „Aspekte der Moral" heraus, von denen er 3 zum „Kern der Moral" zusammenfaßt. Diese Aspekte sind: spezifisch moralische Urteilsformen, deren Begründbarkeit, gewisse Regeln, Grundsätze, Ideale und Tugenden als allgemeine Grundlagen der speziellen Urteile und ihrer Begründung, gewisse charakteristische Arten des Fühlens, gewisse Sanktionen und sonstige Motivationsquellen, schließlich der Standpunkt der Moral. Den „Kern der Moral" aber bilden nach Frankena: die spezifisch moralischen Urteilsformen, deren Begründungsart sowie die moralischen Sanktionen und sonstigen Motivationsquellen. So befremdlich nun auch an dieser Auswahl insbesondere die Nichtberücksichtigung der fundamentalen moralischen Regeln, Grundsätze usw. erscheinen kann, sie ist angesichts des sozio- und psychotheoretischen Grundansatzes nur konsequent. Gerade so etwas wie fundamentale Regeln und Grundsätze müssen (im Gegensatz zu Sanktionen) vom Kern der Moral ausgeschlossen und vom Zentrum der Ethik ferngehalten werden, wenn die Ethik nicht statt durch die Frage nach den allgemeinen Funktionsweisen der Moral durch eine Gültigkeitsproblematik, durch ein Fragen nach Vernunftursprung und Vernunftkriterien des Moralischen geprägt sein soll. Und so ist gerade Frankenas gleichzeitige Hervorhebung und Abwertung der fundamentalen moralischen Grundsätze ein Symptom für den durchaus zweideutigen Charakter der Gefolgschaft (oder zumindest Nachfolgerschaft), den neuere analytische Ethiker gegenüber der traditionellen Ethik beanspruchen.

Speziell zur methodologisch-wissenschaftstheoretischen Problematik der Abgrenzung und Identitätsbestimmung der Ethik, der Frankena eine so verharmlosende Behandlung zuteil werden läßt, s. Hans Albert, „Ethik und Metaethik", in: Konstruktion und Kritik, 1972, S. 127—167. Albert kritisiert hier nicht zu Unrecht die „linguistische Maskerade", mit der in der Ordinary-Language-Philosophie bestimmte Rationalitätskriterien unkritisch bevorzugt, befolgt und behauptet werden. Daß ihm selbst dann allerdings der Versuch, das Fundament der Ethik in den Prinzipien des „Kritischen Rationalismus" zu legen, zu nichts anderem als zu einer Glaubenserklärung gegenüber genau jenen Rationalitätskriterien gerät, denen auch die meisten Ordinary-Language-Analytiker anhängen, und daß die normativ-ethischen „Folgerungen", die er aus dieser entschieden nicht neutralen Position zieht, in die Richtung genau der auch in der Ordinary-Language-Ethik vorherrschenden Empirismus-Teleologismus-Utilitarismus-Kategorien zielt, diese Parallele kann als ein weiterer Beweis für die Alleingeltung angesehen werden, deren sich der Empirismus in der gegenwärtig dominierenden Ethik und praktischen Philosophie überhaupt erfreut.

2 Eine Zusammenfassung und systematische Verarbeitung wichtiger kritischer Problembeiträge gibt H. Lenk in seinem Aufsatz „Kann die sprachanalytische Moralphilosophie neutral sein?" in: M. Riedel (Hrsg.), Rehabilitierung der praktischen Philosophie II, 1974, S. 405—422. Die dynamische „Multifunktionalität" der Moralwörter, die selbst ihre rein deskriptive Verwendbarkeit einschließt, läßt nach Lenk eine Bedeutungslogik *des* Moralischen mittels einer schlichten Analyse der Umgangssprache nicht zu. Der metaethischen Behauptung einer neutralen Erfaßbarkeit von Wesensmerkmalen des Moralischen liege eine Vorentscheidung und insofern auch eine Normierung der Moralsprache durch den jeweiligen Metaethiker zugrunde, der, wage er nicht die Konstruktion einer künstlichen Sprache, nicht einmal seine Inanspruchnahme der Differenz von Objekt- und Metasprache zu rechtfertigen vermöge. Lenk stellt diesem Dilemma der umgangssprachlichen Metaethik das Desiderat einer psychologisch, soziologisch und insbesondere kulturanthropologisch orientierten „Moralphilosophie der ethischen und metaethischen Moralentwürfe" gegenüber, ein Programm, das nicht einmal eine Vorentscheidung für „das abendländische Ideal der Rationalität" implizieren soll.

Man wird einem solchen Pluralismus der Modelle manches Argument entgegenhalten: seine eigene kategoriale und wertungshafte Entschiedenheit für „abendländische Rationalität", die Rückführbarkeit ethnischer Moraldevianzen auf identische moralische Grundwertungen (Standardbeispiel dieser Argumentation sind gewisse Eskimostämme, die mit der Tötung der alten Eltern auf ihre Weise auch nur deren Bestes verfolgen), die Unmaßgeblichkeit historischer und faktischer Daten bzw. Wahrheiten für die Frage des Wertvorzugs von Moralsystemen. Der Sinn einer normalsprachlichen Analyse der Normalsprache der Moral hängt vom Erfolg dieser Gegenargumente jedoch nicht ab, wenn eine solche Untersuchung aus der Sicht des Modell-Pluralismus selbst sinnvoll erscheint und darin auch, nicht anders als im Modell-Pluralismus, die abendländische moralisch-praktische Vernunft zusamt ihren Kategorien und mit ihrem Absolutheitsanspruch bezüglich Richtigkeit, Verantwortlichkeit und Sollen und anderen moralischen Kategorien, deren Kategorien-Inhaltlichkeit mit normativ-moralischen Überzeugungsinhalten nicht verwechselt werden darf, nur als Gegenstand einer verbreiteten Anerkennung, eines Sprachgebrauchs und damit eines populären Glaubens vorausgesetzt wird.

3 Die Universalisierbarkeit moralischer Sätze darf also mit bloßer Konsistenz, deren selbst Geschmacksurteile fähig sind, nicht verwechselt werden. Vgl. hierzu: A. Ward, Morality and the Thesis of Universalisability, in: Mind, 82, 1973, S. 289—291.

4 Aus der Sicht dieser Analysen muß es als eine Verzeichnung des Verhältnisses von Phrastikon und Neustikon angesehen werden, wenn Fr. Kaulbach in seiner kritischen Würdigung der Hare'schen Metaethik vom Phrastikon als vom „ausgesagten und dargestellten Inhalt", von einer „objektiven Feststellung", der „indifferenten Information über einen Sachverhalt" und dem „objektiv beschreibenden Teil des Satzes" sowie im Hinblick auf die Gesamtstruktur präskriptiver Sätze von einer Verbindung des „logischen, objektiv darstellenden und begründenden Bedeutungselements mit demjenigen des auffordernden, bewertenden, befehlenden, empfehlenden Stellungnehmens" spricht. Vgl. Ethik und Metaethik, 1974, S. 128. Wir möchten gegenüber diesem isolierenden Verständnis von Phrastikon und Neustikon (von der konstativ-neustischen Überinterpretation des Phrastikon noch ganz abgesehen) die sprachlogische Interdependenz dieser Satzmomente zur Geltung bringen, die auch Hare selbst noch nicht herausgearbeitet hat. Mit der Interdependenz von „Proposition" und „illokutionärer Rolle", wie sie K.-O. Apel mit Recht gegenüber Searle's Versuch einer Metakritik an der Kritik des „naturalistischen Fehlschlusses" (— nicht zwar illokutionäre präskriptive und deskriptive Akte, aber die in ihnen enthaltenen Propositionen sollen auseinander ableitbar sein —) geltend gemacht hat, fällt erstere Interdependenz übrigens keineswegs zusammen, wenn anders es richtig ist, daß das Neustikon selbst als Moment der Satzbedeutung fungiert, Proposition und illokutionärer Akt im Sinne der Theorie der „Sprechakte" hingegen (den Apel wie Habermas übernommen haben) als Satzbedeutung und Satzäußerung bzw. -sinn zu unterscheiden sind. Zu Apels Searle-Kritik s. „Sprechakttheorie und transzendentale Sprachpragmatik zur Frage ethischer Normen", in: K.-O. Apel (Hrsg.), Sprachpragmatik und Philosophie, 1976, S. 62—66. (Insofern Searle „Proposition" und „Satzbedeutung" gleichsetzt, als selbständig-neutrales und konstantes Satzmoment diesseits der variablen „illokutionären Rolle" ergibt sich übrigens bei ihm nachgerade ein Widerspruch zwischen dieser Auffassung und seiner sonstigen Bestimmung des Verhältnisses von „Referenz" und „Prädikation". Nach diesem letzteren Theorieteil nämlich soll die Prädikation — im Gegensatz zur Referenz — von der illokutionären Rolle abhängig und doch zugleich ein „propositionaler Akt" sein, so daß Neutralität gegenüber der Illokutionarität lediglich der Referenz zukommen würde. Wie allerdings die Referenz als „identifizierende Beschreibung" eine solche Neutralität gegenüber der Prädikation und damit eben auch gegenüber der Illokutionarität soll behaupten können, dies wiederum läßt sich schlechterdings nicht einsehen und wird durch die Ergebnisse unserer Überprüfung der Hare'schen Phrastika-Neutralitätsthese, die der Searle'schen Propositionen- bzw. Referenzthese vergleichbar erscheint, sogar ausgeschlossen; vgl. Searle selbst, „Speech Acts", II, 7.).

Hare, heißt dies alles aber auch, hat zwar bereits den entscheidenden Schritt zur semantisch-praktischen Struktureinheit des Satzes hin getan, die durchgehende Verfügung der Satzmomente jedoch noch nicht weit genug verfolgt, ohne deren genauere Kenntnis alles Abgrenzen der Rationalitätsparadigmen theoretisches Urteil, Befehl und Werturteil vordergründig bleibt. Oder historisch gesehen: Es wäre nützlich gewesen, wenn Hare im Zusammenhange seiner performations-theoretischen Fortführung der Frege-Russelschen Kontroverse um „Sinn" und „Bedeutung", hinter die Searle mit der Unterscheidung von Referenz und Proposition und insbesondere mit der Isolation der Proposition von der Gesamtsatzbedeutung wieder zurückfällt, nicht bei der Ersetzung der „bestimmten Beschreibung" bzw. der „Existenz"-Voraussetzung durch das neutrale „Phrastikon" als Ausdruck für so etwas wie einfach das „Rede-Objekt" stehengeblieben wäre sondern sich zugleich auch der bedeutungsmäßigen Abhängigkeit des „Sinns" von der „Bedeutung" bei Frege erinnert hätte. („Sinn" als von der subjektiven „Vorstellung" zu unterscheidende „Art des Gegebenseins"; s. Sinn und Bedeutung, in: Funktion, Begriff, Bedeutung, ⁴1975, S. 41). Auch die Differenzierung in „phrastic" und „tropic", die Hare später für das nicht-neustische Satzmoment vorgeschlagen hat und mit der er der Sinndifferenz von Satzmodus (tropic) und Satzperformation (neustic) Rechnung tragen möchte, kann keinesfalls als Beseitigung der hier erörterten Problematik angesehen werden (vgl. Meaning and Speech Acts, in: The Philosophical Review, 79, 1970, S. 3—24). Denn gibt sie auch dem, was Hare in „Die Sprache der Moral" eine „verschiedene Art des Nickens" nannte, ein wenig mehr Deutlichkeit (wenngleich auch nur mehr im Terminologischen; die Angemessenheit des Ausdrucks „neustic" und das Verhältnis des „Nickens" zu seinen Arten bzw. den Satzmodi, erst recht aber das Verhältnis von Satzgebilde und Satzperformation verharren weiterhin im Unklaren): die entscheidende Frage des Verhältnisses von *Phrastikon* und Modus, d. h. die Frage nach einer Kraft des Modus, auf das Phrastikon abzufärben, wird hiermit nicht einmal berührt. Dies zeigt sich insbesondere daran, daß Hare für das Phrastikon der Sprechhandlung des Empfehlens eine Mehrheit von „tropics" in Aussicht nimmt, die frühere Deutung der Phrastika der präskriptiven Sprache im Sinne ihrer vielseitigen (auch theoretischen) Verwendbarkeit also intakt läßt. Spricht nicht aber angesichts der Alternative, entweder ein phrastic mit mehreren tropics oder ebensoviele phrastics wie tropics in jeweils gleich undurchsichtiger Weise anzusetzen, einiges dafür, die Struktur der Satzmomente noch anders zu deuten: als eine Synthese von „Performabile" (bzw. „Performandum") und „Performans" derart, daß Hares phrastic als durch den jeweiligen Modus der „Performation" affizierter bildhafter Vorentwurf des „Performatum" präzisiert würde, die Prinzipien des neustic und tropic also ein einheitliches Strukturmoment ergäben (das „Performans"), durch das hindurch der primär performatorische Charakter der Sprache die ihr nicht weniger eigentümliche Dimension der Objektivität im Griff hielte, prinzipiierte?

Natürlich richtet diese Performations-Begrifflichkeit und -Terminologie im Problemzusammenhang von Sinn, Bedeutung, Referenz, Proposition, Prädikation, Beschreibung, Hinweis und Illokution als solche kaum etwas aus. Sie läßt aber immerhin ahnen, daß wirkliche Forthilfe allein von der Überwindung des Konventionalismus als dem bloßen Surrogat der Voraussetzung praktischer Vernunft (aus dem sich jedoch die Begrifflichkeit der „illokutionären Rolle" und die Distinktion Illokution-Perlokution erklären, mit dem sie also auch aufzugeben sind) und von einer universalen performatorischen Subjektsphilosophie kommen dürfte, einer Theorie also, die auch nicht bloß als „Transzendentalphilosophie" i. e. S. die ursprüngliche Erkenntnisintentionalität alles theoretischen Verhaltens betonen würde, um z. B. das Hinweisen und das Beschreiben als inferiore Modi des Setzens (Synthetisierens, Konstruierens, Konstituierens) zu deuten.

5 Verwechselt man die metaethische Neutralitätsthese mit einer Ablehnung selbst des *Problems* der Moral-Begründung, ja glaubt man in der Fragestellung „Warum sollen wir moralisch sein?" eine egoistisch-unmoralische Gesinnung erkennen zu können, so verschließt man sich allerdings jede fundamentalphilosophische Perspektive. S. M. G. Singer, Generalization in Ethics, 1961; Verallgemeinerung in der Ethik, 1975, Kap. X.

6 Der Undurchsichtigkeit der deskriptiv-präskriptiven Bedeutung*einheit* der moralischen Wertwörter ist sich Hare übrigens bewußt. Ob diese Undurchsichtigkeit (die dadurch noch verschärft wird, daß mit der logischen Kontingenz der Verbindung von deskriptiver und präskriptiver Bedeutung ihre Konstanz und eine Art Natürlichkeit gewöhnlich einhergeht) allerdings ausreicht, die monistische Gegenposition des Naturalismus bzw. Deskriptivismus ins Recht zu setzen, erscheint angesichts der Unverwechselbarkeit des moralkonstitutiven Sich-Engagierens und Vorschreibens im Vergleich mit der Operation des Beschreibens auch wiederum fraglich. Wie sollte das bloße Faktum, daß wir im moralischen Urteilen nicht willkürlich verfahren, ja daß es ausgeschlossen erscheint, Ehrlichkeit, Treue, Mut, oder auch Gerechtigkeit moralisch nicht zu „empfehlen" oder deren Gegenteil zu empfehlen, den Naturalismus beglaubigen? Vgl. dagegen Ph. Foot, Moral beliefs, in: The Is/Ought Question, ed. by W. D. Hudson, [3]1973, S. 196 ff.

7 S. I. Craemer-Ruegenberg, Moralsprache und Moralität, 1975, S. 69 f.

8 Die Goldene Regel läßt zumindest die folgenden Deutungen zu: 1. Wenn du nicht willst, daß andere (oder gar die anderen) dir ein bestimmtes Übles zufügen, so füge du ihnen dieses Übel nicht zu. 2. Wenn du willst, daß andere dir ein bestimmtes Gutes erweisen, so erweise du ihnen dieses Gute. 3. Wenn du willst, daß andere nicht schlecht zu dir sind, so sei du nicht schlecht zu ihnen. 4. Wenn du nicht willst, daß andere schlecht zu dir sind, so sei du nicht schlecht zu ihnen. 5. Wenn du willst, daß andere gut zu dir sind, so sei du gut zu ihnen. 6. Behandle andere so, wie du von ihnen behandelt werden willst. 7. Behandle andere nicht so, wie du nicht von ihnen behandelt werden willst. — Die Regeln 1—5 unterscheiden sich in formaler Hinsicht von den Regeln 6—7, die kategorische Anweisungen (im Sinne wahrscheinlich von Lukas 6, 31 und Matthäus 7, 12) darstellen, durch ihre hypothetische Struktur; man könnte sie als (bereits sprachlich so charakterisierte) „do, ut des-Regeln" bezeichnen. Ob dieser Unterschied ausreicht, allein der letzteren Gruppe einen normativ-moralischen Status zu geben, erscheint allerdings genauso fraglich, wie die Begründbarkeit der einzelnen Regeln vor beträchtliche Schwierigkeiten stellt. Es dürfte jedenfalls nicht möglich sein, die regula aurea als Norm der „Berücksichtigung des anderen um des eigenen Interesses willen" zu interpretieren, als sei dies der erschöpfende oder auch nur ein einheitlicher Sprachgebrauch. Vgl. Fr. Kaulbach, Ethik und Metaethik, 1974, S. 159, 160.

9 R. M. Hares Fassung der Goldenen Regel, Philos. Jahrbuch 81, 1974, S. 186—196, a. a. O., S. 193.

10 In der Hinsicht dürfte ein Mißverständnis der Praktikabilitätsnorm ausgeschlossen sein, daß die Aufhebung (Annullation) von Ergebnissen der Anwendung einer Teilregel mit der Aufhebung (Annullation, Außer-Geltung-Setzung) der früheren Regelanwendung selbst verwechselt werden könnte. Die Ergebnisse der vorangehenden Regelanwendung besitzen durchaus keine bloß vorläufige Geltung, ihre Geltung hat vielmehr vorlaufend-vorbereitenden Charakter. Merkwürdig allerdings erscheint am Prinzipiengefüge der Praktikabilitätsnorm das Zusammentreffen des strukturellen und des inhaltlichen Aspekts im Falle der Teilprinzipien: Die beiden ersten Prinzipien sind Konstituentien (Momente, Prinzipienimplikate) so gut, als Vorformen des dritten synthetischen Prinzips. Diese Koinzidenz muß, solange die Praktikabilitätsnorm selbst nicht deduziert ist, in ihrer Zufälligkeit einfach hingenommen werden.

11 Von einem „Konsens" darf im Falle der Praktikabilität von Handlungen insofern die Rede sein, als das Praktikabilitätsdenken, wenn es auch nicht auf ein einträchtiges Miteinanderhandeln ausgeht, die anderen gleichwohl auch nicht als bloßes Material (Ding, Objekt) voraussetzt. Es rechnet vielmehr mit den anderen als potentiellen Konkurrenten, Gegnern oder auch Partnern, und es unterscheidet sich insofern vom bloß technischen Denken, das der sogenannten „Tücke des Objekts" und der „Ungunst der Umstände" gewärtig zu sein hat. Und steht auch das anerkennende Sich-Anpassen an die anderen als Subjekte, wie es meistens der Fall ist, im Dienste der Bewerkstelligung von Objekten: die „Lage der Dinge" (eine noch üblere Herabsetzung des Menschlichen als die Anthropomorphisierung „Tücke des Objekts") bleibt doch von der Konstellation der Umstände immer unterscheidbar.

12 Wrongness and Harm, in: Essays on the moral Concepts, 1972, S. 103.

13 1. Hares Schwanken zwischen aufgeklärtem Egoismus und Utilitarismus und die Verlegenheit der letzteren Position, „das Gute" irgendwo zwischen den Wünschen der Mehrheit, den eigenen Wünschen des jeweiligen Utilitaristen und dem objektiven Gemeininteresse festlegen zu müssen, dies alles ist zumindest angedeutet in dem Artikel von M. T. Thornton, „Hare's View of Morality", in: Mind 80, 1971, S. 617—619.
2. Die Problematik des Übergangs vom morallogischen Universalismus und seiner idealen Anwendungsbedingung, der praxeologischen Praktikabilitätsregel, zum normativ-ethischen Utilitarismus findet sich auch in der sprachorientierten Ethik der Erlanger Konstruktivisten. Das Prinzip der Universalisierbarkeit (in Verbindung mit dem Autopräskriptivitätsprinzip) heißt hier „Vernunft"- bzw. „Moralprinzip" und wird sowohl der Goldenen Regel und dem Kategorischen Imperativ als auch dem Fichte-Hegelschen Sozialprinzip der wechselseitigen individuellen Anerkennung angenähert. Der Übergang aber vom Gedanken notwendiger praktischer Verständigung über Zwecke und Normen zum Utilitarismus-Prinzip, das in trivialisierender Anlehnung an die Frankfurter Theorie hier „kommunikatives Interesse" heißt, geschieht dabei so, daß zunächst bloß von einer „Gelegenheit" gesprochen wird, welche die individuelle Bedürfnisbefriedigung biete, „generelles Handeln" und „kommunikatives Handeln" einzuüben, im Folgenden jedoch eben nicht deutlich wird, wozu dieser Standpunkt gegenseitigen Wohlwollens eigentlich dient, wenn in der Art des aufgeklärten Egoismus als ursprünglicher Zweck menschlichen Lebens die Bedürfnisbefriedigung des Individuums und als ursprünglicher Zweck menschlichen Miteinanderlebens

Konfliktbeseitigung und Freiheit von Konflikten vorausgesetzt werden. Es mangelt dieser Ethik an einer wissenschaftstheoretischen Reflexion auf den eigenen Standort zwischen einer Konsensustheorie elementarer pragmatischer Richtigkeit, aufgeklärtem Egoismus und Utilitarismus. Vgl. Oswald Schwemmer, Appell und Argumentation. Aufgaben und Grenzen einer praktischen Philosophie..., in: Fr. Kambartel (Hrsg.), Praktische Philosophie und konstruktive Wissenschaftstheorie, 1974, S. 193 f.

3. Die Uneindeutigkeit des Prinzips, jeden gleicherweise zu berücksichtigen, ist auf die universalistisch-utilitaristische Doppeldeutigkeit, der Hare und andere erlegen sind, nicht beschränkt. Auch als rein utilitaristisches Prinzip läßt es zwei Auslegungen zu: seine Deutung als das Postulat, eine Maximierung der guten gegenüber den schlechten Handlungsfolgen in der Gesellschaft überhaupt herbeizuführen, seine Deutung aber auch als die Forderung, die Maximierung des (Außermoralisch-) Guten nach Maßgabe einer solchen Verteilung der Güter zu betreiben, daß sie jedem Individuum und seiner Bedürfnisstruktur in demselben relativen Grade entgegenkommt. In der ersten Fassung gerät der Begriff des „Gemeinwohls" indessen zu einem geradezu metaphysisch-überschwenglichen Begriff, dem Gedanken von so etwas wie einer transsummativen Ganzheit des Guten, während die zweite Begriffsbildung mit der Bedeutung der Summe des individuellen Wohls eine solche abstrakt-gespensterhafte Verselbständigung der Handlungsfolgen durch deren Beziehung auf das Glücksbedürfnis und den Gefühlszustand der Personen vermeidet. Die zweite Begriffsfassung (der distributive Wohl- und kollektive Gemeinbegriff) sollte daher auch von dem ersten Nützlichkeitsverständnis (dem kollektiven Wohl- und substantialistischen Gemeinbegriff) aus nicht kritisiert werden — als angebliche Überdetermination des Nützlichkeitsprinzips durch die Prinzipien der Gleichheit und Gerechtigkeit —, wie es z. B. bei Frankena im Zusammenhange seiner Kritik am klassischen Utilitätsbegriff von Bentham und J. St. Mill geschieht. Der klassische Ansatz des Utilitarismus besitzt ungeachtet der Problematik seiner eigenen Begründbarkeit gegenüber dem scheinbar entdogmatisierten, von entbehrlichen spekulativen Zusatzannahmen gereinigten Nützlichkeitsdenken ein deutliches Plus an Plausibilität und Menschlichkeit. Vgl. W. K. Frankena, Analytische Ethik, 1972, S. 59 f.

14 Vgl. Vorbereitende Bemerkungen zu einer Theorie der kommunikativen Kompetenz, in: Habermas-Luhmann, Theorie der Gesellschaft oder Sozialtechnologie, 1971, S. 101—141.

15 Oswald Schwemmer, Appell und Argumentation, in: Fr. Kambartel (Hrsg.), Philosophie und konstruktive Wissenschaftstheorie, 1974, S. 188.

1. K.-O. Apel hat Habermas' Prinzip der „idealen Sprechsituation", um es vor Dogmatismus-Verdächtigungen und ideologiekritischen Anwürfen zu schützen, mit keiner geringeren Begründung als einer *transzendentalen* Sprachpragmatik auszustatten versucht und es auf solcher Letztgrundlage als theoretisch-praktisch-universelle Fundamentalkonkretion des Vernunftprinzips überhaupt, d. h. des Prinzips der intersubjektiv kontrollierbaren Regelbefolgung, gewürdigt. Der transzendentale Charakter des auch als „Apriori der menschlichen Kommunikationsgemeinschaft" ausgezeichneten Prinzips, den wir, entgegen der durch Habermas ausgesprochenen Distanzierung, wegen des erfahrungsanalytischen Zugangs allein durchaus noch nicht in Frage stellen (Apels transzendentale Deduktion des Prinzips aus der geschichtlichen Kommunikationsgemeinschaft

selbst als „transzendentalem Subjekt" erscheint uns allerdings abwegig), verträgt sich jedoch insofern wenig mit der ihm von Apel zugeschriebenen Funktion, „Geltungsansprüche" im Sinne ihrer Universalisierbarkeit zu regeln, als diese Geltungsansprüche auch hier nichts als Interessen repräsentieren. An diesem Paradigma und nicht so sehr an der trivialen Diskrepanz von Ideal und Wirklichkeit liegt es denn auch, daß sich die transzendentalpragmatische Kommunikationsethik mit „expertokratischen" Zugeständnissen abfinden muß. Denn sie enthält den Expertokratismus durchaus auch in dem, was sie affirmiert, d. i. ihr Teleologismus; sie enthält ihn also bereits im Inhalt ihres Ideals, nicht nur von der Ideal-Form her. Vgl. K.-O. Apel, Sprechakttheorie und transzendentale Sprachpragmatik zur Frage ethischer Normen, in: K.-O. Apel (Hrsg.), Sprachpragmatik und Philosophie, 1976, S. 94, 115 f, 121, 126, 141, 163. Vgl. J. Habermas, Was heißt Universalpragmatik?, a. a. O., S. 201 ff.

2. Die Prinzipien der „idealen Sprechsituation" und der „kommunikativen Kompetenz" müssen allerdings, wenn sie sich als wenig glückliche Adaptierungen der „linguistischen Kompetenz" (Chomsky) an den Prinzipienansatz der „kritischen Theorie" herausstellen, darum nicht ohne jede rationale Substanz sein. Gewiß, die Devise, jeden am Reden zu beteiligen, ist ohne Sinn, wird dabei nicht jedem unterstellt, er habe etwas zu sagen, seine Rede sei anhörenswert. Soweit aber nicht gleichzeitig auch noch mit unterstellt wird, die einen hätten nicht mehr (nichts Wichtigeres) zu sagen als die anderen, ergibt sich sogar ein guter Sinn. Denn dann läuft das Prinzip der „idealen Sprechsituation" bzw. der „kommunikativen Kompetenz" auf eine Anwendung der Praktikabilitätsnorm hinaus, entspricht die „ideale Sprechsituation" auf der spezielleren Ebene der Sprache dem, was auf der Ebene des Handelns i. a. S. „ideale Realisationsbedingung" heißen könnte, d. i. eben das Quasi-Utilitätsprinzip: „Jeder soll berücksichtigt werden", eine Entsprechung, die dann aber auch zu der Folgerung zwingt, die „ideale Sprechsituation" als normativ-ethisch neutrales (und normativ-ethisch suspendables) Trivial-Prinzip anzusehen.

3. Wenn der Teleologismus als solcher freiheitsbedrohende Konsequenzen mit sich führt, so gilt dies natürlich auch für ein Moralverständnis, das den Phänomenen der Moral dadurch zu entsprechen versucht, daß es — in den jeweiligen Grenzen — sowohl dem aufgeklärten Egoismus wie dem Utilitarismus Recht gibt. Vgl. G. Patzig, Ethik ohne Metaphysik, 1971, S. 36, 60 f. — *Rawls* vielbeachtete Vertragstheorie der „Gerechtigkeit als Fairneß", die nach allgemein interessierenden, d. h. für jeden ursprünglich annehmbaren Prinzipien einer vernünftigen sozialen Grundstruktur sucht und auf diesem Wege die Postulate gleicher persönlicher Freiheit, juridischer Gleichheit und materieller Chancengleichheit entdeckt, will die Alternative Egoismus-Utilitarismus mitsamt dem Teleologismus unterlaufen. Als bedürfnisorientierte Theorie aber, die nach empirisch-vernünftigen Kriterien der Bedürfnisbefriedigung fragt, ist Rawls Theorie eine teleologische Theorie — daß etwas anderes als die Folgen des Handelns über seine moralische Qualität entscheiden sollte, hält Rawls (wie z. B. auch Hare) für absolut ungereimt. Und diese theologische Theorie ist auch von Grund auf durch den Blickwinkel des Egoismus geprägt: Jedes moralische Subjekt des fingierten „Urzustandes" einigt sich nur aus dem Grunde mit den anderen Subjekten auf allgemein verbindliche Gerechtigkeitsgrundsätze, weil es nicht voraussetzen kann, daß die anderen Subjekte ihre Interessen den seinigen aufopfern oder beliebige Ausnahmen von den vereinbarten Verhaltensregeln zu

seinen Gunsten zulassen werden. Die Rawls'schen Gerechtigkeitsgrundsätze sind in diesem Sinne, einem durchaus egoistischen Denkmuster folgend, also nur die drittbeste Lösung, und Vernunft bedeutet auch hier nichts anderes als Interessenrationalität (Versöhnung der Interessen als Mittel ihrer Verwirklichung in einem System gegenseitiger Vorteils) unter den Hobbes'schen Konkurrenzbedingungen einer fundamentalen körperlich-geistigen Gleichheit und materieller Knappheit. Diese Konstruktion als nichtegoistisch auszugeben, bedeutet, den Egoismus mit einer nicht-rationalen Position gleichzusetzen: mit einem blinden, unrealistischen, asozialen Streben nach Bedürfnisbefriedigung. Ja, sie ist in einem so eminenten Grade egoistisch, daß sie sogar mit ihrer Kritik am Utilitarismus, am Utilitätsprinzip der Nutzensumme wie des Durchschnitts- oder Pro-Kopf-Nutzens, eine eindrucksvolle Bestätigung für die natürliche Nähe von Teleologismus und Egoismus liefert. Vgl. John Rawls, Eine Theorie der Gerechtigkeit, 1975 (A Theory of Justice, 1971), Teil 1. Zu Rawls Empirismus und Egoismus, insbesondere aber zu seinem Pseudo-Kantianismus, der bei anspruchsvolleren Empiristen zum „guten Ton" zu gehören scheinenden Bemühung um den „guten Sinn" der Kantischen Philosopheme, s. die ausführliche Buchbesprechung von G. Maluschke, Demokratie und soziale Gerechtigkeit, in: Der Staat, Bd. 14, 1975, S. 554—570. — Daß gleichwohl Zweifel an Rawls aufgeklärtem Egoismus aufkommen können, liegt nicht nur an seiner Bekundung, die Alternative von Egoismus und Utilitarismus umgehen zu wollen. Es liegt auch nicht einfach daran, daß er die ursprüngliche Sozialsituation, den Urzustand, als „herrschaftsfrei" konzipiert, weil ihm das „reflective equilibrium" als *methodologisches* Prinzip seiner Gerechtigkeits- bzw. Fairneßtheorie dies gebietet (so O. Höffe, Strategien der Humanität, 1975, S. 182 ff); denn inwiefern schließen „Herrschaftsfreiheit" oder auch „fair play" die Denkweise des aufgeklärten Egoismus aus? Es ist vielmehr darin begründet, auf eine nahezu paradoxe Weise, daß Rawls den fiktiven Urzustand mit Hobbesschen Individuen bevölkert, die sich durch Gleichheit ihrer körperlichen und geistigen Vermögen kennzeichnen. Denn da Rawls Anthropologie im Gegensatz zum Hobbesschen Begriff vom Menschen dieser Annahme durchaus fernsteht, legt sich zumindest die Vermutung nahe, daß auch die Moraleinstellung der Rawlsschen Urindividuen bzw. die mit der Urzustandslehre verknüpfte Ethik des aufgeklärten Egoismus nichts als sozialphilosophische Fiktion sein könnte: der aufgeklärte Egoismus würde benötigt, um eine andere und weniger abstrakte Ethik-Position abzuleiten. — Eine ähnliche Konfusion und Denaturierung des Begriffs des Eigeninteresses, wie sie Rawls vornimmt, findet sich z. B. auch bei K. Baier in „The moral point of view" (1958; Der Standpunkt der Moral, 1974), wo einerseits zwischen Moral und Eigeninteresse einschließlich des „aufgeklärten" Eigeninteresses unterschieden, das Vernünftige moralischen Verhaltens andererseits aber gerade damit begründet wird, daß es sich „lohne" oder „auszahle", moralisch zu sein. Vgl. bes. Kap. 12 „Warum sollen wir moralisch sein?"

16 Terminologische Versuche dieser Art finden sich durchaus auch in der einschlägigen Literatur. Besondere Erwähnung, natürlich auch als Beleg der „empiristischen Sequenz", verdient in diesem Zusammenhange der von G. R. Grice geprägte Ausdruck „Moral scientist" als Bezeichnung für den Beruf eines Technologen der elementaren Ermöglichungsregeln von Gesellschaft; für Grice ist es „a

disturbing thought that there is no class of people whose *job* it is to think about them" (The Grounds of Moral Jugdment, 1967, S. 202).

17 S. Ingrid Craemer-Ruegenberg, Moralspache und Moralität, 1975, S. 70—89.

18 Daß dem Denken in der Praktikabilitätskategorie überhaupt jegliche Art spekulativer Gleichheitsvoraussetzung fremd sei, wird damit nicht behauptet. Möglich erscheint es durchaus, daß sich mit diesem Denken die Hobbes'sche Voraussetzung der anderen Subjekte als im Prinzip Real-Gleichvermögender (oder in der gebührenden Trivialität: die Unterstellung, jeder sei ein solcher, dem man alles zutrauen müsse) verbinden könnte, eine Voraussetzung, die zweifellos allem empirischen Beobachtungswissen widerspricht. Vielleicht wäre aber auch nur eine solche Interpretation der Praktikabilitätsmentalität spekulativ. Vielleicht beschränkt sich der sinnvolle Gebrauch der Praktikabilitätskategorie und des pragmatischen Zumutbarkeitstests auf solche Situationen, die zu der begründeten Furcht Anlaß geben, man habe es mit Real-Gleichvermögenden zu tun. Ja, am Ende dürfte wohl auch der Unterschied des technischen Denkens in der Bewerkstelligungskategorie vom pragmatischen Denken in der Tunlichkeitskategorie — oder: der Unterschied von „Geschicklichkeit" und „Klugheit" — bloß graduell sein.

19 Die egoistische Ethik hat in der Tat bereits den Widerstand der gewöhnlichen Sprache zu überwinden, die für die Einstellung des eigenbezüglichen Strebens nach Glückseligkeit weder moralisch-neutrale noch gar moralisch-positive Ausdrücke bereithält, sondern diese Einstellung bzw. dieses Streben durch Ausdrücke wie „eigensüchtig", „selbstsüchtig", „selbstisch" und „egoistisch" vielmehr abzuurteilen scheint. In Wahrheit könnte allerdings der Sinn dieser parteinehmenden Ausdrucksart auch ein völlig anderer sein, ein solcher, der sich zu einer Affirmation der Ethik der reinen Vernunft durchaus *nicht* verwenden ließe. Zumindest denkbar ist nämlich auch dies, daß die Funktion dieser Ausdrücke gerade darin bestehen könnte, den Rationalitätsbezug der Moral aufs individuelle Interesse zu verbergen, um angesichts der für die egoistische Moralauffassung und -einstellung so leicht zu verfehlenden Differenz des Objektiv-Gebotenen und des bloß Subjektiv-Anreizenden eine Reflexion auf die Hintergründigkeit des Moralischen zu verhindern — durch Vortäuschung einer das Objektiv-Gebotene begünstigenden Evidenz. Die sprachliche Selbstdiffamierung des Egoismus wäre das Mittel seiner Selbsterhaltung angesichts der radikalen Gefahr seiner Selbstauflösung in Morallosigkeit. Auch in diesem Zusammenhange zeigt sich wieder, wie gewagt es ist, philosophische Probleme auf dem Wege der Sprachbeobachtung *entscheiden* zu wollen.

Anmerkungen zum Nachwort

1 Vgl. Reflexionen zur Moralphilosophie, Rechtsphilosophie und Religionsphilosophie, Akademie-Ausgabe Bd. XIX, S 276.

2 Hier kann von der Tatsache abgesehen werden, daß Apriorität bzw. *Reinheit* in bezug auf Erfahrung (genauer: in bezug auf die Gegebenheit von Modifikationen der Seele) und *Freiheit* logisch unabhängige Begriffe sind, insofern natürlich immer mit der gedanklichen Möglichkeit gerechnet werden muß, daß etwa im Sinne der traditionellen christlichen Idee der Beziehung des Absoluten zum Menschen oder in irgendeinem sonstigen ontologischen Sinne das transzendentale Subjekt bloß ein Subjekt zweiter Ordnung wäre und infolgedessen einem

extremen Subjekts- bzw. Freiheitsbegriff nicht zu genügen vermöchte. Ja, muß zunächst auch nur die logische Möglichkeit eines Zusammen von Transzendentalität (bzw. theoretischer wie praktischer Spontaneität) und absoluter Nicht-Subjektivität (Akzidentalität, Modalität, Determiniertheit) zugegeben werden, gerade die andere Möglichkeit, den dabei zugrundegelegten Subjekts- bzw. Freiheitsbegriff als „extrem" zu qualifizieren, erhärtet, daß die Voraussetzung in einem relativen Sinne genommener Subjektivität bzw. Freiheit (Autonomie) nichts Offensichtlich-Abwegiges an sich hat und eine sinnvolle Verwendung dieser Begriffe in Verbindung mit den Begriffen der Transzendentalität bzw. Spontaneität durchaus zuläßt; damit aber ist dann auch die Grundlage einer Analogisierung des theoretischen und praktischen Ich gegeben, sei letzteres seinerseits nun auch wieder im absoluten oder im bloß relativen Sinne (der nur mit einer Reduzierung der Freiheit bzw. der Subjektivität auf deren bloßes Bewußtsein nicht verwechselt werden darf) verstanden.

3 Vgl. vom Verf.: Fichtes ursprüngliches System. Sein Standort zwischen Kant und Hegel, 1972; Fichtes Wissenschaftslehre. Probleme ihres Anfangs. Mit einem Kommentar zu § 1 der ‚Grundlage der gesamten Wissenschaftslehre', 1974; (Edition) Fichte, Versuch einer neuen Darstellung der Wissenschaftslehre, 1975.

4 Vgl. Die Monade. Das philosophische Problem vom Ursprung, 1954; Grundlegung einer Theorie des Geistes, ²1965; Das Absolute und das Kontingente, ²1976.

5 So konsequent der Gebrauch der Deutungs-Terminologie, also die Deutung der Erkenntnis als Deutung, unter der Voraussetzung des Zwei-Ordnungen-Schemas bei Cramer erscheint, so inkonsistent, ja überhaupt sprachwidrig ist die gelegentliche weitere Verwendung des Ausdrucks in der Bedeutung eines „Deutens zu.... Es heißt z. B. in „Die Monade" S. 106, die äußere Anschauung deute sinnliche Qualitäten einem Ding als Beschaffenheit zu. Was hier stört, ist nicht einmal so sehr die Unterstellung eines Deutungsvermögens der Anschauung und auch nicht die lexikalische Verwechslung von „Zu-Deuten" und „Deuten zu... ". Anstößiger ist die Abwegigkeit des Versuchs, neben der Zu-Deutung zu Transzendent-Wirklichem und seiner Konkretion von Daten des Erlebnisses bzw. der ichgesetzlichen und ichursprünglichen Zusammensetzung dieser Signale zum „Ding" nun auch noch diese letzte Leistung des Subjekts, seine Konstitutionsleistung als solche, in der Begrifflichkeit und Terminologie der „Deutung" einfangen zu wollen. Als sei die Zusammensetzung des „Dinges", wenn sie, wie es nach Cramers Zwei-Ordnungen-Lehre der Fall ist, in und aus einer Deutungsintention (Interpretationsabsicht) erfolgt, darum auch an sich selbst ein Deuten. Als habe Synthesis, die Anwendung vereinheitlichender Operatoren auf gegebene Mannigfaltigkeit, als solche Deutungs- oder Interpretationscharakter.

6 Zur Anfangsproblematik bei Descartes s. Jean-Marc Gabaude, Liberté et Raison. La liberté cartésienne et sa réfraction chez Spinoza et chez Leibniz, Bd. 1: Philosophie réflexive de la volonté, 1970, S. 317—324.

Namensverzeichnis

Sachverzeichnis

Literaturverzeichnis

Albert, Hans
Ethik und Metaethik, in: Konstruktion und Kritik. Aufsätze zur Philosophie des kritischen Rationalismus, Hamburg 1972, S. 127—167
Apel, Karl Otto
(Hrsg.), Sprachpragmatik und Philosophie, Frankfurt a. M. 1976

Baier, Kurt
The moral point of view, Ithaca and London 1958. Deutsch: Der Standpunkt der Moral, Düsseldorf 1974
Baumanns, Peter
Fichtes ursprüngliches System. Sein Standort zwischen Kant und Hegel, Stuttgart-Bad Cannstatt 1972
Derselbe
Fichtes Wissenschaftslehre. Probleme ihres Anfangs. Mit einem Kommentar zu § 1 der „Grundlage der gesamten Wissenschaftslehre" Bonn 1974
Derselbe
Edition: Fichte, Versuch einer neuen Darstellung der Wissenschaftslehre, Hamburg 1975 (Philosophische Bibliothek Meiner, Bd. 239)
Bien, Günther
Revolution, Bürgerbegriff und Freiheit. Über die neuzeitliche Transformation der alteuropäischen Verfassungstheorie in politische Geschichtsphilosophie, in: Zwi Batscha (Hrsg.), Materialien zu Kants Rechtsphilosophie, Frankfurt a. M. 1976, S. 77—101

Coing, Helmut
Die obersten Grundsätze des Rechts. Ein Versuch zur Neubegründung des Naturrechts, Heidelberg 1947
Craemer-Ruegenberg, Ingrid
Moralsprache und Moralität. Zu Thesen der Sprachanalytischen Ethik, Freiburg 1975
Cramer, Wolfgang
Die Monade. Das philosophische Problem vom Ursprung, Stuttgart 1954
Derselbe
Grundlegung einer Theorie des Geistes, Frankfurt a. M.² 1965
Derselbe
Das Absolute und das Kontingente, Frankfurt a. M.² 1976

Dubischar, Roland
Grundbegriffe des Rechts. Eine Einführung in die Rechtstheorie, Stuttgart 1968
Dulckeit, Gerhard
Naturrecht und positives Recht bei Kant, Leipzig 1932

Euchner, Walter
Edition: John Locke, Zwei Abhandlungen über die Regierung, Frankfurt a. M. 1967
Derselbe
Naturrecht und Politik bei John Locke, Frankfurt a. M. 1969

Fahrenbach, Helmut
    Ein programmatischer Aufriß der Problemlage und systematischen Ansatz-
    möglichkeiten praktischer Philosophie, in: M. Riedel (Hrsg.), Rehabilitierung
    der praktischen Philosophie, Bd. I, Freiburg 1972, S. 15—56
Fechner, Erich
    Naturrecht und Existenzphilosophie, in: Archiv für Rechts- und Staatsphiloso-
    phie, Bd. 41, 1954/55, S. 305—325; desgl. in: W. Maihofer (Hrsg.), Naturrecht
    oder Rechtspositivismus?, Darmstadt 1966, S. 384—404
Derselbe
    Rechtsphilosophie. Soziologie und Metaphysik des Rechts, Tübingen 1956
Fetscher, Iring
    Edition: Hobbes, Leviathan, Neuwied und Berlin 1966 („Einleitung" S. IX—
    LXIV)
Derselbe
    Rousseaus politische Philosophie. Zur Geschichte des demokratischen Freiheits-
    begriffs, Neuwied und Berlin 1968
Derselbe
    Immanuel Kant und die Französische Revolution, in: Zwi Batscha (Hrsg.),
    Materialien zu Kants Rechtsphilosophie, Frankfurt a. M. 1976, S. 269—290
Fichte, Johann Gottlieb
    Grundlage des Naturrechts, Teil II, Fichte-Gesamtausgabe der Bayerischen
    Akademie der Wissenschaften, Reihe I („Werke"), Bd. 4, Stuttgart-Bad Cann-
    statt 1970
Foot, Philippa
    Morality as a system of hypothetical imperatives, in: Philosophical Review,
    81, 1972, S. 305—316
Dieselbe
    Moral beliefs, in: The Is/Ought Question, ed. by. W. D. Hudson, London and
    Basingstone[3] 1973, S. 196—213
Frankena, William K.
    Ethics, Englewood Cliffs, N. Y., 1963, Deutsch: Analytische Ethik, hrsg. von
    N. Hoerster, München 1972
Frege, Gottlob
    Funktion, Begriff, Bedeutung. Fünf logische Studien, hrsg. von G. Patzig, Göt-
    tingen[4] 1975

Gabaude, Jean-Marc
    Liberté et Raison. La Liberté cartésienne et sa réfraction chez Spinoza et chez
    Leibniz, Bd. 1: Philosophie réflexive de la volonté, Toulouse 1970
Gehrmann, Siegfried
    Naturrecht und Staat bei Hobbes, Cumberland und Pufendorf, Phil. Diss.
    Köln 1970
Grice, Russell
    The Grounds of Moral Judgment, Cambridge 1967
Grünwald, Gerald
    Zur heutigen Kritik am überpositiven Recht, Bonn 1971

Habermas, Jürgen
    Theorie und Praxis, Frankfurt a. M.[4] 1971

Derselbe
Vorbereitende Bemerkungen zu einer Theorie der kommunikativen Kompetenz, in: Habermas-Luhmann, Theorie der Gesellschaft oder Sozialtechnologie, Frankfurt a. M. 1971, S. 101—141

Derselbe
Was heißt Universalpragmatik?, in: K.-O. Apel (Hrsg.), Sprachpragmatik und Philosophie, Frankfurt a. M. 1976, S. 174—272

Haensel, Werner
Kants Lehre vom Widerstandsrecht, Berlin 1926

Hager, Fritz-Peter
Freiheit des Einzelnen und Gesamtwille (volonté générale) in Rousseaus „Contrat Social", in: Studia Philosophica 1969, S. 82—99

Hare, Richard Mervyn
The Language of Morals, Oxford 1952. Deutsch: Die Sprache der Moral, Frankfurt a. M. 1972

Derselbe
Freedom and Reason, Oxford 1963. Deutsch: Freiheit und Vernunft, Düsseldorf 1973

Derselbe
Meaning and Speech Acts, in: The Philosophical Review, 79, 1970, S. 3—24

Derselbe
Wrongness and Harm, in: Essays on the moral Concepts, London and Basigstone 1972

Hartmann, Nicolai
Zur Grundlegung der Ontologie, Berlin 1935

Hegel, Georg Wilhelm Friedrich
Sämtliche Werke, Jubiläumsausgabe hrsg. von H. Glockner, Stuttgart-Bad Cannstatt 1927 ff

Derselbe
Phänomenologie des Geistes, Bd. 114 der Philosophischen Bibliothek Meiner, Hamburg [6] 1952

Derselbe
Enzyklopädie der philosophischen Wissenschaften im Grundrisse (1830), Bd. 33 der Philosophischen Bibliothek Meiner, Hamburg [6] 1959

Derselbe
Grundlinien der Philosophie des Rechts, Bd. 124a der Philosophischen Bibliothek Meiner, Hamburg [4] 1955

Henrich, Dieter
Der Begriff der sittlichen Einsicht und Kants Lehre vom Faktum der Vernunft, in: G. Prauss (Hrsg.), Kant. Zur Deutung seiner Theorie von Erkennen und Handeln, Köln 1973, S. 223—254

Derselbe
Die Deduktion des Sittengesetzes. Über die Gründe der Dunkelheit des letzten Abschnittes von Kants ‚Grundlegung zur Metaphysik der Sitten‘, in: A. Schwan (Hrsg.), Denken im Schatten des Nihilismus, Festschr. für Wilhelm Weischedel, Darmstadt 1975, S. 55—112

Hobbes, Thomas
Leviathan; The English Works of Thomas Hobbes of Malmesbury, ed. by Sir

William Molesworth, London 1839—1845, Bd. 3. Deutsch: Leviathan, hrsg. von
I. Fetscher, Neuwied und Berlin 1966
Derselbe
Naturrecht und allgemeines Staatsrecht in den Anfangsgründen (Elements of
Law natural and politic), hrsg. von F. Tönnies, Berlin 1926
Derselbe
Vom Menschen, Vom Bürger, Bd. 158 der Philosophischen Bibliothek Meiner,
Hamburg [2] 1966
Höffe, Otfried
Strategien der Humanität. Zur Ethik öffentlicher Entscheidungsprozesse, Frei-
burg 1975
Hoerster, Norbert
R. M. Hares Fassung der Goldenen Regel, in: Philosophisches Jahrbuch, 81,
1974, S. 186—196
Derselbe
Utilitaristische Ethik und Verallgemeinerung, Freiburg 1971
Hood, F. C.
The divine politics of Thomas Hobbes, Oxford 1964
Hubmann, Heinrich
Naturrecht und Rechtsgefühl, in: Archiv f. d. civilistische Praxis, 153. Bd.,
1954, S. 297—331
Hume, David
Enquiry concerning the Principles of Morals, The Philosophical Works of
David Hume, 3. Bd., London 1875, Übers.: Eine Untersuchung über die Prinzi-
pien der Moral, Bd. 199 der Philosophischen Bibliothek Meiner, Hamburg
[2]1972

Ilting, Karl-Heinz
Hobbes und die praktische Philosophie der Neuzeit, in: Philosophisches Jahr-
buch, 72, 1964, S. 84—102
Derselbe
„Einleitung; zu: F. Tönnies, Thomas Hobbes, Stuttgart-Bad Cannstatt 1971,
9*—90*

Kambartel, Friedrich
(Hrsg.), Praktische Philosophie und konstruktive Wissenschaftstheorie, Frank-
furt/M. 1974
Kant, Immanuel
Kants gesammelte Schriften. Herausgegeben von der Königlich Preußischen
Akademie der Wissenschaften, Berlin 1900 ff
Kaulbach, Friedrich
Ethik und Metaethik, Darmstadt 1974
Kelsen, Hans
Die philosophischen Grundlagen der Naturrechtslehre und des Rechtspositivis-
mus, Charlottenburg 1928
Derselbe
Reine Rechtslehre, Wien [2]1960
Krockow, Christian Graf von
Soziologie des Friedens, Gütersloh 1962

Leinweber, Adolf
Gibt es ein Naturrecht?, Berlin ²1970
Lenk, Hans
Kann die sprachanalytische Moralphilosophie neutral sein?, in: M. Riedel (Hrsg.), Rehabilitierung der praktischen Philosophie, Bd. II, Freiburg 1974, S. 405—422
Locke, John
Two Treatises of Government, ed. by Peter Laslett, Cambridge ²1970. Deutsch: Zwei Abhandlungen über die Regierung, hrsg. von Walter Euchner, Frankfurt a. M. 1967

Macpherson, C. B.
The political theory of possessive individualism. From Hobbes to Locke, Oxford 1962, Deutsch: Die politische Theorie des Besitzindividualismus, Frankfurt a. M. 1967 u. ö.
Maihofer, Werner
(Hrsg.) Naturrecht oder Rechtspositivismus?, Darmstadt 1966
Derselbe
Recht und Sein. Prolegomena zu einer Rechtsontologie, Frankfurt a. M. 1954
Derselbe
Naturrecht als Existenzrecht, Frankfurt a. M. 1963
Maluschke, Günther
Demokratie und soziale Gerechtigkeit, in: Der Staat, Bd. 14, 1975, S. 554—570
Mandt, Hella
Historisch-politische Traditionselemente im politischen Denken Kants, in: Zwi Batscha (Hrsg.), Materialien zu Kants Rechtsphilosophie, Frankfurt a. M. 1976, S. 292—330
Marcuse, Herbert
Ideen zu einer kritischen Theorie der Gesellschaft, Frankfurt ³1969
Marx, Karl, Engels, Friedrich
Werke, Berlin 1957 ff
Mayer-Tasch, Peter-Cornelius
Thomas Hobbes und das Widerstandsrecht, Tübingen 1965
Derselbe
Autonomie und Autorität. Rousseau in den Spuren von Hobbes?, Neuwied 1968

Oelmüller, Willi
Was ist heute Aufklärung, Düsseldorf 1972

Patzig, Günther
Ethik ohne Metaphysik, Göttingen 1971
Derselbe
Edition: Gottlob Frege, Funktion, Begriff, Bedeutung. Fünf logische Studien, Göttingen ⁴1975
Radbruch, Gustav
Rechtsphilosophie, Stuttgart ⁷1970
Rawls, John
A Theory of Justice, Cambridge, Massachusetts, 1972. Deutsch: Eine Theorie der Gerechtigkeit, Frankfurt a. M. 1975

Riedel, Manfred
  (Hrsg.) Rehabilitierung der praktischen Philosophie, Bd. I Freiburg 1972,
  Bd. II Freiburg 1974
Derselbe
  Herrschaft und Gesellschaft. Zum Legitimationsproblem des Politischen in der
  Philosophie, in: Zwi Batscha (Hrsg.), Materialien zu Kants Rechtsphilosophie,
  Frankfurt a. M. 1976, S. 125—148
Röd, Wolfgang
  Naturrecht und geometrischer Geist. Methodengeschichtliche Untersuchungen
  zur Staatsphilosophie im 17. und 18. Jahrhundert, München 1970
Rousseau, Jean Jacques
  Schriften zur Kulturkritik (Die zwei Diskurse von 1750 und 1755), hrsg. von
  Kurt Weigand, Hamburg ²1964 (Philosophische Bibliothek Meiner Bd. 243)
Derselbe
  Du Contrat Social ou Principes du droit politique, Classiques Garnier, Paris
  1962. Deutsch: Der Gesellschaftsvertrag, hrsg. von Heinrich Weinstock, Rec-
  lam Stuttgart 1963
Ryffel, Hans
  Grundprobleme der Rechts- und Staatsphilosophie, Neuwied und Berlin 1969

Saage, Richard
  Eigentum, Staat und Gesellschaft bei Immanuel Kant, Stuttgart, Berlin, Köln,
  Mainz 1973
Scheler, Max
  Der Formalismus in der Ethik und die materiale Wertethik. Versuch einer
  Grundlegung eines ethischen Personalismus, Bern ⁴1954
Schmitt, Carl
  Über die drei Arten des rechtswissenschaftlichen Denkens, Hamburg 1934
Derselbe
  Der Leviathan in der Staatslehre des Thomas Hobbes, Hamburg 1938
Schottky, Richard
  Untersuchungen zur Geschichte der staatsphilosophischen Vertragstheorie im
  17. und 18. Jahrhundert, Phil. Diss. München 1962
Schwemmer, Oswald
  Appell und Argumentation. Aufgaben und Grenzen einer praktischen Philoso-
  phie, in: Fr. Kambartel (Hrsg.), Praktische Philosophie und konstruktive
  Wissenschaftstheorie, Frankfurt a. M.1974, S. 148—211
Searle, John R.
  Speech Acts, Cambridge 1969. Deutsch: Sprechakte, Frankfurt a. M. 1971
Singer, Marcus G.
  Generalization in Ethics, New York 1961. Deutsch: Verallgemeinerung in der
  Ethik, Frankfurt a. M. 1975
Stammler, Rudolf
  Die Lehre von dem richtigen Recht, Bad Homburg vor der Höhe ²1964
Strauss, Leo
  Hobbes' politische Wissenschaft, Neuwied 1965

Taylor, A. E.
  The ethical doctrine of Hobbes, in: Hobbes-Studies, ed. by K. C. Brown,
  Oxford 1965

Thornton, M. T.
Hare's View of Morality, in: Mind, 80, 1971, S. 617—619
Thyssen, Johannes
Zur Rechtsphilosophie des Als-Seins, in: Archiv für Rechts- und Staatsphilosophie, Bd. 43, 1957, S. 87 ff; desgl. in: Die ontologische Begründung des Rechts, hrsg. von A. Kaufmann, Darmstadt 1965, S. 328—340
Derselbe
Staat und Recht in der Existenzphilosophie, in: Archiv für Rechts- und Staatsphilosophie, Bd. 41, 1954/55, S. 1—8
Tönnies, Ferdinand
Thomas Hobbes. Leben und Werke, Nachdruck der 3. Auflage, hrsg. von K.-H. Ilting, Stuttgart-Bad Cannstatt 1971

Vialatoux, Jean
La Cité de Hobbes. Theorie de l'état totalitaire, Lyon 1935
Vlachos, George
La pensée politique de Kant. Métaphysique de l'ordre et dialectique du progrès, Paris 1962
Volkmann-Schluck, Karl-Heinz
Politische Philosophie, Frankfurt a. M. 1974

Ward, A.
Morality and the Thesis of Universalisability, in: Mind, 82, 1973, S. 289—291
Warrender, Howard
The political philosophy of Hobbes. His theory of obligation, Oxford 1957 u. ö.
Watkins, J. W. N.
Hobbes' system of ideas, London 1965
Weischedel, Wilhelm
Recht und Ethik. Zur Anwendung ethischer Prinzipien in der Rechtsprechung des Bundesgerichtshofs, Karlsruhe 1956
Welzel, Hans
Naturrecht und materiale Gerechtigkeit, Göttingen 41962
Derselbe
Naturrecht und Rechtspositivismus, in: W. Maihofer (Hrsg.), Naturrecht oder Rechtspositivismus?, Darmstadt 1966, S. 322—338
Willms, Bernard
Die Antwort des Leviathan, Neuwied und Berlin 1970
Wolf, Erik
Das Problem der Naturrechtslehre. Versuch einer Orientierung, Karlsruhe 31964

Zwi Batscha
(Hrsg.) Materialien zu Kants Rechtsphilosophie, Frankfurt a. M. 1976